DOLORES BAUER

STROM DES ELENDS – FLUSS DER HOFFNUNG

Dolores Bauer

Strom des Elends – Fluß der Hoffnung

Unterwegs mit Dom Erwin Kräutler,
Bischof vom Xingu

Otto Müller Verlag Salzburg

2. Auflage 1990

ISBN 3-7013-0774-1

Umschlaggestaltung: Mag. Anton Pürcher, Salzburg
Satz: Verlag politisches Archiv, Landshut
Druck und Bindung: Ueberreuter Buchproduktion,
A-2100 Korneuburg

INHALT

VORWORT

Wissen ist besser als Macht, aber das Wissen des Armen gilt nichts, und niemand will seine Worte hören.

Koh 9,16b

Ich bin zwar gewohnt, Vorworte anläßlich von Jubiläen, runden Geburtstagen mancher Mitbrüder oder aus Anlaß bestimmter Ereignisse und Umstände zu schreiben. In diesem Fall ist es jedoch anders. Nichts von all dem ist Anlaß für die Herausgabe eines Buches, das einen Österreicher beschreibt, der die besten Jahre seines Lebens im Ausland verbringt und noch immer in dieser Aufgabe steht; der in der Presse Schlagzeilen macht, weil er sich für die Rechte der Indios einsetzt und aller Wahrscheinlichkeit nach auch deshalb für endgültig »verschwinden« sollte. Durch ein besonderes Gnadengeschenk Gottes ist er uns erhalten geblieben. Deshalb sollen wir ihn auch zu Lebzeiten vielen Menschen bekanntmachen, indem wir von ihm, seinem Leben und von seinem Wirken erzählen. Es ist lobenswert, daß Frau Dolores Bauer, mit der ich in der Kommission für Gerechtigkeit und Frieden zusammenarbeite, sich persönlich vom Einsatz Kräutlers überzeugt und auf diesem Hintergrund das Werk verfaßt hat. In der Einleitung kann es mir, dem diese Erfahrung (leider!) bisher noch fehlt, nur darum gehen, aus den wenigen Augenblicken unserer persönlichen Begegnung das zu erzählen, was für das bessere Verständnis dieses Bischofs und seines Wirkens nützlich sein kann.

In den ersten fünf Minuten, als wir beisammen waren, konnte ich feststellen, daß mein Mitbruder Erwin ein Mensch ist, der in einer ungeheuren Offenheit auf einen zugeht. Das scheint zwar für einen Geistlichen selbstverständlich zu sein – ist es aber nicht! Kaum sitzen wir beisammen, erzählt er ohne Umschweife von seinen Problemen, seinen Sorgen, ebenso aufrichtig von seinen Erfolgen wie von seinem Versagen. Wie kostbar ein

Mensch ist, der es versteht, sein Herz auch nach außen zu zeigen, weiß jeder, der auch anderen Typen begegnen muß: den Verschlagenen und Verschlossenen und solchen, bei denen man sich des Eindrucks nicht erwehren kann, daß sie nach außen zwar freundlich, in Wirklichkeit aber voller Vorbehalte sind. Daß ein solch offener Mensch nicht ohne Widerspruch, ja nicht ohne Gegnerschaft bleiben kann, liegt auf der Hand. Es darf uns nicht wundern, daß Erwin Kräutler neben vielen Freunden auch Feinde hat. Und dies nicht deswegen, weil er einer ist, der dies will, sondern weil er durch seine gerade Offenheit die Verschlossenen herausfordert.

Erwin Kräutlers ganze Liebe gehört der Kirche. Sie war für ihn immer Heimat und ihr – so erzählte er mir – verdankt er alles. Seit seiner Jugend hat er erahnt, daß diese Kirche Menschen braucht, die bereit sind, sich dort einzusetzen, wo sie am dringendsten gebraucht werden. Aus diesem Grund ist er Missionar geworden; und es darf uns nicht wundern, daß ein Priester mit solchem Engagement Bischof einer großen Diözese wird. Ganz im Sinne der theologischen Aussagen des II. Vatikanischen Konzils setzt er sich dort ein, wo die Menschen in Sorgen und Nöten sind. Seine Vorschläge für kirchliche Reformen, auch wenn sie mitunter ganz unkonventionell klingen, entspringen weder einer Protesthaltung noch einem Widerstandsgeist, sondern sind entstanden aus der Sorge darum, wie diese eine, heilige, katholische und apostolische Kirche den Menschen besser dienen kann. Man tut ihm schwer unrecht, ihn in die Reihe jener einzuordnen, die zum Ungehorsam und zur innerkirchlichen Revolution aufrufen. Daß er aber durch seine Reformvorschläge in Widerspruch zu jenen gerät, die für die Beibehaltung von bestehenden, aber ungerechten Strukturen sind, darf niemanden verwundern.

»Das Wissen der Armen gilt nichts«, so stellt bereits Kohelet fest. Kräutler hat sich vorgenommen, seine Stimme zu erheben, um dem Wissen der Armen Gehör zu verschaffen. In den wenigen Vorträgen, die ich von ihm gehört habe, ist mir mehr als beim Lesen und Studieren aufgegangen, was Theologie der Befreiung tatsächlich ist: Ein ins Leben umgesetzter Glaube, der einerseits seine Wurzeln ganz tief im Gebet, dem Worte Gottes und der Feier der Sakramente hat, auf der anderen Seite total ins Konkrete geht. Ein Glaube, der irgendwie am Himmel hängen bleibt, kann zwar innerlich befriedigen, wird aber niemanden in dem Sinne stören, wie unser Herr Jesus Christus durch seine Predigt aufgerüttelt hat. Wird der Glaube jedoch gelebt und auf die Situation angewandt, in der der Christ im Alltag zu leben hat, dann kann er ungeheuer herausfordern. Darf es uns wundern, daß einer, der den Reichen und Mächtigen ununterbrochen klarmacht, daß das Wissen der Armen besser ist als die Macht der Reichen, zum Stein des Anstoßes wird?

Jeder, der einigermaßen erfaßt hat, wie herrlich sich Gottes Geist mit seiner Kraft überall auf der Welt zeigt, wird erfreut sein über Leben und Wirken Bischof Kräutlers. In einer solchen Weise bin ich als Referent für Mission und Entwicklung in der Österreichischen Bischofskonferenz froh über meinen Mitbruder. Dankbar sind wir alle, daß Frau Dolores Bauer vieles von dem, was sie mit eigenen Augen gesehen hat, in diesem Buch vorstellt.

Wien, am Fest des hl. Michael 1989

Florian Kuntner
Weihbischof

VORWORT DER AUTORIN

Manche Pläne reifen langsam, fallen oft erst nach Jahren aus der Nußschale einer Idee, liegen dann noch eine Weile herum, bis sie in der Wirklichkeit einwurzeln. Es gibt aber auch andere, jene, die einfach da sind, gleichsam aufplatzen und einen dann vor sich hertreiben, sich Geltung verschaffen.

Bei diesem Buch handelt es sich um die zweite Art.

Im Spätherbst 1988 rufen mich Freunde aus Vorarlberg an, erzählen mir, daß sie Bischof Erwin Kräutler nach Bregenz eingeladen, aber eher nicht an einen Vortrag, sondern an einen Dialog gedacht haben. Ob ich mir vorstellen kann, am 7. Jänner in Bregenz zu sein, um auf der Bühne des Kornmarkttheaters mit Dom Erwin einen solchen Dialog unter den Stichworten: »Empörung, Auftrag, Hoffnung« zu führen – lautet die konkrete Frage an mich. Vorstellen kann ich mir das natürlich, nur wer würde uns am 7. Jänner, zwischen Dreikönig und dem Sonntag gelegen, zuhören wollen? Das soll ich ihre Sorge sein lassen. Gut – ich lasse es also ihre Sorge sein.

Ein überfüllter Saal zerstreut letzte Bedenken. Eine dichte Atmosphäre, ja Spannung. Wir reden: Dom Erwin über die Probleme in seiner Prälatur am Xingu, über Brasilien, über Lateinamerika, ich über Afrika, über diesen immer noch in Geburtswehen liegenden Kontinent, gemeinsam über unsere Empörung gegen Ungerechtigkeit und ausbeuterische Strukturen, über den Auftrag Europas, den Auftrag der Kirchen, unseren Auftrag, und über die Hoffnung, die trotz allem die Menschen im Süden unserer Welt trägt, die uns trägt, weil wir aus dem Glauben zur Hoffnung berufen sind.

Am darauffolgenden Tag treffe ich in Salzburg meine Verleger. Die Freude über den Erfolg des Buches: »Wir sind Kirche – sind wir Kirche?« veranlaßt die beiden Herren zu fragen, ob es da nicht irgendwo eine neue Idee zu einem Buch gäbe. Ich gebe zu, daß ich im Moment keine Idee habe, erkläre mich aber bereit nachzudenken. Nach diesem Gespräch ziehe ich mich in mein Hotelzimmer zurück, um die Zeit bis zum nächsten Termin zu nützen und das Material, das ich aus Mozambique mitgebracht habe, weiter zu bearbeiten, weil der Sendetermin näherrückt. Mitten in der grauenvollen Erzählung eines dreizehnjährigen Buben, der von den RENAMO-Bandidten gefoltert und dann dazu gezwungen worden ist, drei Menschen zu erschießen – in seinem eigenen Dorf , ist die Idee da: mich an die Fußspur Dom Erwin Kräutlers zu heften, mit ihm mitzugehen und durch ihn und seine Arbeit den Menschen hier die gigantischen Probleme des gigantischen Landes Brasilien zu vermitteln, Probleme, die auch uns mehr und mehr betreffen und noch betreffen werden – die Zerstörung des Regenwaldes, die Verseuchung der riesigen Flüsse durch das Quecksilber der Goldgräber, die Marginalisierung der überwiegenden Mehrheit der Bevölkerung der achtgrößten Industrienation der Welt, die ganze Schärfe des Nord-Südkonfliktes, die Explosion der Megastädte, die zu Brutstätten der Gewalt geworden sind, die Vernichtung der Indianer und vieles andere mehr.

Ich rufe im Verlag an. Die Idee gefällt. Ich bitte, man möge versuchen, Dom Erwin zu erreichen und ihn zu fragen, ob er sich so etwas vorstellen könne. Ich will ihn nicht selber fragen, weil ich nicht möchte, daß er nur um unserer alten Freundschaft willen zustimmt. Aber er stimmt auch so zu. Ich schreibe einen langen Brief nach Altamira, um das alles etwas genauer zu erläutern, und schlage als Zeitpunkt Juli/August vor. Während ich auf Antwort warte, rede ich mit dem Hörfunkintendanten, denn ein Radiomensch will ja nicht nur schreiben. Ernst Grissemann gefällt die Idee, und die Antwort aus Brasilien verkürzt den Zeitraum, denn Dom Erwin schreibt, es gehe nur im Juni, da könnte ich eine seiner Pastoralreisen mitmachen.

Die Planungsschritte werden schneller. Da kommt noch Basel und die Ökumenische Versammlung für »Gerechtigkeit, Frieden und Bewahrung der Schöpfung« dazwischen. Sieben Sendungen sind vorzuproduzieren. Am 7. Juni starte ich in Wien. In Frankfurt steige ich um – Direktflug bis Rio de Janeiro. Von dort nach Belém und am Abend des 9. – das heißt, es ist nach sechs Stunden Verspätung doch schon der 10. Juni – weiter nach Altamira ...

I

Es gibt keine größere Liebe,
als wenn einer sein
Leben hingibt
für seine Freunde.

Joh 15,13

IM ANGESICHT DES TODES

Sein Gesicht ist leicht verknittert, als er mir durch die Glasscheibe zuwinkt. Kein Wunder, es ist zwei Uhr früh. Ursprünglich hatten wir vereinbart, wir würden uns, je nach Ankunft, so zwischen 20 und 21 Uhr auf dem Flugplatz in Altamira treffen, er aus Brasilia und ich aus Belém kommend. Beide Maschinen hatten Verspätung, seine zwei und meine sechs Stunden. So war er inzwischen nach Hause gefahren, weil man ihm gesagt hatte, daß das Flugzeug aus Belém erst um Mitternacht ankommen würde. Er war auch pünktlich wieder da, nur ich saß um diese Zeit noch wartend in Belém, wußte aber immerhin schon, daß die Maschine im Anflug war und auch wieder abfliegen würde, woran ich schon heftig gezweifelt hatte.

Er hatte sich inzwischen ins Auto gesetzt und war prompt eingeschlafen. Erst der Lärm, den die alte Mühle bei der Landung machte, hatte ihn aufgeweckt. Daher die leicht verschlafene Miene.

Ich muß noch auf mein Gepäck warten. Ich sehe, wie ihn jeder und jede meiner Mitreisenden, die vor uns hinausgehen, begrüßt. Händeschütteln, Schulterklopfen, Umarmungen, Lächeln, Lachen – Herzlichkeit. Natürlich, jeder kennt ihn, den Bischof, Dom Erwin, wie sie ihn freundschaftlich nennen, und jeder scheint ihn zu mögen. Endlich kommt meine rote Reisetasche, und auch der braune, altgediente Koffer wird hereingebracht. Förderband gibt es natürlich keines hier, das geht alles von Hand. Es ist gut warm, trotz der nächtlichen Stunde, aber nicht so schwül wie in Belém, unten an der Amazonasmündung.

»Willkommen in Altamira. Da bist du also wirklich gekommen,

ich hab's schon nicht mehr geglaubt«, begrüßt er mich mit seinem offenen, herzlichen Lächeln, schnappt mein Gepäck und wir gehen zum Wagen. Lacken füllen die zahlreichen Schlaglöcher. Er fährt vorsichtig. »Ja, es hat wieder stark geregnet, die halbe Nacht. Jeden Tag regnet es, obwohl es seit einem Monat trocken sein sollte. Hier ist auch schon alles durcheinander« – erklärt er mir und fährt lachend fort: »Bitte aufgepaßt, eine Sehenswürdigkeit von Altamira: unsere einzige Verkehrsampel. Sind wir nicht fortschrittlich? – Da drüben an der Ecke, siehst du das, das ist das Spital, in dem sie mich damals zusammengeflickt haben.«

Es ist ziemlich dunkel, aber ich kann das niedrige, langgestreckte Gebäude erkennen. »Schaut zwar nach nicht viel aus, aber die Ärzte müssen tüchtig sein, denn hier hat sich damals, am Nachmittag des 16. Oktober 1987, Dom Erwins Schicksal zugunsten des Lebens entschieden«, denke ich.

Wir fahren noch durch einige dunkle Gassen. Links taucht eine hübsche alte Kirche auf. »Das ist die Kathedrale«, sagt er. Nun, auf Kathedrale hätte ich nicht getippt, aber schließlich kommt es ja nicht auf die Größe an. Wir biegen in ein noch dunkleres Gäßchen ein und halten vor einem einstöckigen, etwas düster wirkenden Haus. »Bischofspalais kann ich Dir keines bieten. Das ist das Patres-Haus meiner Kongregation, und ich bewohne immer noch das Zimmer, in das ich damals als junger Missionar eingezogen bin. Ich bin sozusagen ein bischöflicher Untermieter, von dem freundlicherweise keine Miete verlangt wird«, sagt er lachend, während wir die Treppe in den ersten Stock hinaufsteigen. Er sperrt eine Türe auf: »Das ist das Zimmer von Bischof Erich, vom Onkel, ich hoffe, es ist dir recht«, meint er einladend, stellt mein Gepäck nieder, kontrolliert noch die Schalter und Wasserhähne. »Ist ja toll, es funktioniert beinahe alles.« – Später bringt er mir noch eine Flasche Wasser aus dem Kühlschrank und verabschiedet sich mit dem Ratschlag: »Du mußt viel trinken, das ist wichtig hier.«.

Ich packe noch schnell ein paar Sachen aus, nehme eine Dusche – wohltuend nach diesem langen, heißen Tag – und falle gegen drei Uhr ziemlich müde ins Bett.

Samstag treffen wir uns zum Mittagessen. Zwei junge Priester aus São Paulo sind auch da. Sie sind gekommen, um sich in der

Prälatur ein wenig umzuschauen. Sie möchten eigentlich weg aus São Paulo. Nach der Teilung der volkreichsten Diözese der Welt hat man ihnen einen neuen Bischof vor die Nase gesetzt. Mit dem können sie einfach nicht. »Der ist dabei, alles, was in den letzten Jahrzehnten unter großem Einsatz von Kardinal Arns aufgebaut worden ist, zu zerschlagen. Wir können da einfach nicht mitmachen, wir würden ja an diesem armen Volk mitschuldig werden«, erzählen die jungen Männer, und man merkt, daß es ihnen ernst ist. – Dom Erwin meint später: »Ich kann nur hoffen, daß es ihnen hier gefällt, ich kann jede Hand brauchen. Die Frage ist nur, ob sie sich die Arbeit hier zutrauen, die ist natürlich ganz anders als in der Großstadt, außerdem ist es eine Frage, ob sie das Klima hier vertragen. Wir werden ja sehen, sie sollen sich erst einmal in Ruhe umschauen.« – Er schlägt mir vor, an die Transamazônica zu fahren, da er sich am Nachmittag etwas freimachen könne und nicht sicher sei, ob wir nach unserer Rückkehr von der Flußreise noch dazukommen würden.

Ich nehme den Vorschlag gerne an. Gegen drei Uhr fahren wir los. Ich bin neugierig, diese Straße zu sehen, von der ich schon so viel gehört habe. Zuerst fahren wir zu dem etwa fünf Kilometer außerhalb der Stadt gelegenen Denkmal, das an den Baubeginn der Transamazônica erinnern soll. Es ist wahrscheinlich die einzige Stelle dieser etwa 350 Kilometer quer durch den Urwald geschlagenen Straße, die entfernt an den ursprünglichen Plan erinnert: daß von hier ein weit verzweigtes Autobahnnetz ausgehen sollte. Jedenfalls stehen hier noch – in verrostetem und eher erbärmlichen Zustand – Tafeln, auf denen die riesigen Entfernungen nach Belém, nach Fortaleza, nach Rio de Janeiro und São Paulo und Porto Allegre, der südlichsten Landeshauptstadt Brasiliens, verzeichnet sind. Auf einer Strecke von einem ganzen Kilometer vor und nach dem Denkmal sind noch klägliche Reste eines Asphaltbelages auszunehmen. Das war damals bei der Eröffnung für die ausländische Presse und natürlich für den Präsidenten und sein Gefolge gemacht worden; Marke Potemkin. Ansonsten schaut das nicht anders aus als irgendeine afrikanische Buschstraße: rotbraune Erde, tief gefurcht, schlammig und voller Wasserlöcher, wenn es regnet, von Staubwolken überzogen, wenn es trocken ist.

Ich habe an sich nicht sehr viel für Denkmäler übrig, dieses aber ist mit Sicherheit das häßlichste, das ich je irgendwo gesehen habe. Schmutzige, verkommene, hoch aufragende Betonsäulen, daneben der traurige Stumpf eines ehemals wohl gewaltigen, schönen Urwaldriesen, der hier zum Träger einer nur noch schwer lesbaren Gedenktafel degradiert worden ist. Gedenken an den Ursprung einer Wahnsinnsidee, die aus der geplanten Lebensader Amazoniens eine Straße des Todes oder – wie die Menschen hier sagen – eine »Straße der Bitternis« gemacht hat.

Auf der Tafel stehen die großspurigen Worte: »Hier an den Ufern des Xingu*, inmitten des riesigen Waldes, gibt der Präsident der Republik den Befehl zum Bau der Transamazônica, mit dem, in einem historischen Aufbruch, die Eroberung und Kolonisierung dieser gigantischen grünen Welt begonnen werden soll. Altamira, 9. Oktober 1970.«

Dom Erwins Gesicht wird finster und ernst. Er sagt: »Das war das Todesurteil für den Urwald. Ich habe diese Gegend vorher gekannt. 1970 war ich ja immerhin schon fünf Jahre hier. Das war alles Urwald, richtiger, dichter, tropischer Regenwald. Und da hinein haben sie diese Straße geschlagen. Heute siehst du weit und breit keinen Baum mehr. Halbhohes Buschwerk, dicht und verwuchert, durch das sich keine Baumpflanze mehr ans Licht kämpfen kann. Gerade in dieser Gegend, östlich von Altamira, haben die Großgrundbesitzer ihr Unwesen ganz besonders arg getrieben. Ich weiß nicht, wieviele Leute von ihren Pistoleros niedergeknallt worden sind. Es ist trostlos: all die Gebiete, die entlang der Straße angeblich für die notleidenden Familien aus den Hungergebieten im Nordosten bestimmt gewesen sind, wurden damals bereits an die Großgrundbesitzer verschachert.«

Wir gehen von dem armseligen Denkmal-Baumstumpf zu den wenige Schritte entfernten Betonsäulen. Auf einer von ihnen ist eine zweite Tafel angebracht, die an die Eröffnung der ersten Teilstrecke erinnern soll. Auch hier Pathos und Großspurigkeit:

»Nach zwanzig Monaten kommt Präsident Emilio Medici an diesen historischen Ort am Xingu zurück. Hier hat er mit dem

* Xingu ['ʃingu], Nebenfluß des Amazonas, 1980 km lang, entspringt im Mato Grosso, mündet bei Gurupá.

ersten Spatenstich den Befehl zum Bau dieser gigantischen Straße der nationalen Integration gegeben. Hier übergibt er heute den ersten Bauabschnitt zwischen dem Tocantins und dem Tapajósos dem Verkehr. Er gibt damit dem Willen des brasilianischen Volkes Ausdruck, zu einer einigen, großen und starken Nation zu werden. – Altamira, 27. September 1972.«

Dom Erwin versucht, mir den Hintergrund zu erhellen: »Es hieß damals, Präsident Medici sei im Nordosten gewesen, das heißt, er habe die Dürregebiete im Nordosten überflogen und habe sogar geweint über das zerstörte Land, die Not der Menschen. Damals soll er auch jenen inzwischen überstrapazierten und mißbrauchten Slogan vom: ›Land ohne Volk für das Volk ohne Land‹ geprägt haben. Er hat dabei nur vergessen, daß es in diesem Land schon Menschen, sogar Völker gegeben hat, seit Hunderten, vielleicht Tausenden von Jahren.

Da in den Jahren 1970 und 71 die ersten Siedler-Konvois kommen sollten, hat man sofort die Zwangsumsiedlung dieser indianischen Völker begonnen. Denn wenn der Präsident von einem Land ohne Volk spricht, dann hat es eben auch kein Volk zu geben. So hat der Völkermord an den Araras und den Paracanãs damals sehr schnell eingesetzt. Heute gibt es von diesen Völkern nur noch klägliche Reste. Es gab kein Land ohne Volk!

Den Leuten aus dem Nordosten hatte man Versprechungen gemacht, hatte mit schönen Fotos und großen Worten richtige Werbekampagnen durchgeführt. Man hatte ihnen gesagt, sie würden bereits gerodete und abgegrenzte Grundstücke samt einem kleinen Häuschen vorfinden, könnten sozusagen sofort mit dem Anbau beginnen und sich's gemütlich machen. Vorgefunden haben sie nichts, außer dichtem Urwald und vielleicht einer Axt. Da kam es zu unheimlichen Tragödien. Die Leute haben richtig durchgedreht. Sie hatten nicht das Notwendigste zum Überleben. Viele sind gestorben, gleich in den ersten Monaten, andere haben versucht, sich am Stadtrand von Altamira anzusiedeln – die Bevölkerung ist von damals etwa 4000 auf heute 70.000 bis 80.000 angewachsen. Wieder andere sind irgendwohin weitergezogen.

Denen, die geblieben sind, blieb nichts anderes übrig, als sich bei den sofort auftauchenden Spekulanten und Großgrundbesitzern als billige Arbeitskräfte zu verdingen. Diese Leute waren nicht mehr als Kanonenfutter, die das Land für den sich in konzentrischen Kreisen ausbreitenden Großgrundbesitz zu roden hatten. Nur wenigen ist es gelungen, wirklich Fuß zu fassen und seßhaft zu werden.

Ein zweites Motiv für die Erschließung des Urwaldes war militärischer Natur. Zwischenfälle in anderen Landesteilen schürten die Angst der Regierung, der amazonische Urwald könnte bei wachsenden sozialen Spannungen zu einem Aufmarschgebiet für eine eventuell entstehende Guerilla werden. Man mußte also den Urwald auch militärisch in den Griff bekommen. Außerdem ging es ja um das auf der Gedenktafel angeführte Schlagwort von der »Integration Amazoniens« und um das Gespenst einer angeblich drohenden Internationalisierung dieses riesigen Landes am großen Fluß. Das war aber wohl nur ein Vorwand, denn inzwischen gehört Amazonien längst zu etwa 40 % ausländischen Konzernen. Das ist zwar nicht »Internationalisierung«, aber Ausverkauf. Man weiß ja auch nicht genau, wer hinter all diesen einheimischen Großgrundbesitzern und ihren riesigen Rinderherden steht. Das Fleisch jedenfalls ist nicht für das

Die Transamazônica

eigene Volk bestimmt, auch nicht die Früchte der Kakao- und Pfefferplantagen. – Glaub mir, es ist ein Skandal!«

Dom Erwin nimmt die Brille ab und versucht, sie umständlich zu putzen. Ich spüre, er hat sich heiß geredet, ist zornig und versucht, sich irgendwie abzureagieren.

Wir gehen zum Wagen zurück, lassen dieses Denkmal, das eher zu einem Denkmal der nationalen Schande als der nationalen Integration geworden ist, hinter uns. Wir fahren durch die Stadt zurück, um ein Stück gegen Westen zu kommen. Es hat zu regnen begonnen, nein, zu schütten. Die Schlaglöcher füllen sich mit Wasser, die Straße wird schlammig und rutschig, manche Stellen, vor allem an den oft sehr steilen Steigungen, gleichen eher einem Bachbett als einer Straße. Wir müssen immer wieder anhalten, weil schwere, hoch aufgetürmte, mit Baumstämmen beladene Lastwagen irgendwo hängengeblieben sind.

Links und rechts der Straße dasselbe Bild wie im Osten: schütteres Grasland, halbhohes Buschwerk, da und dort, gleich Totempfählen aufragend, noch rauchschwarz oder schon sonnengebleicht einzelne Stämme, die der Brandrodung standgehalten haben, drohend in den Himmel weisende Finger. Nur ganz selten irgendwelche Hütten, noch seltener ein Haus. Dort, wo längst Viehweiden oder fruchtbares Ackerland für glückliche Familien sein sollten, eigentlich nichts als trauriges, fast menschenleeres Ödland. Ja – die »Straße der Bitternis«.

Unser Ziel ist der Kilometer dreiundzwanzig. Warum, davon beginnt Dom Erwin schon während der Fahrt zu erzählen:

»Seit dem 14. Oktober 1987 waren in Brasil Novo an die 300 Bäuerinnen und Bauern versammelt, um gegen die Straßenbaubehörde zu demonstrieren. Man hatte den Leuten wieder einmal versprochen, daß die Straße noch vor Beginn der Regenzeit ausgebessert würde.

Am Morgen des 15. Oktober erhielt ich eine Botschaft von den Leuten in Brasil Novo. Sie baten mich, zu ihnen zu kommen und ihnen zu helfen. Ich bin sofort losgefahren, weil ich ja wußte, wie verzweifelt sie waren. Als ich hinausgekommen bin, hatten sie ein Papier, eine Art Forderungskatalog, ausgearbeitet. Ich sollte sie beraten und eventuell noch den Text korrigieren. Wir gingen das alles noch einmal genau durch, und ich bot ihnen an, das

Papier mitzunehmen. Am nächsten Tag, am 16. Oktober, hatte ich meine wöchentliche Radiosendung ›Voz do Pastor‹ (Die Stimme des Hirten), und da könnte ich diese Forderungen ja verlesen und damit entsprechend unterstützen.

Es war ganz klar, daß ich ihnen helfen würde, soweit ich konnte. Ich weiß ja, worum es geht, kenne die Probleme der Leute, weiß, wie wichtig diese Straßenreparaturen sind, denn in der Regenzeit wird der Wald für sie zum Gefängnis. Die Kranken müssen oft in Hängematten über 30 oder 40 Kilometer durch den Busch bis an die Straße gebracht werden, und wenn sie dann nicht passierbar ist, dann sterben die Leute am Straßenrand. Jede, auch eine sonst harmlose Krankheit, kann in dieser Situation tödlich sein, wenn nicht einmal die geringste ärztliche Versorgung möglich ist, wenn nicht einmal Medikamente besorgt werden können.

Die Leute an der Transamazônica und all ihren Nebenstraßen hatten dies jahrelang erfahren müssen, wußten also, was auf sie zukommen würde, wenn die Regenfälle einsetzten, ohne daß die Behörden ihr Versprechen eingelöst hätten. Ihre Geduld war zu Ende.

Sie fragten mich, ob es nicht möglich sei, daß wir, bevor ich nach Altamira zurückfahre, noch gemeinsam Messe feierten, und ob es eventuell denkbar sei, daß ich auch am nächsten Tag, dem Tag der geplanten Großkundgebung, zu ihnen herauskommen könne, da noch viele Leute aus anderen Gemeinden erwartet würden.

Dazu muß ich vielleicht sagen, daß die Menschen hier alles, was sie tun, aus dem Glauben tun, und daß es für sie ganz selbstverständlich ist, daß sie vor und nach jeder Versammlung, jeder Diskussion und natürlich jeder Aktion beten, miteinander die Schrift lesen oder eben, wenn es ausnahmsweise einmal möglich ist, auch gemeinsam Messe feiern.

Also wußte ich auch damals, daß das für sie ganz wichtig wäre, wenn ich herauskommen und mit ihnen nach der Kundgebung Eucharistie feiern würde. Wenn wir den Zeitplan ein wenig änderten, müßte das möglich sein, denn spätestens um halbfünf Uhr würde ich zurückfahren müssen, weil ich ja immer um sechs Uhr meine Radio-Sendung habe.

Der Gemeindeleiter verkündete nach meinem Schlußsegen über Mikrophon: ›Unser Bischof ist bereit, auch morgen zu uns zu kommen. Wir werden um drei Uhr, nach Abschluß der Kundgebung, gemeinsam Messe feiern. Er wird aber versuchen, schon um halbzwei aus Altamira abzufahren, damit er kurz nach zwei bei uns sein kann, falls wir ihn noch brauchen.‹ – Applaus. Große Freude. Ist doch ganz klar. Dafür haben sie ja einen Bischof, daß er ihnen beisteht in der Not.

Wir sind dann am 16. Oktober pünktlich um halb zwei Uhr abgefahren. Ich habe Pater Salvatore, Pater Matthäus und Sonia, eine Mitarbeiterin der Landpastoral, eingeladen mitzukommen. Ich meinte, daß die Leute sich sicherlich freuen würden, wenn sich nicht nur der Bischof mit ihnen solidarisch zeigt. Während der Fahrt haben wir noch geblödelt und Witze gemacht, weil es bei uns wirklich selten ist, daß ein Bischof und zwei Patres gemeinsam in einem Auto sitzen. Bei so wenigen Leuten, wie wir sind, ist das normalerweise nicht möglich. Es war eine angenehme Fahrt. Die Straße war trocken, nicht so wie heute – und den Staub, mein Gott, den ist man ja gewöhnt.«

Dom Erwin hält den Wagen einen Moment an, damit ich Zeit habe, mir die Situation genau anzuschauen. Es hat aufgehört zu regnen, aber die Straße ist noch schwemmnaß. Vor uns liegt ein schnurgerades Straßenstück, das steil in ein Tal hinunter und dann ebenso steil den Hang wieder hinaufführt. Da hängen auch prompt wieder zwei Laster drinnen, deren Reifen sich lautstark immer tiefer in den Dreck graben – erstens überladen und auf Grund des Geländes natürlich zu wenig Schwung.

»Dann sind wir hier, genau an diese Stelle gekommen«, erzählt Dom Erwin weiter. »Von hier aus habe ich drüben auf der Kuppe ein helles Auto gesehen. Bevor wir unten zur Brücke kamen, habe ich mein Fenster hinaufgekurbelt. Das macht man hier üblicherweise, wenn man einen entgegenkommenden Wagen kreuzt, damit man nicht den ganzen Staub ins Gesicht und in die Augen bekommt. Nur – das Auto ist erstaunlicherweise nicht gekommen. Es war mir irgendwie unerklärlich, denn ich hatte es von oben ja ganz deutlich gesehen.

Als wir dann dort oben, also knapp vor der höchsten Stelle, vor der Kuppe waren, raste ein Kleinlastwagen auf unserer Straßenseite direkt auf uns zu. Da ist es passiert. Wir waren chancenlos. Links der helle Wagen, rechts eine steile Böschung. Da gab es keine Ausweichmöglichkeit, keine Chance.

Der Kleinlaster knallte frontal in uns hinein. Salvatore schlug mit dem Kopf über dem Handschuhfach auf. Mir hat es das Lenkrad in die Brust und ins Gesicht gejagt. Die Backenknochen waren gebrochen, die Nase war ab, die Zähne eingeschlagen, und wie sich später herausstellte, waren auch einige Rippen gebrochen. Erstaunlich war nur, daß ich keinen Moment lang das Bewußtsein verloren habe. Ich habe die Leute sogar aus dem Wagen springen und davonrennen sehen.

Ich hatte sofort unheimliche Schmerzen. Das Blut ist mir aus Mund und Nase geschossen. Ich habe nur gewußt: Ich lebe. Ich habe versucht, tief durchzuatmen. Ja, ich lebte. In diesem Moment habe ich nur noch ein Bild gesehen – vielleicht darf ich das sagen – wie mich der Schmerz überfallen hat, habe ich nur noch das blutüberströmte Antlitz Jesu gesehen. Nichts sonst.

Dann habe ich versucht, meinem Mitbruder auf die Schulter zu klopfen. Ich habe immer wieder seinen Namen gerufen: ›Salvatore, Tore, Tore, Tore..‹ – Er hat nicht geantwortet. Er war tot. Die beiden anderen haben geschrien und gestöhnt. Also lebten sie.«

Dom Erwin hält inne. Sein Atem geht schneller. Er wischt sich mit dem Handrücken den Schweiß von der Stirn. Ich fühle, wie all diese Schreckensbilder wieder vor ihm auftauchen, wie er die Schmerzen wieder spürt; den Schmerz, der ihn durchfuhr, als er entdeckte, daß sein Mitbruder tot war, die Schmerzen, die in ihm selber tobten. Ein Augenblick der Stille. Wir stehen jetzt genau an der Stelle, an der das damals passiert ist. Wir erschrecken beide, als plötzlich ein Lastwagen knapp an uns vorbeidonnert, den wir, zuerst im Reden und Zuhören und dann in gemeinsames Schweigen vertieft, nicht bemerkt haben. – Ich versuche, die Spannung zu lösen, und frage scherzhaft, ob denn wenigstens die Lenksäule das ausgehalten habe.

»Die Lenksäule«, lächelt er matt. » Ach ja, die Lenksäule haben sie mir dann viel später gezeigt. Sie war oben fast in einem rechten Winkel abgebogen. Wie das meine Brust ausgehalten hat, weiß ich nicht, aber hätte sie sich nicht verbogen, hätte sie mich wohl durchbohrt und ich würde heute nicht neben Dir im Wagen sitzen.

Auf meiner Seite ist die Türe nicht mehr aufgegangen. Pater Matthäus hat man über den toten Bruder durchs Fenster hinaus-

Das Unfallauto von Dom Erwin Kräutler

gezogen und die Sonia auch. Dann hat jemand geschrien: Das Auto fängt Feuer! – Ich habe mich mit letzter Kraft zwischen den Sitzlehnen hindurchgezwängt und mich auf den Rücksitz fallen lassen. Von dort haben sie mich dann durch das Fenster hinausgezogen. Ich hab geglaubt, es zerreißt mich.

Glücklicherweise war hinter uns ein Kleinbus gekommen. Der Fahrer hat seine Passagiere aussteigen lassen und uns sofort nach Altamira gefahren. Dort hat man uns Erste Hilfe geleistet und mich auch sofort notdürftig zusammengeflickt, die Nase, am Mund und an den Wangen. – Der Arzt, ein alter Freund von mir, hat gesagt: ›Deine Lage ist ernst, aber im Moment besteht keine Lebensgefahr. Nur, hier kann ich Dir nicht weiterhelfen, weil ich nicht feststellen kann, ob da nicht noch innere Verletzungen sind. Du mußt morgen früh sofort nach Belèm.‹ – Sie haben mich dann auch gleich am nächsten Morgen nach Belèm geflogen und ins Spital gebracht.

Ich mußte etliche Operationen über mich ergehen lassen und hatte unheimliche Schmerzen. Es war eine schlimme Zeit, eine sehr dunkle Nacht. Aber ich sagte mir immer wieder: ›Ich lebe, obwohl ich an sich tot sein müßte. Der Herr sei gelobt.‹ Ich habe viel gebetet in diesen langen Tagen und endlosen Nächten.

Etwa zehn Tage nach der ersten Operation besuchte mich eine Journalistin vom ›O Liberal‹, das ist eine der größten Tageszeitungen hier im Norden. Sie sagte: ›Glauben Sie ja nicht, daß das ein Unfall war.‹ – Wieso sollte ich das nicht glauben? Ich war davon überzeugt, daß der Fahrer des Kleinlasters halt irgendwie auf die falsche Straßenseite geraten war, das passiert ja öfters auf dieser schlechten Straße. Nur eines, dieses helle Auto, ist mir nie richtig aus dem Kopf gegangen, davon hatte ich auch meinem Mitbruder Fritz Tschol sofort nach meiner Einlieferung ins Spital von Altamira erzählt. – Ich verwarf die Idee dieser Journalistin wieder und konzentrierte mich eher darauf, wieder gesund zu werden.

Am 17. Dezember wurde ich entlassen. Als ich nach Altamira zurückkam, hatten die Leute alles für eine Eucharistiefeier am Platz vor der Kathedrale vorbereitet, dort, wo ich auch geweiht worden war. Und wie damals waren auch diesmal an die 5000 Leute gekommen, wirklich von überall her.

Nach der Messe kam eine bekannte Dame, übrigens auch eine Journalistin, auf mich zu und wollte unter vier Augen mit mir reden. Das dauerte allerdings eine Weile, weil mich die Leute nicht so einfach gehen ließen. Alle kamen. Sie umarmten mich. Manche weinten. Und immer wieder haben sie gesagt, wie glücklich sie sind, daß ich lebe, daß ich wieder da bin.

Diese Dame mußte ziemlich lange warten. Wir gingen dann hinüber ins Patres-Haus und setzten uns. Ohne Umschweife sagte sie mir auf den Kopf zu: ›Das war kein Unfall. Das war ein Mordversuch. Ich kann es beweisen.‹ – Es war schon erstaunlich zu erfahren, daß eine knappe halbe Stunde nach dem Vorfall – wir waren noch mit dem Kleinbus unterwegs – bereits ein Polizist und ein Rechtsanwalt aus Altamira an der »Unfallstelle« waren. Dann war inzwischen bekannt geworden, daß in dem ominösen hellen Auto niemand Geringerer als der Polizeikommissar von Brasil Novo gesessen war. Er ist übrigens jetzt, vor etwa einem Monat, ermordet worden. Der Mann hatte viel auf dem Kerbholz, er galt als einer der brutalsten Folterer in der Gegend. Furchtbar, was das für ein Leuteschinder war! – Außerdem hatte man von einer Äußerung eines der Großgrundbesitzer erfahren, der den Leuten kurz vor der Aktion gesagt hatte: ›Wenn es dem Bischof einmal an den Kragen geht, spendiere ich der ganzen Gemeinde Fleisch am Spieß.‹ – Die Fahrer des Kleinlasters hatten wohl wirklich nicht zufällig auf einer nahen Fazenda übernachtet und auch noch zu Mittag gegessen. Vor der Abfahrt hatte der Hausherr ihnen noch eingeschärft: ›Nur frontal! Von der Seite rammen hat keinen Wert!‹ – Und die makaberste Geschichte, die auch an die Öffentlichkeit gedrungen war, war wohl jene Szene, die sich bald nach unserer Einlieferung ins Spital abgespielt hat. Der tote Pater Salvatore lag bereits auf dem Tisch und sollte gewaschen werden. Da kam ein Herr in dunklem Anzug herein, schaute sich den Toten an und sagte enttäuscht: ›Mein Gott, sie haben den Falschen erwischt.‹ – Das sind nur einige Dinge, die bekanntgeworden sind. Sie sprechen doch eine recht deutliche Sprache.

Aber es ist ja nie eine Untersuchung gemacht, nie ein Prozeß angestrengt worden. Nie! Ich meine, ich wäre ja der wichtigste Zeuge gewesen. Ich hatte ja alles gesehen, sogar die beiden Männer, die aus dem Auto gesprungen und davongelaufen sind. Das Lastauto ist natürlich spurlos verschwunden, und von den beiden hat man auch nichts mehr gehört. Vielleicht hat man sie auch umgebracht, um nicht zu riskieren, daß die etwas ausplaudern.

Es gab zwar dann eine Art ›Unfallbericht‹. Der Polizist und der Rechtsanwalt haben so etwas verfertigt. Die hatten ja schließlich von dem Unfall gewußt, bevor er überhaupt passiert war. Richtige Hellseher! Die beiden haben zu Protokoll gegeben, daß der Wagen des Bischofs einen nicht identifizierbaren Lastwagen hätte überholen wollen und dabei mit einem in Richtung Altamira fahrenden Kleinlastwagen zusammengeprallt sei. Also das genaue Gegenteil von dem, was wirklich geschehen ist.

Wenn der Unfallhergang tatsächlich so gewesen wäre, dann hätte es mit Sicherheit einen Prozeß gegeben, aber gegen mich, wegen fahrlässiger Tötung. Das wäre ja ein wirkliches Fressen gewesen für diese Herrschaften: Der Bischof vor Gericht, wegen fahrlässiger Tötung eines Mitbruders!«

Wir bleiben noch eine Weile sitzen, und Dom Erwin erzählt von seiner Reise, die er im Spätherbst 1988 nach Sardinien unternommen hat, um das Grab und die Familie seines jungen Mitbruders Salvatore zu besuchen. Er erzählte von den Tränen der Mutter, vom tiefen Schweigen des Vaters, der nach dem Tod seines Sohnes noch stiller und wortkarger geworden war. Dom Erwin spricht vom Besuch des Grabes, von der Ruhe, die ihn dort plötzlich umgeben hat, von der Messe, die er am Ersten Adventsonntag mit der Heimatgemeinde Salvatores gefeiert hat, und seinem Bemühen, den Menschen auf italienisch Trost zuzusprechen.

Auf meine Bitte hin steigen wir aus, gehen über die Straße und klettern die noch rutschige Straßenböschung hinauf – die Spuren der roten Erde sind noch heute an meiner weißen Hose zu erkennen – und stehen einen Moment schweigend vor dem etwa zwei Meter hohen, schlichten Holzkreuz. Das haben die Leute aus den umliegenden Gemeinden einige Tage nach dem Ereignis hier aufgestellt, als Erinnerung an den toten Pater und als Dank für das Leben ihres Bischofs. Zwei Tage darauf fanden sie es ausgerissen, irgendwo im Busch liegend. Sie haben es wieder aufgestellt und diesmal in Beton eingegossen. Wieder einige Tage später entdeckten sie Brandspuren. Offensichtlich hatte man versucht, das Kreuz mit Benzin zu übergießen und anzuzünden. Das klappte allerdings nicht, denn es ist aus Acapuholz, einem der härtesten Hölzer, das einfach nicht brennt.

»Der Haß gegen uns«, sagt Dom Erwin, aus tiefen Gedanken aufwachend, »der Haß gegen uns reicht noch über den Tod hinaus. Schlimm. Und das nur, weil diese armen Leute um das kämpfen, was ihnen zusteht, um ihr Menschenrecht, ihr Lebensrecht, und weil wir ihnen zur Seite stehen, ihnen helfen wollen.«

Ich frage ein wenig zögernd, was denn das für ein Gefühl sei, heute vor diesem Kreuz zu stehen und zu leben.

Er blinzelt ein wenig verlegen in die Sonne, die sich inzwischen wieder durch die schweren Regenwolken durchgekämpft hat, schaut mich an und dann lange das Kreuz, bevor er antwortet:

»Es ist jedes Mal ein merkwürdiges, ein undefinierbares Gefühl, wenn ich hier vorbeifahre oder wie heute hier stehe. Da ist mit einem Schlag alles wieder da, jeder Augenblick, jedes Bild, wie wenn in meinem Inneren ein Film ablaufen würde – und mein Herz krampft sich schmerzhaft zusammen. Lange Zeit war ich richtig traumatisiert. Ich war nicht imstande, darüber zu reden. Es ist ja schließlich ein Mensch, ein Mensch, der mir sehr nahe-

Das Kreuz aus Acapuholz an der Unfallstelle

gestanden ist, an meiner Stelle, stellvertretend für mich, gestorben. Das kann man nicht einfach wegstecken, auch wenn einem keine Schuld trifft. »Trifft mich wirklich keine Schuld?«, frage ich mich immer wieder, denn schließlich hatte ich ihn ja gebeten, mitzukommen.

Ich habe eigentlich erst während meiner Europareise im Herbst 1988, als mich die Leute immer wieder danach gefragt haben, angefangen, darüber zu reden. Damit ist es dann ein wenig besser geworden, und ich glaube, auch mein Besuch auf Sardinien hat mir da geholfen.

Ich bin natürlich dankbar, daß ich lebe, und die Zeit der Schmerzen und Qualen war sicher auch nicht ohne Bedeutung, wahrscheinlich sogar sehr fruchtbar für mein Leben. Es ist mir immer klarer geworden, daß mir dieses Leben nur wieder geschenkt worden ist, daß ich es jeden Tag neu einsetzte für dieses Volk, für diese armen, ausgebeuteten und unterdrückten Menschen.

Wir waren unterwegs gewesen, um in Solidarität mit diesen Menschen Eucharistie zu feiern. Wir waren unterwegs gewesen zur Feier des Lebens. Wir haben aber keine Gelegenheit mehr gehabt, Brot und Wein in den Leib und das Blut unseres Herrn zu verwandeln im Gedächtnis an seinen Tod und seine Auferstehung. Auf diesem Weg hat mein Bruder für das Leben sein Leben hingegeben, sein Blut vergossen.

Wie vielen Menschen in unserem Land widerfährt dieses Schicksal, wieviele sterben im Kampf für ihre Brüder und Schwestern, im Kampf für das Lebensrecht der Armen und werden so zu Märtyrern dieser Kirche, ohne daß ihnen ein Kreuz aufgerichtet wird? – Eigentlich bin ich dankbar für dieses Kreuz, weil es zu einem Wegzeichen geworden ist für mein Leben, im wahrsten Sinn des Wortes.«

II

Man möchte, daß wir die Eingeborenen zum Glauben bringen und sie dann der Gier überlassen. Man möchte, daß wir die Schafe zur Herde bringen und sie dann dem Hackbeil überlassen. Man möchte, daß wir die Könige zu Christus bringen und sie dann Herodes überlassen.

P. Antonio Vieira, 6.1.1662

DAS LAND DES WAHREN KREUZES

In dieser Nachmittagsstunde am Kilometer 23 der Transamazônica-West, die ja nicht nur in diesem Buch, sondern die auch am Anfang meiner Reise stand, wurde mir die Problemstellung, der ich in diesem gigantischen Land Brasilien begegnen würde, sozusagen ›am Stück‹, am konkreten Ereignis wenigstens in groben Umrissen deutlich. Aber die Grausamkeit, die Brutalität dieser Gesellschaft, die die überwiegende Mehrheit der Bevölkerung nicht nur an den Rand drängt, sondern buchstäblich marginalisiert, kommt ja nicht von ungefähr, ist ja nicht plötzlich vom Himmel gefallen. Das alles hat Wurzeln, Wurzeln, die 500 Jahre zurückreichen.

Und wenn man jetzt darangeht, für das Jahr 1992 die Feiern anläßlich »500 Jahre Evangelisierung Lateinamerikas« vorzubereiten, wird man dieses »Feiern« wohl sehr eindringlich zu hinterfragen haben. Der deutsche Theologe Horst Goldstein, vor allem durch seine Übersetzungen der lateinamerikanischen Befreiungstheologen bekannt geworden, hat während des 7. Treffens der brasilianischen Basisgemeinden, das Anfang Juli 1989 in der Diözese Dûque de Caxias bei Rio de Janeiro äußerst beeindruckend und erfolgreich über die Bühne gegangen ist, diese Notwendigkeit sehr deutlich gemacht: »Die offizielle Kirche spricht von fünfhundert Jahren Evangelisierung. Das ist sicher ein gültiger Aspekt. Aber wenn man diese kleinen Leute, die hier dabei sind, fragt, wie sie denn dieses Datum 1492 sehen, dann sind sie absolut sicher, daß hier ein Prozeß der Entmündigung, der Demütigung und Unterdrückung begonnen hat, der bis heute anhält. Ich würde sagen, wenn dieses Feiern nicht begleitet ist oder vorbereitet wird durch überzeugende Akte der Umkehr und der Buße, dann bleibt es leer und darf auch für einen Christen nicht einfach so stehenbleiben.«

Es ist vielleicht nützlich, wenigstens einen knappen Blick in die Vergangenheit zu werfen, bevor die Reise beginnt und die »Therezinha« den Xingu abwärts tuckert.

*

Am 8. März 1500 nimmt Dom Manuel, der König von Portugal, tränenreichen Abschied von 13 Caravellen, die sich unter der Führung des damals 32jährigen Pedró Álvares Cabral auf die Fahrt nach Indien machen sollen. Der junge, ehrgeizige Kapitän setzt sich auf Vasco da Gamas Spuren und fährt gen Osten. Von schweren Stürmen gen Südwesten abgedrängt, landet er mit fünfzehnhundert seiner Männer ziemlich erschöpft, angeschlagen und vor allem ahnungslos am Spätnachmittag des 22. April an der Küste eines imposanten, von bewaldeten Hügeln gesäumten Landes. Cabral glaubt vorerst, er habe eine Insel entdeckt, und beschließt zuerst, sie »Insel« und später, als er erkennt, daß es Festland ist, es LAND DES WAHREN KREUZES zu nennen. 11 Jahre später wird man es nach dem roten Holz, das die Eingeborenen aus den Wäldern bringen, BRASIL nennen.

An diesem Spätnachmittag aber entdeckt er zuerst einmal mit Staunen etwa 60 Menschen, bewaffnet mit Pfeil und Bogen, die den Ankömmlingen neugierig entgegenschauen. Nach einigem Überlegen lädt Cabral zwei ihrer Führer auf seine Caravell ein. Am Abend dieses Tages schreibt der Chronist Péro Vaz de Caminha in das Bordbuch: »Sie sind braun, mit einem Stich ins Rötliche. Sie haben gute Gesichter, gute Nasen und sind gut gebaut. Sie haben kein Kraushaar, tragen aber einen Knochen in der Unterlippe. Einer von ihnen hatte im Haar gelbe Federn«.

Eines besticht noch an den Eingeborenen: Sowohl die beiden Besucher an diesem ersten Tag wie auch die anderen, während der kommenden Tage, zeigen keine Anzeichen von Angst, sie zeigen aber auch keinerlei Gesten von Unterwürfigkeit. Die beiden Lager beobachten einander schweigend.

An einem der kommenden Sonntage feiern die Portugiesen eine Messe. Die Indianer sitzen in der Nähe und beobachten die Zeremonie mit Interesse. Nach dem Schlußgebet beginnen sie, auf Trompeten zu blasen und zu tanzen. Das legen die Fremden natürlich sofort einmal falsch aus. Sie vermuten, daß die »Barbaren« keinen sehnlicheren Wunsch hätten, als endlich zum wahren Glauben zu kommen. Eine weitere Meßfeier scheint diese Vermutung nur noch zu bestätigen, denn die Gäste versuchen – schon nähergekommen – alle Gesten nachzuahmen und küssen und umarmen das große Holzkreuz, das zu »Ehren der Menschen der Welt, des Herrn des Himmels und der Erde« im Auftrag des Königs aufgestellt worden ist.

Nach neun Tagen scheint, laut Eintragung im Bordbuch, festzustehen: »Diese Menschen leben in Unschuld wie Adam und Eva vor dem Sündenfall, sie sind sich ihrer Nacktheit nicht bewußt. Außerdem scheint das Land gesegnet zu sein, alles was man pflanzen würde, würde prächtig gedeihen. Das Klima ist großartig und Wasser gibt es genug.«

Cabral schickt eine der Caravellen mit der guten Nachricht nach Lissabon, hinterläßt zwei Mann mit dem Auftrag, die Sprache der »Unschuldslämmer« zu lernen und ihre Gebräuche zu studieren und segelt weiter.

Diese erste, offensichtlich beiderseits positive Begegnung zwischen Indianern und Weißen, sollte in der Geschichte leider kaum Nachahmung finden. Schon ein Jahr später landet ein anderer Navigator, Amèrigo Vespucci – der dem gesamten Kontinent den Namen geben sollte –, an der brasilianischen Küste. Seine ersten Kontakte sind anderer Natur. Er wird gleich einmal Zeuge einer kannibalischen Szene. Ohne irgendetwas von den Sitten und Gebräuchen dieser Menschen zu verstehen oder verstehen zu wollen, wird das für ihn der prägende Eindruck und besiegelt damit das Schicksal dieser Menschen für die nächsten Jahrhunderte. Nicht der freundliche, neugierige, in seliger Unschuld friedlich lebende Fremde, sondern der grausame, finstere, brutale Kannibale prägt das Bild des indianischen Menschen, nein des »Barbaren«, »Untermenschen« bis in unsere Zeit.

1519 hält ein anderer Chronist fest: »Die Eingeborenen haben dunkle Haut. Sie sind wild, sehr grausam und nähren sich von Menschenfleisch. Sie handhaben Pfeil und Bogen mit großer Kunstfertigkeit. In dem Land leben vielfarbige Papageien, unzählige Vogelarten und monströse Wildtiere. Es gibt einen Baum in großer Quantität, den sie Brasil nennen und dessen zermahlenes Holz einen hervorragenden, purpurnen Farbstoff ergibt.«

Auch diese Erkenntnis wird geschichtswirksam, denn der Farbstoff aus dem Brasil-Holz wird d a s große Geschäft für Portugal, das erste Medium der Ausbeutung. Solche Bäume sind demgemäß in der Natur längst nicht mehr zu finden. In einem Naturpark in Rio de Janeiro kann man angeblich noch einige Exemplare bewundern.

Werkzeug der portugiesischen Habgier wird ein Jude, der unter Androhung der Inquisition die Taufe angenommen hat und von Dom Manuel mit der Beschaffung des Brazil-Holzes beauftragt wird. Fernao de Noronha wird unter dem Druck der immens steigenden Nachfrage nach dem Purpur-Farbstoff zu einem der aktivsten Kolonisatoren Brasiliens.

Die Weichen in Richtung Ausbeutung sind gestellt, aber nicht nur in Richtung auf die Ausbeutung der Reichtümer dieses Landes, sondern auch in Richtung auf die Vernichtung der Völker. Man schätzt heute, daß zur Zeit der Eroberung durch die Portugiesen etwa sieben bis zehn Millionen Indianer die Wälder bevölkert haben. Heute sind es nicht einmal mehr 300.000.

Die »Wilden«, die »Barbaren« sind vogelfrei. Wenn sie sich nicht widerstandslos taufen und als Arbeitstiere versklaven lassen, werden sie ohne Umschweife umgebracht. Da die Indianer aber nicht willen- oder widerstandslos sind, sondern sich in ihrer Mehrheit sowohl der Taufe als auch der Versklavung widersetzen, fließt indianisches Blut in Strömen.

1532 vergibt Dom João III., König von Portugal, erstmals Erbland, das heißt, er läßt das bis dahin eroberte Land in Gebiete, riesige Gebiete aufteilen, die er bewährten Kapitänen, Kriegern, Adeligen schenkt, damit sie sie »bevölkern, verwalten und entwickeln«. Diese Vorläufer der Großgrundbesitzer sind lediglich dem König verantwortlich. Der König behält sich das Monopol auf alle Gewürze und ein Fünftel aller geschürften Edelmetalle.

Neben dieser Landaufteilung schickt Portugal auch noch eine Expedition unter der Führung von Generalkapitän Martin Alfonso de Souza nach Brasilien. Unter straffem Regiment wird Zuckerrohr angebaut – die zweite Ausbeutungswelle beginnt – und werden Zuckermühlen errichtet. 1570 gibt es bereits 60 und 20 Jahre später 350 Zuckermühlen. Die steigende Zuckerrohrproduktion bringt den portugiesischen Siedlern Wohlstand und Reichtum. – Den Preis dafür aber zahlt das Land und mit ihm die Ureinwohner. Um immer neue Anbauflächen für das Zuckerrohr zu gewinnen, werden weite Waldgebiete durch Brandrodung vernichtet. Eine Million Quadratkilometer Urwald fällt bereits im ersten Jahrhundert der Kolonisierung, und das heißt den Flammen zum Opfer. Wieviele Indianer dabei ums Leben kommen, weiß man nicht, da schweigt die Chronik.

Gegen Ende des 16. Jahrhunderts entwickelt sich unter der Führung von João Ramalho ein neuer Typ von etwas sanfteren Kolonisatoren. Neuankömmlinge, die natürlich keine Chance auf Erbland haben, dringen immer weiter ins Landesinnere. Sie besetzen Land, in dem sie den Wald abbrennen und Maniokpflanzungen anlegen. Sie mischen sich mit Indianerinnen, lernen von ihnen und ihren Brüdern. Sie lernen die Namen der Pflanzen, lernen fischen und jagen, züchten Schweine und Hühner, und ihre Kinder, die Mamelucken genannt werden, sind bereits in die indianische Lebenswelt eingewurzelt. Das hätte eine Entwicklung werden können, die das Land noch in eine positivere Zukunft hätte führen können.

Die inzwischen immer lauter kolpotierten Gerüchte von sagenhaften Goldschätzen, die noch irgendwo unter der dichten, grünen Decke der endlosen Urwälder schlummern, lockt eine neue Sorte von Abenteurern aus Europa an. Sie schlagen sich in ganzen Horden ihren Weg immer tiefer ins Landesinnere. Sie nennen sich »Bandeirantes«, weil ihnen immer ein Fahnenträger mit dem potugiesischen Banner, dem Banner mit dem weißen Kreuz im Zentrum, vorausgeht. Ihr Sinn steht nicht nach friedlichem Ackerbau, Fischfang und Jagd. Vor ihren gierigen Augen flimmert das Gold, flimmern die Bodenschätze dieses

Landes, und alles, was sich ihnen entgegenstellt, wird niedergemacht, egal ob das die streitbaren Jesuiten oder die Indianer sind. Ihr Weg zieht sich wie eine Blutspur durch die weiten Wälder.

Inzwischen sind die Indianer noch weiter in ihrem Wert gesunken, da man – weil sie eben zur Arbeit nichts taugen, sich dem Frondienst verweigern und durch Flucht entziehen – seit dem Jahr 1550 Millionen schwarzer Sklaven aus Afrika heranschafft. Also hat der böse Spruch »Nur ein toter Indianer ist ein guter Indianer« noch mehr Schlagkraft bekommen, denn jeder, der einen Indianer tötet, tut also nachgerade ein gutes Werk. Demgegenüber kann die päpstliche Bulle aus dem Jahr 1537, in der Paul IV. feststellt: »Indianer sind Menschen im Vollsinn des Wortes. Man darf sie weder versklaven noch töten« nur leeres Papier bleiben.

Ende des 17. Jahrhunderts stoßen die ersten Trupps der Badeirantes endlich auf das blutige Gold. Natürlich geht es auch hier zuerst einmal darum, die Indianer, die ja die eigentlichen Herren des Landes sind, aus diesem Gebiet zu vertreiben. Es beginnt ein furchtbares Gemetzel, dem sich die Jesuiten und Franziskaner, vor allem der legendäre Pater Antonio Viera entgegenzustellen sucht. Aber statt daß ihnen Kirche und Krone den Rücken stärken, werden sie auch noch von dieser Seite im Stich gelassen. (Auch das hat offenkundig Tradition.) Pater Vieira, der eine Wiederansiedlung überlebender Indianerstämme versucht, wird 1759 endgültig vertrieben.

Die Versklavung der Afrikaner und die Vernichtung der Indianer wird munter weiter betrieben, und 1820 schreibt José Bonifacio de Andrada es Silva verzweifelt an den König: »Wir dürfen der schlimmen und unmenschlichen Behandlung der unglücklichen Söhne Afrikas nicht noch eine schrecklichere der Indianer hinzufügen, deren Land wir überfallen haben. Jene, die noch frei sind, sollen frei bleiben«. Wie viele solcher Mahnungen bleibt auch diese ungehört.

Inzwischen ist nach dem Brasil, dem Zucker, neben den Gewürzen, den Bodenschätzen, dem Gold vor allem, ein neues Ausbeutungsobjekt entdeckt worden, über das Alfred Métraux 1850 schreibt: »Die Entdeckung der Bäume und der Nutzungstechnik des Kautschuks ist einzig und allein den Indianern zu verdanken. Der Erfolg dieser Industrie bewirkte und beschleunigte den Untergang, die Vernichtung dieser Völker.« – Die Indianer nannten ihn Cahutchu, den »Baum, der weint« und wußten die weißen Tränen schon seit je zu nutzen.

Jetzt aber greift die europäische Industrie nach diesem wertvollen Produkt. Vor allem in der Gegend von Manaus werden bereits im Jahre 1850 1000 Tonnen Rohkautschuk gewonnen. Zwanzig Jahre später sind es 3000, 1880 12.000 und 1900 bereits 20.000 Tonnen. Im Jahr 1910 werden schon 3 Millionen Hektar Wald ausgebeutet, 80.000 Tonnen Rohkautschuk pro Jahr gefördert und exportiert, was zu dieser Zeit 50 % der Weltproduktion ausmacht.

1912 fährt die erste Eisenbahn die 350 Kilometer von Madeiro nach Manneré. Ihr Bau hat 6000 Menschenleben gekostet und Unsummen Geld verschlungen. Kaum fertig, erweist sie sich als Flop, als schlichte Fehlinvestition, denn inzwischen ist anderswo die Saat des Diebstahls aufgegangen. Die Samen der Gummibäume, die 30 Jahre vorher in den Urwäldern Amazoniens gestohlen und in einem Krokodil außer Landes geschmuggelt worden sind, haben in Malaisia Wurzeln geschlagen. Dort hat man richtige Gummiplantagen angelegt. So ist die Ernte wesentlich leichter und daher auch billiger als im unwegsamen Gelände der Wälder, wo man nur mühsam von Gummibaum zu Gummibaum kommt. Die Preise verfallen, und die Gummiimperien Amazoniens fallen zusammen wie Kartenhäuser. Bankrott.

In dieser Endzeitstimmung tauchen Gerüchte von Vernichtungslagern für arbeitsunwillige Indianer auf. Eine Kommission aus London kommt angereist, stellt Untersuchungen an und wird nach jahrelanger, mühevoller Forschungsarbeit fündig. Man stößt auf Berge von Menschenknochen. Von den ehemals 50.000 Indianern in diesem Kautschukgebiet um Manaus sind nur noch 8000 am Leben. Man rechnet es nachher einmal zusammen: Jede Tonne Kautschuk hat in dieser Zeit des Booms sieben Menschenleben gekostet. Ein stolzer Preis!

Da kommt mir eine Stelle aus dem Testament der portugiesischen Königin Isabel der Katholischen in den Sinn, in dem sie beinahe flehend schreibt: »Daß der König, mein Herr, die Prinzessin, meine Tochter, der Prinz, mein Sohn, nicht dulden oder verursachen mögen, daß den Indianern, Bewohner der Inseln und des festen Landes, irgendwie Leid an ihrer Person oder an ihrem Hab und Gut geschehe. Im Gegenteil, sie mögen darüber wachen, daß diese Völker mit Gerechtigkeit und Güte behandelt werden.«

*

Die Vergangenheit holt Brasilien immer wieder ein, auch nachdem es 1889 aus einem Königreich von Portugals Gnaden zu einer Republik gemacht wird. Die Tore öffnen sich weit. Für viele ist es immer noch ein »gelobtes Land«, ein »Land der unbegrenzten Möglichkeiten«. 3,390.000 europäische Immigranten strömen über den Atlantik, davon allein 1,4 Millionen Italiener. Die Herrschaft Portugals wird von der Herrschaft Europas abgelöst.

In der Bibliothek von Bischof Erich, dem bischöflichen Onkel, habe ich vor unserer Abfahrt ein Buch gefunden. Es stammt aus der Feder von Frank Arnau und trägt den Titel: »Der verchromte Urwald«. Es ist in den Fünfzigerjahren geschrieben und das letzte Mal 1967 auf den neuesten Stand gebracht worden, also zur Zeit des vermeintlichen oder zumindest propagierten »Wirtschaftswunder Brasilien«. Das Einleitungskapitel »Dies ist Brasilien« schreibt die Geschichte Brasiliens im 20. Jahrhundert fort und zeigt, wie lange die Schatten der Vergangenheit sind.

Dies ist Brasilien:

ein Riese, der unter den Folgen überschnellen Wachstums leidet –

ein Riese, dessen Entwicklung in tropischer Intensität die Gesetze der Proportionen sprengt –

dessen urwüchsige Kraft aber in dem unvorstellbaren und unerschöpflichen Reichtum verankert ist, den ihm Mutter Natur schenkte –

und durch den er einmal – irgendwann – einen harmonischen Ausgleich finden wird – und den Weg zur Genesung.

Geburt und junge Jahre dieses Riesen wurden nicht von fürsorglicher Liebe begleitet.

Seine Urkraft wurde schonungslos ausgebeutet.

Das Heute zeigt, wie belastend sich dies Gestern noch in unseren Tagen auswirkt.

Das Kontinenthafte dieses Landes Brasilien gewinnt Ausdruck durch einige grundlegend wichtige Zahlen:

Auf 8 513 844 Quadratkilometern wohnen mehr als 80.000.000 Menschen.

Zur Zeit, als das geschrieben worden ist, hat man sich einmal ausgerechnet, daß so um das Jahr 2000 die 100-Millionenmarke überschritten werden wird. Verrechnet. Bereits heute hat die Einwohnerzahl Brasiliens die 150 Millionen überschritten.

Die Küste Brasiliens am Atlantischen Ozean ist 7 407 km lang. Die Gesamtgrenzen des Landes: 23 127 km... Brasilien bedeckt 5,7 % der Landoberfläche der Erde und 46,2 % Südamerikas! Die Ost-West-Ausdehnung hat vier Zeitzonen gegenüber Greenwich, so daß man die Uhr eine, zwei, drei und vier Stunden zurückstellen muß, wenn man vom Ozean bis zur bolivianischen Grenze fährt.

Die Nord-Süd-Ausdehnung Brasiliens von der Grenze Guayanas bis zum Rio Grande do Sul beträgt rund 4 250 km; das entspricht der Luftlinie Archangelsk-Lissabon. Die Ost-West-Ausdehnung: Moskau-Marrakesch. Die gesamte Küste Brasiliens, als eine einzige gerade Linie, würde von Barcelona bis Bombay reichen. Die beiden am dichtesten zusammenliegenden brasilianischen Großstädte sind Rio de Janeiro und São Paulo: etwa 300 km Luftlinie. Die am weitesten von Rio de Janeiro entfernte wirkliche Stadt ist Manaus, die Hauptstadt des Staates Amazonas, mit fast 3 000 km Luftlinie...

Brasilien verfügte schon in den ersten Jahrzehnten nach seiner Entdeckung über exportwichtige Rohstoffe. In der Folge hatte es immer eine gute Ausfuhr an gesuchten Naturprodukten. Heute dürfte es eines der reichsten Länder der Erde sein: an lebenswichtigen Rohstoffen – oder, im Kriegsfalle, vielleicht auch todeswichtigen... Die unübersehbaren Fundgebiete, seine Naturschätze sind noch in fast greifbar fortschreitenden Stadien der Erforschung. Sie sind vielfach dem Umfang nach noch gar nicht genau bekannt; nur daß es sich um unvorstellbare Größenordnungen handelt, steht fest.

Eisen liegt vielfach dem Tagbau offen, in Mengen, die man

kaum noch als realistisch ansehen kann, sosehr sie der Wirklichkeit entsprechen. Ebenso ist es mit dem hochwertigen Manganerz. An vielen Stellen wurden überaus kostbare Urminerale der für die Gewinnung von Atomenergie unerläßlichen Gesteinsgruppen gefunden. Bergkristall, Glimmer, Zirkon, Beryll, Bauxit, Wolframerz, Chrom, Gold, Erdöl, Kaffee, Tee, Mate, Baumwolle, Mais, Weizen, Reis, schwarze Bohnen, Zuckerrohr, Kakao, Mamona-Rizinus, Carnaúbawachs, Menthol, Zucker, Tapioca, Mandeln, Nüsse, Tabak, zahllose ölhaltige Pflanzen, Orangen, Zitronen, Mandarinen, Kokosnüsse, Bananen und Ananas, Gummibäume, Sisalfasern, Häute, Leder, Herden von Nutzvieh. Brasilien ist ein wahrer Garten Eden, dessen wunderbare Riesenwälder – von Tannen bis zu höchstwertigen Edelhölzern – allerdings in schonungslosem Raubbau ausgebeutet wurden – und weiter schonungslos ausgebeutet werden. Der unausdenkbare Fischreichtum der endlosen Küstengewässer wurde nur minimal genutzt. Er unterliegt der üblichen und geradezu tragischen Mißwirtschaft, die auch diese wertvolle Nahrung dem Volke unzugänglich macht: Fische sind fast überall teurer als Fleisch.

Die herrlichen Edel- und Halbedelsteine von Diamanten bis zum Aquamarin unterliegen vielfach ebenfalls den Mißständen der Ausbeutung: der Urproduzent, der monatelang im schlammigen Fluß watet und 50 Grad Hitze auf sich herunterbrennen läßt, bekommt einen traurigen Bruchteil des Wertes, den selbst der Rohstein dann im Großhandel noch erreicht.

Der Aufschwung Brasiliens seit den Zeiten nach dem Ersten Weltkrieg, dann in beschleunigtem Tempo weitergehend mit den großen Immigrationswellen von 1933 bis über 1940 hinaus und schließlich während der grandiosen Epoche der Investitionen des Auslandes in Sachwerten und enormen Kapitaltransfers nach dem Zweiten Weltkrieg übertrifft alle Booms der modernen Wirtschaftsgeschichte. Das aufgescheuchte Europa suchte Sicherheit in Brasilien.

Die Grundstückspreise in den großen Städten und die Landpreise in allen einigermaßen gut erreichbaren ruralen Gebieten stiegen, auch in Goldwerten berechnet, stärker und schneller als am Broadway oder an Zürichs Bahnhofstraße. Die dabei erzielten Realgewinne suchten nutzbringende Anlage, und diese

Nachfrage wieder führte zu neuen Wertsteigerungen. Öde Grundstücke am Strand von Copacabana und verfallene Häuser wechselten, stets wieder in Gold gerechnet, für das zunächst Zehn-, dann Hundert- und Tausend- und Mehrtausendfache die Besitzer.

Eine allgemeine Industrialisierung begann. Waren, die noch 1930 Importluxusgüter bildeten, entstanden in nationaler Fertigung. Allerdings, zunächst zu durchaus internationalen Preisen. Nach einem alten Grundsatz des brasilianischen Kaufmanns sind 50 % Gewinn eigentlich noch ein Verlustgeschäft. Der wirkliche Nutzen beginnt bei 100 % Aufschlag und darüber. Und diese Denkart beherrschte über drei Jahrzehnte Brasiliens Aufschwungswirtschaft. Erst in diesen letzten beiden Jahren führten starke steuerliche und andere Belastungen zu den unerläßlichen Korrekturen einer eigentlich patriachalischen »Kalkulations«-Weise.

Doch auch in der Krise ist Brasilien ein Land der Superlative. Es hat, im Verhältnis zur Gesamtzahl der Automobile, mehr Cadillacs als New York, ebenso mehr Autounfälle je Kopf der Bevölkerung als irgendein anderes Land der Welt, dergleichen mehr Morde, Totschläge, Groß-, Mittel- und Kleinbetrüger als Chicago und London – und auch mehr Millionäre. Dollarmillionäre. Freilich, die Dollars liegen in amerikanischen, schweizer, kanadischen und englischen Banken. Nach ebenso vorsichtigen wie zuverlässigen Schätzungen maßgebender Finanzkreise befinden sich weit über 3,5 Milliarden Dollar Fluchtgelder von Brasilianern im Ausland. Mit dieser Summe könnten sämtliche kurz- und mittelfristigen Staatsschulden bezahlt werden. Eine gesetzliche Handhabe böte dazu die Bestimmung, daß »alle in Brasilien ansässigen physischen und juristischen Personen ihre sämtlichen Auslandsguthaben, welcher Art diese auch sein mögen, bei den zuständigen Finanzämtern anzumelden haben«. Unter Androhung hoher Geld- und Freiheitsstrafen.

Aber soweit bekannt, haben sich bis jetzt noch keine »Schlangen« an den Anmeldeschaltern gebildet.

Und der Staat greift nicht zu. Die Besitzer dieser 3,5 Milliarden Dollar Schwarzgelder im Ausland sind identisch mit jenen Kräften, die in letzter Instanz auch den Militärs befehlen. Die Oligarchie in Brasilien ist die einzige unangreifbare, permanente *und alle formellen Regierungen überdauernde, weil sie beherrschende Macht...*

Der Reichtum und seine unmittelbare wie mittelbare Einflußnahme auf das ganze Land muß, zumindest auf lange Sicht, als Gefahr für den sozialen Ausgleich betrachtet werden. Es gibt zu viele Milliardäre und Bettler in Brasilien.

Der Beispiele gibt es zahllose. Die Erbengemeinschaft des verstorbenen Einwanderers Lunardelli, eines einfachen, allerdings sehr fleißigen und dann wohl auch vom Glück begünstigten Italieners, besitzt drei Millionen Kaffeesträucher. Um diesen Besitz anschaulich werden zu lassen, sei erwähnt, daß jeder Strauch in vollem Ertrag jährlich etwa 60 kg Kaffee erbringt. Das sind 180 000 000 kg Kaffee! Auch wenn die Jahre der notwendigen Neu- und Umpflanzungen abgerechnet werden, so bleiben immer noch 100 000 Tonnen Kaffee verwertbar. Welchen Betrag dies in DM ausmacht, läßt sich besser mit einer Rechenmaschine ermitteln.

Natürlich bestreitet die Familie dieses Eigentum. Und formaljuristisch durchaus rechtens. Denn die immensen Ländereien sind auf mehrere Staaten und zahlreiche Grundeigentümer verteilt. Am Gesamtausmaß ändert das nichts. Familienbesitz...

Milliardäre dieser Größenordnung gibt es mehrere.

Die Familie Guinle, ebenfalls italienischen Ursprungs, besitzt die »Docas de Santos«. Kein Sack Kaffee kann diesen größten Kaffeehafen Brasiliens verlassen, ohne daß der Familie Guinle Lagertribut für ihn entrichtet worden wäre. Nur nebenbei gehört der Familie das Copacabana-Palace-Hotel. Und ein Guinle versorgt Brasilien, als Generalvertreter einer spezialisierten ausländischen Banknotendruckerei, mit Geldscheinen. Die mehrfach eingeführten »kompletten Banknoten-Druckwerte« sind bis heute noch nicht angelaufen. Ob zwischen diesem Versagen der Drucktechniker und der Generalrepräsentanz irgendein Zusammenhang besteht, nehmen nur recht unwillige Brasilianer an...

Brasilien ist eine ungeheure Welt phantastischer Kontraste, ein Land der unbegrenzten Möglichkeiten, eine Welt liebenswürdigsten Unfugs – und dann, ganz plötzlich, härtester Arbeit und Gestaltung –, an deren Ende, erstaunlicherweise, wieder die betörenden Weisen des Samba aufklingen, jene erregenden Melo-

dien, die den Körper zwingend mit sich führen – und die jäh abbrechen im Kreischen der Bremsen eines im Irrsinnstempo rasenden Sportfahrzeuges – im Ruf der Fabriksirenen – im Sirenenton frachtenträchtiger Schiffe – in einem Aufschrei, der knappen, dahinpeitschenden Revolverschüssen folgt...

Negerhütten, aus Lehm und ausgefransten Benzinkanistern zusammengekleistert, mit zehn Menschen auf zehn Quadratmetern, Elendsquartiere der Promiskuität, die jeder schwere Wolkenbruch von den Hängen der Favela-Hügel herunterwäscht –

– und oft nur hundert Meter davon entfernt die Appartementhäuser von unvorstellbarem Luxus, marmor- oder farbkachelbehangen, mit Hallen im Dekor kostbarer tropischer Pflanzen, drei Badesälen je Zehnzimmerwohnung – nebst drei Dienstmädchenbädern – und Swimmingpool für die Erwachsenen und Planschbecken olympischer Ausmaße für die süßen und unerzogenen Kleinen –

– während die Kleinen von schräg gegenüber in den Favela-Hütten nackt im schmutzigen Erdreich herumkriechen, mit aufgeblähten, insekten- und wurmverseuchten Bäuchlein –

– Zuckerpaläste der Zuckerbarone im hohen Norden von Pernambuco und Erdlöcher ihrer Fronarbeiter im sonnendurchglühten Steppenboden –

– aus Costa Rica oder Guatemala importierter Kaffee der brasilianischen Kaffeemillionäre, denen die heimische Bohne zu säurehaltig und »hart« ist – und aus San Francisco herangeflogener Kaviar, zu genießen vor den aus Frankreich in den Eiskabinen schneller Schiffe eingeführten Fasanen –

– und um die Ecke die unerträglich übelriechenden Verkaufsläden der Händler mit Trockenfisch, in Salzschichten monatelang konserviert, und der beim Anschmoren in Baumwollfett pestilenzialisch riechenden schwarzen Bohnen –

– Bettler, die gelegentlich ihr Hemd hochziehen und durch das Bloßstellen einer Operations- oder Messerstichwunde Mitleid erregen –

– und lautlose Luxuslimousinen mit eingebauter Kühl- und Frischluftanlage –

– unbekümmertes Lachen der Lebensfreude und der Liebeslust –

– von Haut-Tb entstellte Gesichter der Nacht –

nehmt alles nur in allem:
Brasilien...

Ich habe die Gegensätze in diesem Land auch gesehen, habe sie erfahren und erlebt, bin ihr Zeuge geworden, und ich kann nur sagen, an manchen Tagen hat es mich kräftig durchgebeutelt, und das ist wirklich nicht nur klimatisch gemeint, als ich, aus dem feuchtheißen Norden kommend, in Rio de Janeiro oder dann in São Paulo die halbe Nacht vor Kälte zitterte, obwohl ich mich unter zwei Decken verkrochen hatte. Ich habe die unbeschreibliche Schönheit fast noch intakter Landschaften gesehen und die abgrundtiefe Häßlichkeit der heruntergekommenen Megastädte. Ich bin unbeschreiblich reichen und mächtigen Leuten begegnet und in den Hütten der Armen und der Elenden gesessen. Ich habe den Abgrund des Unrechts gespürt, der sich zwischen der reichen Minderheit und der verelendeten Mehrheit bedrohlich auftut, und war und bin eigentlich immer noch empört, als mir ein gut betuchter Herr der Geschäftswelt, als Abschluß eines Streitgespräches mit einem verächtlich kalten Zug um den schmallippigen Mund erklärte: »Das ist nun einmal so, Señora, Brasilien hat mehr als 150 Millionen Einwohner. Davon sind maximal 40 Millionen Menschen. Der Rest zählt nicht.« –

So ist es, die Schönheit, der Reichtum des Landes, die Verfassung, die Gesetze, die Demokratie – das alles gibt es nur für eine kleine Minderheit und für die ausländischen Investoren, die kräftig mithelfen, das Land auszubeuten. Für die überwiegende Mehrheit des Volkes gibt es nichts. Diese Menschen haben keine Kaufkraft, sie haben keine volkswirtschaftliche Bedeutung – wie der ehemalige brasilianische Finanzminister erklärte – also zählen sie nicht, sind nur unnützer Ballast.

III

Ich will dem Herrn singen,
solange ich lebe,
will meinem Gott spielen,
solange ich da bin.
Psalm 104,33

DER WEG VON KOBLACH NACH BRASILIEN

Von einem Land soll in diesem Buch die Rede sein, von einem wunderschönen, schrecklichen, einem faszinierenden, in sich zerrissenen Land. Aber auch – oder vor allem – von einem Menschen, der seit 25 Jahren in eben diesem Land tätig ist und der auch seine Geschichte hat.

Es ist Sonntag. Altamira, die Provinzstadt am Ufer des träge dahinfließenden Xingu, döst in der Sonne, duckt sich grau unter den zwischendurch immer wieder niederprasselnden Regengüssen. Am Abend soll unsere Reise losgehen. Trotz der notwendigen Vorbereitung findet sich am Nachmittag ein wenig Zeit. Ich hole mein Aufnahmegerät, stelle das Mikrophon auf den Tisch. Dom Erwin macht es sich in einem Korbsessel bequem, nimmt noch eine Prise Schnupftabak aus der hübschen Holzdose, läßt seinen Blick auf den silbernen Wellen ruhen, die sich hinter einem Motorboot kräuseln, und beginnt zu erzählen:

»Ich bin kurz vor Ausbruch des Zweiten Weltkriegs, am 12. Juli 1939 geboren. Im Jahr 1942 wurde mein Vater dann eingezogen, und da ist ein erstes Bild, an das ich mich erinnere: Mein Vater nimmt mich auf den Arm, küßt mich zärtlich, streichelt mich, macht mir ein Kreuzzeichen auf die Stirn und stellt mich behutsam wieder auf den Boden. Dann nimmt er meine kleine Schwester – sie war ein Jahr jünger als ich – aus den Armen meiner Mutter, drückt sie fest an sich, zeichnet auch ihr mit dem Daumen ein Kreuzerl auf die Stirn. Er hat Tränen in den Augen. Auch die Mutter weint. Ich schaue ratlos von einem zum anderen und fang auch an zu weinen. –

Es ist erstaunlich, wie klar dieses Bild durch all die Jahre geblieben ist. Am Anfang meiner Erinnerung steht der Abschied, merkwürdig.

Wir waren damals sehr arm. Meine Mutter war diese Jahre ja allein. Gut, die Großmutter hat noch gelebt, und so weit sie noch konnte, mitgeholfen. Es wär der Mutter sonst auch zuviel geworden, denn jedesmal, nachdem der Vater auf Urlaub gekommen war, war die Mutter wieder in Erwartung.

Wir haben als Kinder den Krieg ja nicht wirklich miterlebt, konnten uns also nicht vorstellen, was das heißt. Uns hat vor allem die Armut gedrückt. Wir haben eigentlich vom Riebl (Maissterz) gelebt. Morgens Riebl, abends Riebl und oft auch mittags. Aber satt sind wir doch immer geworden.

Dann kamen die Feldpostbriefe vom Vater. Die Mutter hat uns immer vorgelesen daraus. Für mich waren dann diese Worte mit einem Bild verbunden, aber die kleineren Geschwister kannten ihn ja nicht, für die hat der Vater als Person nicht existiert. Ich weiß noch, wie der Vater dann 1946 aus der Gefangenschaft nach Hause gekommen und am Sonntag mit der Mutter in die Kirche gegangen ist, ist mein jüngerer Bruder zur Nachbarin gelaufen und hat ihr empört davon berichtet, daß da ein fremder Mann gekommen ist, der die Mutter einfach in die Kirche mitgenommen hat. Das hat eine Weile gedauert, bis zwischen den beiden eine wirkliche, persönliche Beziehung entstanden ist.

Mein Vater war dann als Fachlehrer in der Textilschule in Dornbirn tätig, aber wir hatten auch zu Hause eine kleine Stickerei, wie das in Vorarlberg damals üblich war. Da mußten wir Kinder natürlich von klein auf fest mitarbeiten. Ich habe gefädelt, meine Mutter hat gespannt, der Vater hat gestickt. Jeder hatte seine Aufgabe. Jeder mußte arbeiten. Das hat uns natürlich nicht immer gepaßt, wenn wir gesehen haben, daß andere Kinder spielen konnten, während wir nach den Hausaufgaben sofort in die Stickerei mußten. Aber ich habe trotz der Armut, trotz der Arbeit meine Kindheit eigentlich in sehr angenehmer Erinnerung. Ich habe mich in der Familie immer geborgen gefühlt.

1950 wollte ich nach den üblichen vier Volksschuljahren sofort ins Gymnasium gehen, aber der Lehrer riet meinen Eltern, sie sollten mich doch noch die fünfte Klasse machen lassen: »Der

Erwin ist ein Lausbub und ein Träumer, da ist es gescheiter, er wartet noch ein Jahr«. Also hab ich noch das fünfte Jahr abgedient und dann die Aufnahmeprüfung in das Gymnasium in Feldkirch gemacht. Ich bin in das Internat im Xaverius-Haus aufgenommen worden, das der Kongregation meines Onkels, Pater Erich, gehört. – Ich hab das kaum ausgehalten. Ich bin fast umgekommen vor Heimweh. Am Sonntag bin ich immer auf den Ardetzenberg gegangen und hab nach Koblach hinuntergeschaut, das sind etwa sechs Kilometer Luftlinie. Da hab ich unsere Kirche gesehen und geheult, geheult wie ein Schloßhund.

Wie ich dann das erste Mal nach Hause durfte, habe ich geweint und gebrüllt: »Ich habe meine Jugend verpfuscht. Ich halte das nicht aus. Ich will zu Hause bleiben«! Das muß ein ungeheurer Auftritt gewesen sein, aber mein Vater ließ sich davon nicht beeindrucken: »Du hast angefangen und jetzt machst du auch weiter«, sagte er, und dabei ist es auch geblieben. So hab ich halt weitergemacht, aber unter großen Schmerzen und Krämpfen. Einmal hab ich den ganzen Heiligen Abend durchgeheult und vielleicht geglaubt, daß sie sich in Festtagsstimmung eher erweichen ließen. Hat auch nichts genützt.

Wenn mich die Mutter in Feldkirch besuchte und ich sie dann zum Bahnhof brachte, bin ich stehengeblieben und hab dem Zug nachgeschaut, bis wirklich nichts mehr zu sehen war, und dann schwammen meine Augen immer in Tränen.

Aber das alles ist irgendwie vorbeigegangen. Ich war in zwei Internaten, zwischendurch auch einmal Fahrschüler, vorallem dann in der Oberstufe, und 1958 stand dann die Matura ins Haus.

Es war bei uns im Bundesgymnasium in Feldkirch Brauch, daß sich zur mündlichen Matura jeder eine Stoffrose ansteckte, die anzeigen sollte, welches Fach er oder sie studieren wollte. Medizin war grün, Philosophie blau, Jus rot und Theologie schwarz. – Ich hab mir damals eine schwarze Rose angesteckt. Die sind aus allen Wolken gefallen. Meine Schulkollegen haben nur gelacht, die haben mir das einfach nicht abgenommen und gemeint, ich will sie pflanzen.

Mir selber war es schon ernster damit. Ich war zwar noch nicht so ganz überzeugt, aber meine Zeit in der KAJ hat mich schon so mit 16 oder 17 Jahren auf diese Idee gebracht. Ich hatte damals mit Freunden und Kollegen in Koblach eine KAJ-Gruppe gegründet. Das hing wieder mit meiner Arbeit in den Ferien zusammen. Ich war da immer Bauarbeiter. Unser Nachbar war Baumeister, und es wurde damals viel gebaut, also brauchte er Leute, die zupacken, und so hatte ich immer meinen Ferienjob als »Baraber«, wie wir damals sagten, also als Hilfsarbeiter. Da hab ich in den Gesprächen mit den Kollegen natürlich viel von den Problemen in der Arbeiterschaft mitbekommen.

Außerdem bin ich dabei auch mit den Problemen der sogenannten »Innerösterreicher« konfrontiert worden. Das waren Leute, die damals zu Hunderten und Tausenden aus Kärnten, der Steiermark, Oberösterreich und aus dem Burgenland nach Vorarlberg kamen, um in der Textilindustrie, aber eben auch auf dem Bau zu arbeiten. Die wurden von meinen Landsleuten immer als Menschen zweiter Klasse behandelt, oft nur, weil sie unseren Dialekt nicht sprachen. Man hat sie auch in den Dörfern ziemlich an den Rand gedrängt. Ich hab versucht, mich mit ihnen anzufreunden und hab auch einige von ihnen in unsere KAJ-Gruppen eingeschleust, um ihnen die Möglichkeit zu geben, Kontakte zu knüpfen und Boden unter die Füße zu bekommen. – Es war einfach nicht recht, daß unsere Leute sie nur als Arbeitskräfte, aber nicht als Mitmenschen akzeptierten.

Diese Zeit war schon sehr wichtig für mich gewesen, aber davon wußten die meisten meiner Klassenkollegen natürlich nichts. Ich hatte ja auch oft von allen möglichen Berufen, nie aber davon geredet, daß ich mir vorstellen könnte, Priester zu werden. Einmal wollte ich Mittelschullehrer werden, dann wieder Arzt, vor allem seit ich den Film über Sauerbruch gesehen und dann natürlich auch das Buch gelesen hatte. Das hat mich sehr beeindruckt. So etwas wollte ich werden, da würde ich den Menschen wirklich helfen können. Aber durch meine Arbeit bei der KAJ habe ich halt dann schon gemerkt, daß ich Menschen auch im Gespräch, im Mitgehen, Begleiten wirklich helfen kann, und da hat sich dann der Wunsch, Priester zu werden, immer mehr verdichtet, aber gesagt hab ich das niemandem.

Ja, da erinnere ich mich noch an ein Buch, das mir damals ungeheuer imponiert hat. Es hieß »Die Heiligen gehen in die Hölle« von Gilbert Cesbron. Es handelte vom Wirken der Arbeiterpriester in den Außenbezirken von Paris. Also das war schon toll: als

Arbeiter mitten unter Arbeitern und doch Priester zu sein und ihnen beistehen zu können. Da flogen meine Pläne hoch.«

D.B.: Warst Du eigentlich das, was man ein frommes Kind nennt?

D.E.: Fromm? – Na ja – ich hab immer gebetet. Das wurde uns von zu Hause mitgegeben. Unsere Mutter hat uns beten gelehrt. Wir haben jeden Abend gebetet. Wir wurden auch angeleitet, jeden Morgen in die Kirche zu gehen. Meine Schwester, die Ermelinde, und ich, wir sind jeden Morgen zur Messe gegangen, Sommer und Winter, auch wenn es sehr kalt war. Oft war es so kalt, daß wir die ganze Messe von einem Fuß auf den anderen getreten sind. Wir haben auch nie gefragt: Warum müssen wir das? Das war einfach so, ganz selbstverständlich.

Ministrant bin ich natürlich auch gewesen. Ich war gern Ministrant, auch wenn der Pfarrer Bildstein von meinen Fähigkeiten nicht gerade überzeugt war: »Du bist ein Träumer«, hat er immer gesagt, und einmal hat er sich bei meiner Mutter beklagt: »Einmal vergißt er zu läuten, dann fällt ihm wieder das Buch aus der Hand, ein richtiger Traumtänzer.«

Aber mir hat das ganze kirchliche Umfeld irgendwie getaugt, auch die Gottesdienste, wenn der Pfarrer so schön gesungen hat. Die Vesper oder auch das Magnificat mehrstimmig mit dem Kirchenchor, das war wunderbar, da hab ich richtig geschwelgt. Es war natürlich damals ganz anders als heute. Die ganze Gemeinde war viel stärker auf die Kirche bezogen. Man ist einfach in die Kirche gegangen, das hat dazugehört. Ein Sonntag ohne Heilige Messe, ohne Amt, wie man damals gesagt hat, das war einfach undenkbar.

Ich kann mich erinnern, einmal hat uns der Pfarrer die Erlaubnis gegeben, am Sonntag zu heuen, weil es die ganze Woche geregnet hatte. Damals gab es im Dorf noch keine Abendmesse, nur in Feldkirch. Wir haben den ganzen Tag geheut, und am Abend hat der Vater gesagt: »So, jetzt fahren wir nach Feldkirch zur Messe«. Da hat keiner gemurrt oder sich beklagt, das hat man einfach gemacht.

Aber – ich muß dazu sagen – bei uns zu Hause war das nicht nur ein leeres Ritual. Bei uns wurde gebetet, aber auch darüber gesprochen, der Herrgott war wirklich Teil unseres Familienlebens. Wir haben am Morgen mit »Gelobt sei Jesus Christus« begonnen. Dann hat die Mama gesagt: »In Ewigkeit. Amen« – und erst dann haben wir »Guten Morgen« gesagt. Auch bei Tisch wurde natürlich gebetet. Da wurde aber nicht nur eines der üblichen Sprücherln gemurmelt, sondern da wurden Freunde einbezogen, Menschen, um die sich einer von uns Sorgen machte, der Onkel Erich und seine Indianer oder auch Kranke und Verstorbene. Der Glaube war für uns nicht irgendein Sonntagsg'wand, das man angezogen hat, sondern Teil unseres Lebens, Ausdruck unserer familiären Religiosität.

D.B.: Da war die schwarze Rose also wirklich nur für die anderen überraschend?

D.E.: Aber für die umso mehr, glaube ich, denn mir eilte ja der Ruf voraus, ein echter Hallodrie zu sein. Ich hab Gitarre gespielt, und bei der KAJ und in der Jugendbewegung hat es kein Fest gegeben, bei dem ich nicht gewesen wäre. Meistens war ich unter denen, die dann das Licht gelöscht haben, morgens um zwei oder um vier. Es gab Feste, da hab ich keinen Tanz ausgelassen. Wir haben es eigentlich sehr schön gehabt. Wir haben gesungen. Wir haben oft ganze Nächte gesungen, ohne irgendein Lied zu wiederholen. Man hat mich sogar in Wirtshäuser eingeladen. Ich hab bei vielen Hochzeiten gespielt. Ich hab das oft gemacht, hab mir damit auch mein Taschengeld verdient. Und manchmal haben wir sogar Wickel mit der Gendarmerie bekommen, wegen nächtlicher Ruhestörung.

Eines Nachts, ich erinnere mich noch ganz genau – es war etwa ein Uhr – zogen wir singend vor das Haus einiger Mädchen und haben eher lautstark unsere Ständchen dargebracht. Am nächsten Tag war der Bär los. Mein Vater wurde auf den Gendarmerieposten zitiert. Da hieß es dann, ich sei da mit der Gitarre und singend mit von der Partie gewesen und so etwas könne man doch nicht dulden, na und so weiter. Mein Vater sagte mit dem Brustton der Überzeugung, das könne nicht stimmen, denn er wisse genau, sein Sohn sei schon um neun Uhr heimgekommen. Er selber sei schon im Bett gewesen und habe genau gehört, daß sein Sohn nach Hause gekommen ist, denn die

Gitarre habe einen Ton von sich gegeben, als er sie in der Stube an den Nagel gehängt habe. Und da habe er zu seiner Frau gesagt: »Schau, der Erwin ist heute aber früh dran.«

Na ja, der liebe, brave Sohn war schon um neun Uhr nach Hause gekommen, allerdings nicht, um die Gitarre an den Nagel zu hängen, sondern sie vom Nagel zu nehmen und sich dann leise wieder davonzustehlen. Das allerdings konnte der gute Vater nicht wissen. Ich hab ihm das erst viel später erzählt, als die Sache sozusagen schon verjährt war.

D.B.: Du bist ja dann gleich nach der Matura in die Kongregation Deines Onkels, bei den Missionaren vom Kostbaren Blut eingetreten. War wirklich nur Dein Engagement in der KAJ für Deinen Entschluß verantwortlich oder nicht doch auch das Bild, das Vorbild Deines Onkels?

D.E.: Sicherlich auch. Meine Mutter hat uns ja oft von ihm erzählt. Der Onkel Erich war nämlich der Bruder meiner Mutter und nicht, wie man immer des Namens wegen glaubt, meines Vaters. Sie haben beide Kräutler geheißen. – Da kamen hie und da Briefe, in denen er von seiner Arbeit bei den Indianern und von den Problemen dieser Menschen berichtete. Hie und da gab es auch ein Bild. 1948 habe ich ihn dann persönlich kennengelernt, als er erstmals auf Heimaturlaub gekommen ist. Ich war damals neun Jahre alt und natürlich sehr beeindruckt von diesem Mann, von dem, was er erzählte, und von den Lichtbildern, die er bei uns und bei öffentlichen Vorträgen vorgeführt hat. Klar imponiert das so einem Buben. Ganz Vorarlberg hat von ihm gesprochen.

Ich hab dann mein Noviziat im Fürstentum Liechtenstein, in Schellenberg begonnen und bin dann nach einem Jahr nach Salzburg, um dort Philosophie und Theologie zu studieren. Diese Jahre in Salzburg waren eigentlich ganz vom Studium geprägt. Ich hab Tag und Nacht studiert, hab viel gelesen und dann das Lizentiat sogar mit »summa cum laude« abgeschlossen. Darf man das überhaupt sagen?

D.B.: Na, ich glaub schon, ist ja eigentlich keine Schande.

D.E.: Ich sollte dann noch das Doktorat in Theologie machen. Einige meiner Professoren haben mir da sehr zugeredet, aber so im dritten Jahr Theologie wurde für mich eigentlich eine andere Frage vordringlicher: Was will ich als Priester tun? – Da war es für mich mit einem Mal klar: Ich gehe nach Brasilien. Ich gehe in die Mission. Und dafür, dachte ich mir, brauche ich eigentlich kein Doktorat in Kirchenrecht oder Dogmatik, da ist eigentlich schade um die Zeit. Ich bin dann zum Provinzial, das war damals Pater Koch, und habe ihm, es war im Jänner 1965, also ein halbes Jahr vor meiner Priesterweihe, gesagt, daß ich nach Brasilien gehen möchte. Er hat mich verstanden und gesagt: »Ja, ich bin auch dafür, daß wir unsere begabtesten jungen Leute dorthin schicken, wo es wirklich brennt, und ich weiß, daß das am Xingu der Fall ist.«

D.B.: Dom Erwin, wenn man Dir so zuhört, hat man das Gefühl, das ist alles so glatt gegangen, so komplikationslos, so ganz ohne Bruch. Ist so ein klarer, glatter Weg nicht auch gefährlich?

D.E.: Du hast natürlich recht. So klar und glatt war dieser Weg gar nicht. Mich haben immer wieder Zweifel, mich hat immer wieder die Frage gequält: Ist das auch wirklich mein Weg? Bin ich denn auch wirklich berufen? – Die schwierigste Phase war eigentlich das Jahr vor der Subdiakonatsweihe, wobei ich sagen muß, daß mich die Sicherheit meiner Lehrer und Ordensoberen, auch meiner Mitbrüder, die von meiner Berufung zutiefst überzeugt schienen, eher bedrückte, meine Lage erschwerte.

Ich habe es ihnen aber auch nicht leicht gemacht. Ich habe nie über meine Probleme geredet, habe mir eingebildet, ich müsse das alles mit mir, in mir selber austragen, war überzeugt, daß einem in einer solchen Situation niemand helfen kann, daß man ganz allein mit seinem Engel oder Dämon ringen muß.

Ich habe in dieser Zeit viel gebetet. Ich bin oft allein auf den Nonnberg gegangen, in diese wunderbare, stille, alte Kirche. Stundenlang bin ich vor dem Sakramentshäuschen gesessen und habe Gott um Licht, um ein Zeichen gebeten. Ich habe mir die Gespräche mit den Mitbrüdern in Erinnerung gerufen, die ausgetreten waren, die alle ungeheuer gelitten und gerungen hatten. Ich versuchte, mich in die Situation jedes einzelnen von ihnen zu versetzen, sie mit meiner zu vergleichen, gemeinsame Züge, gemeinsame Fragen zu entdecken.

Dazwischen gab es wieder Phasen, in denen ich sicher war: Das ist mein Weg, dieser und kein anderer! – Ich bin von einem Extrem ins andere gefallen!

Aber dann war der Tag plötzlich da, stand groß und irgendwie dunkel-drohend vor mir. Es gab ja damals noch diese Subdiakonatsweihe mit allem Drum und Dran, mit dem Schwur und all dem. Mein Gott, haben mir die Knie gezittert, als ich dastand, die Hand auf die aufgeschlagene Bibel legte und die Stelle las, die ausgewählt worden war: »Siehe, ich bin die Magd des Herrn, mir geschehe nach deinem Wort...« Meine Handflächen waren naß, und ich glaube, ich hatte in dem Augenblick keinen Hauch von Farbe im Gesicht. Aber gerade da, in diesem Moment, in dieser eher doch prekären Situation überkam mich mit einem Mal eine große Ruhe und Sicherheit.

Ich war eigentlich immer und bin auch heute noch froh, daß ich diese Zeit des Ringens, diese tiefe Nacht durchlebt habe. Das hat mir doch die Augen geöffnet, die Tragik eines menschlichen Lebens gezeigt, daß wir immer wieder ins Dunkel gestellt werden, uns immer wieder entscheiden müssen. Ich glaube, daß diese Zeit für meine persönliche Entwicklung sehr wichtig war.

D.B.: Was waren eigentlich die Hauptgründe für Deine Zweifel?

D.E.: Es gab nicht die Gründe, es gab eigentlich nur einen Grund, und der lag in der persönlichen Sphäre. Ich mußte verzichten. Ich mußte als Mann auf Familie, auf zwischenmenschliche Liebe verzichten. Ich mußte meinen Schwur, ich mußte mein JA zum Priesteramt gegen einen Menschen sagen, der mir unendlich viel bedeutete. Ich mußte diesen Menschen, den ich aufrichtig liebte, verletzen, mußte sozusagen über das Leben dieses Menschen entscheiden, von dem ich wußte, wie schwer ihn das treffen würde. Das war die dunkelste Tiefe dieser nächtlichen Stunden. Aber ich hatte ein großes Glück, ich wurde verstanden.

Natürlich war sie traurig, und ich bin sicher, daß sie diesen Schmerz noch Jahre in ihrem Herzen getragen hat, aber es war da keine Bitterkeit, kein Haß. Das hätte ja auch alles sein können, und dann hätte ich wirklich ein Leben zerstört.

Ich weiß nur, wie schwer das alles ist und sein kann und habe sehr viel Verständnis für Menschen, die in solche oder ähnliche Situationen geraten. Das sucht sich ja keiner aus. Ich glaube, daß dieses Erleben und Erleiden für meinen ganzen Weg als Priester prägend war, weil ich ja wußte, daß meine Entscheidung für die Weihe nicht aus irgendwelchen abstrakten Überlegungen, sondern im Angesicht der Tränen eines geliebten Menschen gefällt wurde, der für mich und mein Leben unendlich viel hätte bedeuten können.

D.B.: Wahrscheinlich war es auch ein glücklicher Umstand, daß Dir das zu einem so frühen Zeitpunkt passiert ist. Wie vielen geschieht menschliche Begegnung, Liebe erst später, und sie merken erst dann, daß sie das nicht durchstehen können.

D.E.: Das ist sicher richtig. Aber man kann natürlich andererseits nicht sagen, daß mit einem solch einschneidenden Erlebnis und einer klaren Entscheidung das Leben abgeschlossen, alles ein für allemal geklärt ist. Man muß sich mit dieser Dimension ein Leben lang auseinandersetzen. Das ist nicht nur, das bleibt schwierig für einen Menschen, für einen Mann.

Liebe, was heißt das heute für mich? – Das heißt Einsatz, totaler Einsatz, Einsatz des ganzen Lebens für meine Aufgabe, für Gott, für Christus, der sich mit den Armen identifiziert, also auch Einsatz für die Menschen – in Liebe. Da ist das Gebet, die Meditation der Heiligen Schrift, die ganze kontemplative Dimension, geboren aus jener mystischen Tiefe, die jeder Mensch haben muß, wenn er nicht leer bleiben will. Das alles ist Liebe.

Aber die Dimension der zwischenmenschlichen Liebe, die Wärme der Hingabe an einen geliebten Menschen, diese Dimension bleibt leer, die Sehnsucht nach Familie, nach eigenen Kindern, bleibt offen. Wenn mir einer sagt, daß er diese Sehnsucht nicht spürt, daß er »damit fertig geworden ist«, dann lügt er oder er verdrängt es. Wie sich das auswirkt, sehen wir ja oft genug.

Nein – ich glaube, daß man diese Leere annehmen, daß man sich zu dieser zutiefst menschlichen Sehnsucht bekennen, sie bewußt in seinem Leben stehenlassen muß, dann wird sie sogar zu einer Quelle von Kraft, die die Liebe zu Gott und den Menschen bereichert und vertieft.

D.B.: Dom Erwin, jetzt sind wir Deinem Leben weit vorausgeeilt. Noch stehen wir neben dem jungen Mann, der zitternd seine Hand auf die Bibel gelegt und JA gesagt hat.

D.E.: Ja, natürlich. Ich bin dann also am 3. Juli 1965 von Erzbischof Rohracher geweiht worden. Da war ich nun Priester, war voll Enthusiasmus und hatte die große, weite Welt im Auge. Am

Binggl Ignaz

Erharter Josef

Landmann Simon

Karner Emil

Stanglmaier Franz

Wallner Sebastian

P. Fritz Wimböck CPPS

P. Josef Epping CPPS

P. Erwin Kräutler CPPS

Peter Lüftenegger

P. Rupert Schindlauer

P. Bernhard Menzel OSB

P. Paulus (Bruno) Hirt OSB

P. Nikolaus Eugen Schreckeis OFM

P. Alois Franz Waldhör OFM

Unsere Primizianten

Binggl Ignaz,
geb. am 12. August 1939 in Tamsweg als viertes von sechs Kindern; sein Vater war Hilfsarbeiter. Eltern beide verstorben; Studien am eb. Privatgymn. Borromäum und an der Universität Salzburg.

Priesterweihe am 3. Juli 1965 im Dom zu Salzburg, Primiz am 25. Juli 1965 in Tamsweg. Prediger: Weihbischof Dr. Eduard Macheiner.

Erharter Josef,
geb. 5. Juni 1940 in Hopfgarten als siebtes von sieben Kindern einer Bauernfamilie. Die Eltern sind schon verstorben.

Studien am Borromäum in Salzburg und an der Universität Salzburg.

Priesterweihe am 3. Juli 1965 im Salzburger Dom, Primiz am 11. Juli 1965 in Hopfgarten. Prediger: Regens Leonhard Lüftenegger.

Landmann Simon,
geb. 16. November 1933 in Oberndorf in Tirol als zweites von zwei Kindern. Die Eltern besitzen eine Landwirtschaft.

Studium am eb. Borromäum, Studium der Philosophie, Mathematik und Physik an der Universität zu Innsbruck, Theologie in Salzburg.

Priesterweihe am 3. Juli 1965 im Dom zu Salzburg, Primiz am 11. Juli 1965 in Oberndorf. Prediger: Kanonikus Georg Giglmayr.

Karner Emil,
geb. am 12. Dezember 1940 in St. Michael im Lungau als viertes von sechs Kindern. Der Vater ist Rentner und hat früher das Schmiedehandwerk ausgeübt.

Studium am eb. Privatgym. Borromäum und an der Universität zu Salzburg.

Priesterweihe am 3. Juli 1965 im Salzburger Dom, Primiz am 4. Juli 1965 in Altenmarkt im Pongau. Prediger: HH. Josef Binder.

Stanglmaier Franz,
geb. am 2. März 1935 in Rechersdorf in Bayern als erstes Kind von fünf Kindern eines Landwirtes; Studium am Spätberufenenseminar Fürstenried, bei den Herz-Jesu-Missionaren in Salzburg-Liefering und an der Universität Salzburg. Priesterweihe am 3. Juli 1965 in Salzburg, Primiz am 18. Juli in Reichersdorf, Primizprediger ist P. Schneidtberger (Salesianer).

Wallner Sebastian,
geb. am 7. März 1941 in Bad Hofgastein als drittes von drei Kindern; der Vater ist Arbeiter, 1944 gefallen. Studien am Borromäum und an der Universität Salzburg. Priesterweihe am 3. Juli 1965 im Dom zu Salzburg. Primiz am 18. Juli in Bad Hofgastein, Primizprediger ist H. H. Hönegger.

P. Fritz Wimböck CPPS.,
geb. am 22. März 1935 in München, Sohn eines Speditionsbeamten († am 17. Dezember 1944).

Studium am Spätberufenengymnasium Fürstenried-Waldram, 1958 Eintritt in die Kongregation der Missionare vom Kostbaren Blut, Philosophie und Theologie an der Universität Salzburg.

Priesterweihe am 3. Juli 1965 im Dom zu Salzburg, Primiz am 4. Juli 1965 in München, St. Benno. Primizprediger: P. Robert Markovits CPPS.

P. Josef Epping CPPS.,
geb. am 21. März 1936 in Dortmund-Asseln als erstes von zwei Kindern eines Malers (gefallen am 2. April 1945).

Studium an der Aufbaumittelschule in Lambach, 1958 Eintritt in die Kongregation der Missionare vom Kostbaren Blut, Philosophie und Theologie an der Universität Salzburg.

Priesterweihe am 3. Juli 1965 im Dom zu Salzburg, Primiz am 11. Juli 1965 in Dortmund-Asseln, St. Josef. Primizprediger: P. Jordanus Isenberg OP.

P. Erwin Kräutler CPPS
geb. am 13. Juli 1939 in Koblach (Vorarlberg), Priesterweihe am 3. Juli 1965 in Salzburg, Primiz am 18. Juli 1965 in Koblach, Primizprediger ist P. Erich Kräutler CPPS.

Peter Lüftenegger,
geb. am 7. Dezember 1925 in Oberweißburg b. St. Michael im Lungau.

Von Beruf Graphiker, fing er mit 28 Jahren an zu studieren, und zwar an der Aufbaumittelschule in Horn. Nach der Matura trat er bei den Oblaten des hl. Franz von Sales ein und legte die ewigen Gelübde ab.

Priesterweihe am 29. Juni 1965 in Eichstätt/Bayern, Primiz am 4. Juli 1965 in St. Michael i. Lungau. Primizprediger: HH. Walter Dunkl.

P. Bernhard Menzel OSB,
geb. 8. Februar 1939 in Steinach an der Steyr/OÖ., als sechstes von sieben Kindern. Der Vater ist Arbeiter.

Nach Abschluß der Volksschule zweijährige Lehrzeit in einem Bäk-

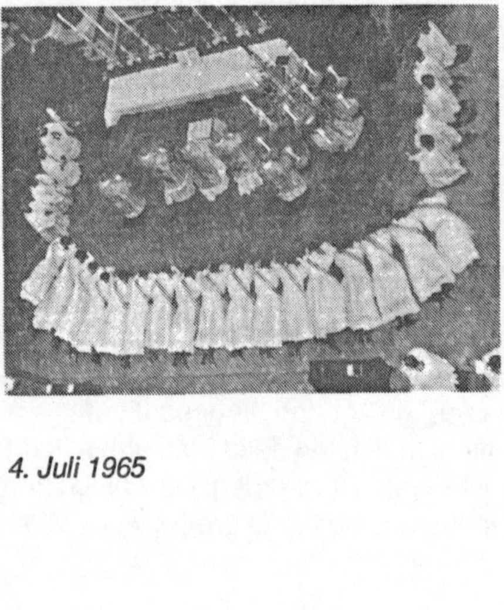

Rupertusblatt, 4. Juli 1965

18. Juli hab ich mit meiner Heimatgemeinde Primiz gefeiert, noch ganz im alten Stil, eine wirklich schöne Primiz mit vielen Leuten, Musik, Fahnenabordnungen. Die Kirche war gesteckt voll. Der Kirchenchor hat wunderbar gesungen. Es war herrlich. Die Leute haben noch Jahre später davon geredet. Nachher hat man mich überallhin eingeladen. Ich habe zelebriert, habe gepredigt, habe über meine Pläne, habe sogar über Brasilien und das Indianerproblem geredet, wie ich mir das halt damals so vorgestellt habe. Meine Begeisterung dürfte die Leute über mein mangelndes Wissen hinweggetröstet haben. Ich wurde auch weiter auf Hochzeiten und ähnliche Feste eingeladen, habe Gitarre gespielt und gesungen. Viele haben gesagt: »Schad, daß du weggehst.« Aber ich hab mir gedacht, die paar Gaben, die Gott mir geschenkt hat, werde ich wohl auch anderswo gebrauchen und einsetzen können, dazu muß ich nicht in Vorarlberg, nicht in Österreich bleiben.

Am 2. November, am Allerseelentag, dem Geburtstag meines Vaters, bin ich dann abgefahren. Das war ein großer Abschied. Alle meine Geschwister, die Mama und der Papa haben furchtbar geweint, weil sie ja glaubten, ich würde frühestens in zehn Jahren wiederkommen, und was kann in zehn Jahren nicht alles passieren.

Ich hab sie alle in die Arme genommen und getröstet und spielte den Starken. – Ich hatte meinen persönlichen Abschiedsschmerz schon sozusagen heimlich und alleine hinter mich gebracht. Ich war schon am Vormittag in unsere Kirche gegangen, in meine Kirche, in der ich getauft worden bin, in der ich die erste heilige Kommunion empfangen und dann auch meine Primizmesse gefeiert hatte. Ich war ganz allein in diesem vertrauten, heimatlichen Raum, und da hab ich es dann nicht mehr ausgehalten. Da hab ich geweint und geheult, ungefähr eine Viertelstunde lang standen alle Schleusen offen. – Dann war es irgendwie vorbei.

Ich fuhr mit dem Zug nach Hamburg, und von dort ging es mit einem Schiff des norddeutschen Lloyd weiter. Die Matrosen haben ihn »Äppelkahn« genannt. Das altersschwache Schinakel ist dann auch noch auf dieser Fahrt, aber freundlicherweise erst in der Karibik, untergegangen.

Nach dreiwöchiger Fahrt bin ich am 25. November in Belém

angekommen. Abgeholt hat mich Pater Fritz Tschol, der damals gerade eine Malaria auskurierte und deswegen in Belém war. Meinen Onkel und den damaligen, den ersten Bischof von Altamira, Dom Clemente Geiger, habe ich erst einige Tage später getroffen, dafür hat Dom Clemente mir dann gleich einmal eine kalte Dusche verabreicht: »Ein Jahr lang, mein Lieber, bleibst Du vollkommen still, Du hast kein Recht, Deinen Mund aufzumachen und zu irgend etwas Deine Meinung zu äußern. Du weißt überhaupt nichts. Also schau, hör zu und halt den Mund.« – Das klang zwar nicht gerade freundlich, aber irgendwie hatte er natürlich recht, ich war wie ein kleines Kind, ahnungslos.

Meine erste Aufgabe war es, die Sprache zu lernen, ich konnte ja kein Wort portugiesisch. Es war eine Schwester, die mich da unter ihre pädagogischen Fittiche nahm. Die hat es mir nicht leicht gemacht. Jeden Tag acht Stunden Intensivkurs. Ich mußte jedes Wort so oft wiederholen, bis die Aussprache richtig war. Das war zwar hart, hat sich aber als zielführend erwiesen. Ich bin ihr heute noch dankbar. Nach einem Monat habe ich bereits meine erste Predigt gehalten, mit Zettel und weichen Knieen, aber immerhin.

Dann bin ich über Weihnachten für zehn Tage nach Altamira, so zum Hineinriechen, und dann wieder für ein Vierteljahr zum Sprachstudium nach Belém. Im März hab ich dann endgültig meine Arbeit als Kaplan in Altamira begonnen.

D.B.: Mit welchem theologischen, pastoralen Grundkonzept, mit welchem Kirchenbild bist du eigentlich damals hier angekommen?

D.E.: Ja ja, wir wurden in der ganz traditionellen Theologie ausgebildet. Das Konzil war zwar bereits im Gange, und ich kann mich erinnern, daß der Dogmatiker mit uns sogar schon das erste Konzilsdokument durchgenommen hat. Wir haben schon gespürt, daß es da einen neuen Wind in der Kirche gibt, und haben uns darüber gefreut, aber unsere Ausbildung ist noch nach dem alten Schema gelaufen. Wir hatten damals auch noch keinerlei pastorale Ausbildung, wie sie heute üblich ist. Man hat studiert, wurde geweiht, aber von Praxis war kaum die Rede.

D.B.: Und wie war dein Missionsverständnis?

D.E.: Ich glaube, da hab ich aus mehreren Gründen Glück gehabt. Erstens waren die Missionare, meine Mitbrüder hier

Bischof Erich Kräutler

nicht bemüht, den Menschen etwas überzustülpen, sondern versuchten, zu einem gegenseitigen Verstehen zu kommen. Das zweite war, daß mich selber schon Jahre vorher ein Bibelwort ganz besonders tief betroffen gemacht hat, und zwar jenes Wort aus dem ersten Johannesbrief, das ich auch auf mein Primizbild habe drucken lassen und das mir bis heute zum Leitwort geworden ist: »Daran haben wir die Liebe erkannt, daß Er sein Leben für uns hingegeben hat. So müssen auch wir für die Brüder das Leben hingeben.«

Auch wenn das ein wenig romantisch und hochtrabend klingen mag, so ging es mir von allem Anfang an nicht darum, den Leuten etwas beizubringen, sondern ihnen mein Leben zu schenken, mich für sie einzusetzen, mit ihnen zu sein, zu ihnen zu gehören und ihnen vielleicht gerade dadurch den Weg des Evangeliums zeigen zu können.

Aber im allgemeinen war Mission natürlich vom damaligen Kirchenverständnis geprägt. Man hat sehr viel sakramentalisiert. Ich hab das auch erlebt und meine Frustrationen davongetragen.

Man hat einfach die Leute getauft und gefirmt und sich wenig bis gar nicht um das Gemeindeleben gekümmert. Das kam erst später. Aber ich und wir alle hier haben die Menschen in ihrem So-Sein respektiert, auch der Bischof, und nicht versucht, ihnen unsere Kultur, unsere Tradition aufzudrängen.

IV

Israel hat Gott inmitten seiner Geschichte gefunden. Gott lud Israel in seinem Bund ein, die Geschichte gemeinsam zu gestalten. Er wies den Weg und das Ziel, und forderte die freie und gläubige Mitarbeit seines Volkes.

Puebla Nr. 276

DEN FLUSS HINUNTER

Über unserer Rückschau auf den österreichischen Teil der Lebensgeschichte Dom Erwins ist es dunkel geworden. Es schüttet wieder einmal. In etwa einer Stunde wollen wir aufbrechen. »Ich muß schauen, daß ich Orlando, den Fahrer, irgendwo finde. Der muß ein anderes Auto besorgen. Mit meinem Wagen kommen wir bei der schlechten Straße nach Vitória nicht durch, und der kleine Laster hat keine Plache, da schwemmt es uns unsere Sachen weg«, sagt Dom Erwin, steht auf und geht.

Die »Terezinha«, das Schiff, mit dem wir die nächsten zwölf oder fünfzehn Stunden nach Gurupá unterwegs sein werden, liegt nicht in Altamira, sondern an einem Nebenfluß des Xingu, am Tucuruy in Vitória vor Anker. Es ist an sich nicht weit. Es sind nur 47 Kilometer. Nach den häufigen und starken Regenfällen dieses Sonntags können aber auch 47 Kilometer sehr lang sein.

Sie sind lang, wie sich herausstellt, und es wird spät. Erstens sind wir nicht, wie geplant um 19 Uhr, sondern erst kurz nach 21 Uhr weggekommen. Es war nicht so leicht, am Sonntag ein Ersatz-Auto aufzutreiben. Zweitens brauchten wir für die 47 Kilometer tatsächlich volle zwei Stunden. Die Straße war zu einem Netz von Rinnsalen, Bächen und Seen geworden. Orlando erweist sich als wahrer Künstler.

Endlich kommen einige Lichter in Sicht. »Aha, heute ist nur der obere Teil des Dorfes beleuchtet. Das ist schlecht für uns, denn da werden wir unten am Hafen nicht die Hand vor den Augen sehen«, stellt Dom Erwin fest und fährt fort: »Hier wird nämlich an einem Abend der obere und am nächsten der untere Teil beleuchtet, für mehr taugt der Generator nicht, seit so viele Menschen zugewandert sind. Der Bürgermeister verspricht schon seit Jahren regelmäßig alle 14 Tage, daß der neue Generator in spätestens zwei Wochen aufgestellt wird.« – Wir geraten in eine diffus erhellte, von tiefen Furchen und Gräben durchzogene Mondlandschaft. Vitória ist zu einem wichtigen Holzumschlagplatz geworden. Die gewaltigen Stämme liegen auf riesigen Haufen oder aneinandergebunden Hunderte Meter weit, wie riesige Flöße, im Wasser. Das hat für die Leute hier ein zusätzliches Problem geschaffen. Die Stämme werden mit Chemikalien imprägniert, wegen irgendeines Schädlings. Die Chemikalien aber sind hochgiftig, verseuchen den Fluß und das Grundwasser, also auch die Brunnen. Viele Leute, vor allem Kinder werden krank. Beschwerden werden nicht berücksichtigt. »Das Zeug verdunstet natürlich auch«, erklärt Dom Erwin, »und bei Niederdruckwetter liegt da eine stinkende Dunstwolke über dem Dorf. Das reizt zusätzlich noch die Schleimhäute und gerät in die Bronchien. An manchen Tagen ist das fast nicht auszuhalten.«

Der Regen hat etwas nachgelassen, aber wir sind trotzdem ziemlich feucht, als wir auf die »Terezinha« klettern. Die zwei Bootsleute begrüßen uns herzlich. Soweit erkennbar, ein hübsches Boot. Es gibt sogar eine kleine Kajüte, die mir zugewiesen wird. Einrichtung: ein grob gezimmertes Stockbett. Ende. Aber immerhin: ein Stückchen Kattun als Vorwand für ein Leintuch, ein Pölsterchen, dem das Kleid noch zu groß ist, und sogar eine Decke aus Wollfleckerln. Ich stelle meine zwei Taschen ab.

Wir sitzen noch eine Weile am Oberdeck, schauen in die langsam verschwindenden Lichter Vitórias und tauchen ein in die dunkle Wasserschneise zwischen dem Wald. Nach einigen Kilometern ist alles schwarz. Der Mond plagt sich redlich, um einen Spalt in der Wolkendecke zu finden, aber es gelingt ihm nur sporadisch.

Es wird kühl. Dom Erwin fröstelt, wünscht mir eine halbwegs gute erste Nacht am Fluß und klettert in den unteren Raum, wo er seine Hängematte gespannt hat. Bei der Wahl der Schlafplätze gibt es keine Privilegien. Beide haben es an sich. Oben hat man das Stampfen der Maschine mehr im Rücken und unten in der Hängematte mehr in den Ohren. Geschmackssache.

Mit dem Schlafen ist da nicht allzuviel zu machen. Es wird eher eine kontemplative Nacht. Nachdenkzeit. Aber irgendwann hat die Müdigkeit dann doch den Sieg über die Maschine davongetragen. Als ich aufwache, tagt ein wunderschöner, rosiger, unschuldiger Morgen, der sich mit nichts an die Schwärze der Nacht, an den Regen, den peitschenden Sturm zu erinnern scheint.

Ich erfahre, daß wir den Xingu längst hinter uns gelassen haben und jetzt den Amazonas abwärts fahren. Riesig, einfach überwältigend. Die Ufer sind ferne, schmale Streifen. All das, an dem wir da seit Stunden entlangfahren und noch weitere Stunden entlangfahren werden, war früher Indianerland. Noch im 16. und 17. Jahrhundert, als die Jesuiten hier ankamen, war von Vitória bis hinunter nach Gurupà, unserem heutigen Reiseziel, ein Indianerdorf nach dem anderen. Die Leute lebten gut, von der Jagd, vom Fischfang, von den Pflanzen und Früchten, die der Wald ihnen schenkte, im Einklang mit der Natur.

Als Dom Erwin hier ankam, waren die Indianerdörfer längst verschwunden, so wie Pater Antonio Vieira es schon vor 300 Jahren beklagt hatte: »Es gibt nur noch Friedhöfe und verlassene Dörfer«. An den Flüssen lebte längst ein Mischvolk, in dem das indianische Element nur noch schwach erkennbar war und ist. Das Volk ist eher von den Abkömmlingen der schwarzen Sklaven und natürlich von den europäischen Siedlern geprägt. Aber die Natur, die war noch intakt, ziemlich intakt, als der junge österreichische Missionar hier anfing, die Gemeinden am Fluß zu besuchen.

Dom Erwin erzählt: »Als ich hier ankam, war wirklich alles noch dichter Urwald. Die Leute in den kleinen Siedlungen oder einzelnen Hütten lebten zwar arm, aber doch recht gut. Sie hatten ihren kleinen Acker, mit Maniok, Reis oder Bohnen, hatten ausreichend Fische und Wild. Seit einigen Jahren hat sich das allerdings dramatisch verändert. Das hat Mitte der Siebzigerjahre begonnen, als die großflächigen Rodungen massiv eingesetzt haben. Damals war die Luft erfüllt vom Lärm der Sägen und Äxte, und riesige schwarze Rauchwolken lagen über dem Land, daß es einem den Atem genommen hat. Jetzt schaut das ja wieder halbwegs aus, noch dazu, weil es immer noch regnet und daher grün ist. Wenn man die Gegend früher nicht gekannt hat, könnte man glauben, das war immer so. Aber zum Beispiel am unteren Xingu, den wir heute Nacht heruntergefahren sind, fährt man mehr als 14 Stunden an gerodetem Wald, an den Gebieten der Großgrundbesitzer entlang, deren riesige Rinderherden den sensiblen Weidegrund in ein paar Jahren kahlgefressen haben werden. Und das war alles Wald, noch vor 10, 15 Jahren.

Es war damals soviel Not und Jammer bei den Menschen, daß wir auch in unserer pastoralen Arbeit völlig umdenken mußten. Früher war es so, daß der Priester so einmal pro Jahr in jedes Dorf gekommen ist. Da hat er die Kinder getauft, die jungen Paare getraut, Eucharistie mit ihnen gefeiert, und dann war er wieder weg. Die Leute waren völlig sich selbst überlassen. Die wußten ja nicht einmal recht, woran sie eigentlich glaubten. Sie hatten gelernt, daß die Taufe wichtig ist, das hat man ihnen über die Jahrhunderte eingebläut, weil man ohne Taufe kein Mensch ist. Sie liebten die Heiligenfeste, aber eher um der Feste als um der Heiligen willen, aber sonst mischte sich da einfach alles, indianische Einflüsse, natürlich starke afrikanische Einflüsse, und vermutlich war das christliche Element das schwächste, eigentlich nur die Tünche.«

*

Eine Bestätigung für diese Beschreibung des traditionellen Glaubensverständnisses Brasiliens und Lateinamerikas überhaupt finde ich in einem Aufsatz des deutschen Theologen Josef Sayer, der von 1981 bis 1988 in der pastoralen Arbeit in Lateinamerika tätig war. Er schreibt aus seiner ganz konkreten Erfahrung:

»Padre, eine Messe für die Alma meines Vaters und dann eine für die Alma meiner Mutter« – »Haben die beiden getrennt gelebt?« – »Wieso? Nein, die haben immer in dem Haus gelebt, in dem ich jetzt wohne.« – »Und jetzt, da sie, wie wir hoffen, bei Gott sind, willst du sie trennen? Zuerst eine Messe für die Seele deines Vaters und dann eine für deine Mutter?« – »Padre, ist

meine Messe die erste?« – »Padre wann kommt meine dran?« – »Deine ist auch die erste, wir feiern nur eine Messe.« »Hab ich denn nicht genug bezahlt? Wieviel kostet eine Messe?«

Ja, so war es. Jeder wollte seine Messe, seine Privatmesse. Dafür bezahlt er. Das macht an Festtagen 15, 20, 25 und mehr Messen. Der Vorgänger entsprach ihnen und förderte diese »Sakramentenparzellierungen«. Jedem seine Messe – gegen Bezahlung, versteht sich. »Messen im Fünf- bis Siebenminutentakt. Während die Leute noch das Kyrie sangen, war der Priester schon beim Evangelium. Wie konnte dies eine Frohe Botschaft werden, wenn es der Priester nur immer wieder für sich selber eilig und rituell herunterlas? Gottes Wort wurde weder öffentlich verlesen noch in einer ja zeitraubenden Predigt verkündet: Wort Gottes ohne Volk Gottes – Volk Gottes ohne Wort Gottes. Statt dessen nützte ein sich händlerisch gebärdender Sakramentalismus die religiösen Gefühle der Menschen aus.« –

Diese hier beschriebenen Szenen mögen übertrieben erscheinen, entsprechen aber durchaus der historischen, traditionellen pastoralen Praxis in Lateinamerika. Studien in einem bäuerlichen Berggebiet in Peru, die Josef Sayer durch zwei Jahre hindurch durchführte, ergeben eine erschreckende Bilanz:

Früher, so berichteten die Campesinos, wurde während der Fastenzeit in verschiedenen Gemeinden Mission gehalten. Dabei gab es dann eine Generalbeichte und eine Generalkommunion. Das heißt, daß anläßlich dieser ›Mission‹ alle Dorfbewohner zum Beichten und in einer bestimmten Messe zur Kommunion gehen mußten. Da während der letzten Zeit aber keine solche ›Mission‹ mehr stattgefunden hatte, waren Beichte und Kommunion überhaupt aus der Mode gekommen.

Eine tiefere Glaubensunterweisung oder gar Katechese als fortschreitende Glaubenserziehung ließ sich aus der Erinnerung und den Aussagen der Bauern und Landarbeiter nicht erheben. So gab es auch für die Taufe keine Vorbereitung. Man suchte sich bei Festen oder während einer ›Mission‹ einen Taufpaten, wurde notiert, und nachdem man bezahlt hatte, erfolgte die Taufe. Trauungen wurden nach Vereinbarung vorgenommen, auch dies ohne jede Vorbereitung: Firmungen gab es seit etwa 20 Jahren nicht mehr. Eine Begleitung von Kranken, Sterbenden existierte nicht, ja nicht einmal Beerdigungen. Die Sakramente wurden also unregelmäßig und wenn, in einer sakramentalistischen und rituellen Weise gespendet, ohne daß damit eine Glaubensbildung verbunden gewesen wäre.

Und später schreibt Josef Sayer:

Die Bibel war unbekannt. Selbst Begriffe wie Altes und Neues Testament kannte man nicht. Vom Zweiten Vatikanischen Konzil, von Puebla und Medellin haben die Leute nie gehört. Sie waren von der ganzen kirchlichen Entwicklung schlicht abgekoppelt. Der Zug war ohne sie, die immerhin getaufte Christen sind, abgefahren. Selbst ›Kirche‹ war für sie eine unbekannte Größe und wurde zumeist mit dem Gebäude identifiziert. Kirche als Glaubensgemeinschaft oder auch nur als Organisation war für sie kein Begriff. Man kannte den Pfarrer. Vom Bischof hatte man gehört, von seinem Auftrag aber, seiner Sendung wußte man herzlich wenig. Schlimmer noch stand es mit dem Papst-Aberglauben.

Im Zuge des Papstbesuches in Peru kamen schlimme Dinge zutage. Die meisten Menschen wußten damit überhaupt nichts anzufangen. Die wenigen Personen, die vom Papst gehört hatten, sprachen vom Papst als einem ›zweiten Gott‹, als einem, der auf einer Leiter zum Himmel emporsteigt und seine Anweisungen von Gott direkt ins Ohr gesagt bekommt – dies habe ihnen der Pfarrer in den Dreißigerjahren erzählt, hörte man oft als Erklärung. Auch erheiternde Mißverständnisse gab es, wenn der Papst mit einer besonderen Kartoffelsorte, nämlich der ›papa de Roma‹ gleichgesetzt wurde, da auf Spanisch Kartoffel ›la papa‹ und der Papst ›el papa‹ heißt. Als ein befreundeter Pfarrer in der Sonntagsmesse dieses Mißverständnis ausräumen wollte und in der einen Hand eine Kartoffel haltend, die Leute fragte, was das sei, antworteten alle selbstverständlich: ›Papa‹. Als er dann auf das in der anderen Hand gehaltene Papstbild wies, riefen sie, dies sei ein ›gringo‹.

Und vielleicht noch ein Zitat aus dem Aufsatz von Josef Sayer, das bezeichnend für die Früchte der traditionellen Krichenpraxis ist:

Vom Leben Jesu existieren verschwommene Vorstellungen. Man weiß ein bißchen von den Geschichten um seine Geburt, daß er Wunder tun kann, und man weiß um das Leiden und die Kreuzigung. Wenn man die Leute fragt, wann Jesus gelebt habe, bekommt man vielleicht Antworten wie: ›nach den Inkas‹ oder ›etwa vor einem Jahrhundert‹. Kaum einer der Erwachsenen wußte, daß sich unsere Zeitrechnung nach der Geburt Jesu bestimmt. Auch nach wem wir uns Christen nennen, war unklar, da man es in keiner Weise mit ›Christus‹ in Verbindung brachte.

(Die Zitate stammen aus dem Buch »Theologie der Befreiung im Gespräch«, herausgegeben von Peter Eicher, erschienen im Kösel-Verlag)

Die Frage, die ich bereits früher gestellt habe, die sich mir aber immer wieder stellt, ist: Hat man wirklich ein Recht, diese Art der Evangelisierung, die da über 500 Jahre betrieben worden ist, auch noch zu feiern, oder wäre da nicht Grund genug, sich ihrer über weite Strecken zu schämen, Schuld anzuerkennen, zu bereuen? – Denn es ist ja nicht nur das nicht vorhandene Glaubenswissen erschreckend, sondern die Haltung, mit der dieses unterdrückte Volk bis vor kurzem den Geistlichen begegnete. Es war dieselbe unterwürfige, ja nahezu sklavische Haltung, die sie ihren Herren, den Fazendeiros, den Großgrundbesitzern, den Beamten, den Polizisten gegenüber einzunehmen gezwungen waren. Die Priester wurden also mit den Ausbeutern gleichgesetzt, und da tat sich die Frohe Botschaft natürlich schwer, wirksam zu werden.

In erfrischendem Gegensatz dazu steht das, was mir Dom Erwin an diesem sonnigen Morgen erzählte, nachdem er sein Brevier aus der Hand gelegt und einen in einer kleinen Schale dampfenden »Cafe brasileiro« getrunken hatte. Ich hatte nach der Rolle gefragt, die die Bibel früher bei den Leuten hier gespielt hat.

D.E.: Die Heilige Schrift war natürlich in der Hand der Priester. Sie haben daraus ein Stückchen vorgelesen und das dann ausgelegt. Einmal im Jahr. Dann haben sie das Buch wieder mitgenommen. Das war's. Heute ist das anders. Heute ist die Bibel die Mitte jeder Gemeinde. Die Leute lesen viel darin, reden darüber, versuchen, die Worte Jesu in ihrem Leben wirksam werden zu lassen, sie auf ihre konkrete Situation zu beziehen.

Ich finde das wunderbar, daß die Menschen hier erfaßt haben, daß der Glaube nicht etwas ist, was man für den Sonntag reserviert, das man einmal in der Woche wie ein frisches Hemd anzieht, sondern daß Glauben und Leben eine Einheit bilden.

Es gibt eine Reihe von Leuten und sie werden immer mehr, die in die Gewerkschaft gehen und sich dort engagieren und mir gesagt haben, daß sie sich aus dem Evangelium her beauftragt fühlen, ihren Beitrag auch auf politischer Ebene zu leisten, um, wie das Volk Israel, das der Herr aus der ägyptischen Knechtschaft in das gelobte Land geführt hat, eben auch einen Weg in eine lebbarere Zukunft für ihr Volk zu suchen. Gerade die Exoduserzählung ist für diese Menschen hier eine Quelle der Inspiration geworden, die ihnen hilft, für das Leben und Überleben als Gemeinschaft zu kämpfen.

Nachdem es ja die Leute sind, die die Schriftstellen für die Messe auswählen, wenn der Priester oder eben auch der Bischof kommt, kann man oft sehr deutlich ablesen, wo der Schuh drückt oder was ihnen Hoffnung gibt. Da spürt man, daß für diese Menschen Glauben und Leben zusammengehören und nicht wie zwei Paar Schuhe sind.

D.B.: In dieser Tradition ist, wie ich es sehe, ein Bruch. Vorher lebte hier ein Volk, lebten hier Völker in Frieden und Eintracht mit der Schöpfung, in einer eigenen, auch religiösen Kultur. Dann kamen wir Europäer, sind gewalttätig in ihr Leben eingebrochen, haben ihnen ihr Land und ihren Frieden geraubt, haben sie getauft, ohne ihnen die Frohe Botschaft zu bringen, und jetzt haben sie eine kaputte Natur, eine kaputte Kultur und sollen irgendwie zu einer neuen Synthese finden. Ist das überhaupt möglich?

D.E.: Ich glaube, je mehr wir uns auf diese Leute einstellen, versuchen, die heute vorhandenen kulturellen Ausdrucksformen, ihre Lebensweise zu verstehen, umsomehr werden sie befähigt, das Evangelium in ihrer je eigenen Form zu leben. Das Evangelium hat ja nicht nur ein Gewand. Jesus hat damals in seinem Land, in seinem Kulturkreis, in allem auf diese spezielle historische Situation Rücksicht genommen. Wir haben sein Wort und seine Botschaft dann europäisiert und sie nicht als Botschaft Christi, sondern als Botschaft Europas an die ›Enden der Welt‹ getragen, als wäre das nur so gültig.

Wir haben dadurch viele Werte zerschlagen. Ich denke an die Worte, die Papst Johannes Paul II. während seiner Indienreise geprägt hat. Im Stadion von New Dehli hat er 1986 ausgerufen: »Gott ist gegenwärtig in allen menschlichen Kulturen! Gott ist auch in der Kultur der Inder gegenwärtig.« – Ich frage mich: Warum sollte Gott dann nicht auch in der Kultur der Indianer gegenwärtig sein? – Und er ist gegenwärtig, und nicht nur der Vater, sondern auch Jesus Christus, das fleischgewordene Wort, ist gegenwärtig in jedem gekreuzigten Indianer, in jeder zerschlagenen Kultur.

V

Danach hörte ich die Stimme des Herrn, der sagte: Wen soll ich senden? Wer wird für uns gehen? Ich antwortete: Hier bin ich, sende mich!

Jes 6,8

DOM ERWIN – SERVUS JESU CHRISTI

Zwei Stunden früher als erwartet tauchen über einer steilen Uferböschung die Konturen des Provinzstädtchens Gurupá auf. Auffallend sind zwei Gebäude: ein großes, weißes Haus über den Uferfelsen und der barocke Kirchturm, sonst fließen die Linien der Häuser nur knapp über die grüne Böschung.

Wir steuern auf einen weit in den träge und schlammig dahinfließenden Amazonas reichenden Bootssteg zu. Die gellende Hupe kündigt unser Kommen an. Wenig später – die Glocken läuten zur Mittagsstunde – sehen wir eine Gruppe von Menschen die Stufen zum Steg herunterkommen. – Wir legen an. Dom Erwin steht einen Moment winkend am Bug und springt dann als erster auf den Steg. Die Begrüßung ist nicht steif, nicht zeremoniell, hier steigt nicht ein kirchlicher Würdenträger zu den Leuten hinunter. Hier kommt ein Freund zu Freunden. Händeschütteln, Schulterklopfen, Umarmungen, Lachen, Küsse links und rechts und wieder links, auf bärtige und glatte, auf männliche und weibliche Wangen. Worte der Freude, Worte des glücklichen Wiedersehens, der lange ersehnten »Heimkehr«.

Nach einer kurzen Erklärung zu meiner Person und dem Grund meiner Anwesenheit werde auch ich mit großer Herzlichkeit in die Begrüßungszeremonie einbezogen. Nicht als Fremde, nein, als Freundin, als Schwester werde ich in den familiären, freudigen Empfangstrubel hineingenommen.

Inzwischen ist auch unser bißchen Gepäck ausgeladen worden. Jeder nimmt irgendein Stück, und der Zug setzt sich in

Bewegung; den Steg entlang, über die steilen Steinstufen hinauf zur Hauptstraße, ein paar hundert Meter in Richtung Kirche. An der Straße Holzbuden mit Billigmode, Kämmen, Spiegeln, Seifen und allem möglichen. Diese fliegenden Händler lassen keinen Kirtag, kein Partrozinium, überhaupt keine Gelegenheit aus, um den Leuten das Geld aus den Taschen zu ziehen. Morgen ist hier das große Fest des Heiligen Antonius.

Gleich nach den Buden bleiben wir stehen, verabschieden uns von einigen der Freunde, die anderen begleiten uns ins Haus. Es ist das Gemeindehaus, erfahre ich, das Verwaltungszentrum der Pfarre Gurupá. Zentrum einer Region also, die etwa 20.000 Quadratkilometer und 67 Gemeinden umfaßt, von denen nur eine über eine ziemlich schlechte Straße per Motorrad erreichbar ist. Alle anderen liegen am Fluß. Die Entfernungen: zwischen einer und mehr als zwölf Stunden Flußfahrt. Für die pastorale Betreuung dieses Pfarrgebietes und seiner Menschen steht ein Priester, der Pfarrer und Bischofsvikar Padre Julio zur Verfügung. Padre Julio ist ein echter Sohn der Lombardei, liebenswürdig, offen, fröhlich, gastfreundlich, mittelgroß und eher rundlich, glatt rasiert und auch oben herum – zwar nicht rasiert aber – eher glatt, mit lachenden, hellblauen Augen und einem weiten, gütigen Herzen.

Er zeigt uns unsere Zimmer, einfach, aber zweckmäßig möbliert und immerhin mit Dusche und Toilette ausgestattet. Für hiesige Verhältnisse beinahe luxuriös. »Darauf habe ich bestanden«, sagt Dom Erwin später, »bei diesem Klima und der Anstrengung der Reisen hier ist eine Dusche, ist eine Spur von Komfort einfach lebensnotwendig.« Jetzt stellen wir unsere Taschen ab und folgen der Einladung Padre Julios, zum Mittagessen ins Schwesternhaus zu kommen. Das liegt nur wenige Schritte entfernt. Alles ist hier nur wenige Schritte entfernt. Die beiden Schwestern, wir hatten sie ja schon am Steg begrüßt, haben den Tisch schon gedeckt. Nach dem Tischgebet setzen wir uns und geben uns, hungrig wie wir sind – denn außer dem Schälchen Kaffee auf dem Schiff haben wir noch nichts im Magen – den »Freuden der Tafel« hin: Reis, Bohnen, gekochter und köstlich gebratener Fisch, sogar ein Paradeissalat mit frischen Kräutern, und dann diese riesigen, fruchtig schmeckenden Bananen. Ein Festmahl. Ich sehe Dom Erwin, der sonst äußerst bescheiden, ja asketisch lebt, zum ersten Mal wirklich mit Appetit essen.

Nach der Siesta, die bei den herrschenden Temperaturen sehr zu empfehlen, heute aber besonders notwendig ist – die lange schlafarme Nacht macht sich bemerkbar –, mache ich mich auf einen Rundgang durch das Städtchen. Gurupá wird mir als Mahnmal des Werkstoffes Beton in Erinnerung bleiben. Die Straßen aus Beton, die Häuser aus Beton, der ganze geometrisch angelegte »Stadtpark« über dem Fluß – aus Beton, die Bänke aus Beton. Die Einfassung der vernachlässigten Blumenbeete, aber auch der Fußballplatz und die Disco sind aus Beton.

Alle wesentlichen Gebäude sind entlang des Flusses aufgereiht, das Gemeindeamt, die Tankstelle, die Tanzdiele, die Bibliothek und das großspurig als »Gesundheitszentrum« bezeichnete Minispital. An der Innenseite der Hauptstraße die durchaus schmucken, zum Teil beinahe villenartig gestalteten Häuser des Establishments, der Beamten, der Geschäftsleute und einiger kleinerer Gutsbesitzer.

Weiter die Straße hinunter so etwas wie ein Geschäftszentrum – alles natürlich klein-klein. »Casa Bom Jesus« steht auf dem Schild eines Großhändlers, das Café heißt »São Jorge«, die Hauptstraße übrigens »Avenida São Benedito« – alles sehr heilig! Benedito ist übrigens als Sohn afrikanischer Sklaven im 16. Jahrhundert geboren, in den Franziskanerorden eingetreten, zu einem leuchtenden Vorbild an Demut und Güte und zum Schutzheiligen der schwarzen Sklaven geworden. Eine andere Straße ist nach dem rangzweiten Ortsheiligen, San Antonio da Lisboa – (bei uns ist er der von Padua.) – benannt. Er, der eher der Heilige der Portugiesen und Europäer hier war, soll morgen gefeiert werden. Sein Fest erzielt etwa 3000 bis 5000 Besucher, während zur Feier Beneditos im Dezember jeweils so um 20.000 Menschen aus allen Teilen des Pfarrgebietes kommen. Diese Verteilung entspricht auch den jeweiligen Bevölkerungsanteilen und zeigt wieder einmal, wie stark die Vergangenheit das Heute prägt.

Das wird mir noch deutlicher, als ich zuerst in den unteren und dann in den hinteren Teil des Städtchens komme. Hier leben die Menschen in Holzhäusern, überwiegend aber in armseligen Hütten. Hier riecht man die Not, sieht die aufgetriebenen Kinderbäuche und den Hunger in den Augen der Mütter. Hier werden die Blicke, die mich treffen und meine Blicke kreuzen, scheuer, ängstlicher und auch manchmal ablehnender. Erst mein Hinlächeln zaubert auch auf ihre Lippen ein Lächeln, und der Stein, den ein Bub schon in der Hand gehabt hat, verschwindet im Hosensack.

Die kleinere Straße, die parallel zur Hauptstraße verläuft und von den überfüllten Wohnstätten der armen Bevölkerung gesäumt ist, ist nicht mehr betoniert. Die Häuschen und Hütten ducken sich unter den Busch, werden teilweise von ihm überwuchert. Ein paar kleine schwarze Schweine und magere Hühner suchen nach Eßbarem. Aber hier, wie ich später erfahre, und nicht vorne in den guten Häusern, an der intakten Straße, wächst das Volk Gottes in lebendigen Gemeinden zusammen.

Diese Menschen werden es auch sein, die den heutigen Abendgottesdienst und morgen die feierliche Feldmesse vor der schönen, alten Kirche gestalten und tragen werden. Es sind auch diese Menschen, die ihre Kirche neu gestrichen haben, innen und außen, die sie pflegen und schmücken und die gerade dabei sind, ein großes, weißes Transparent über dem Eingangsgeviert aufzuziehen. Da ist ein braunes, flächiges Kreuz daraufgemalt und ein Kelch, das Wappen ihres Bischofs, und daneben steht in großen und ungelenken Lettern – DOM ERWIN – SERVO DE CRISTO JESUS (Diener Jesu Christi).

Ihn, der sich diesen Wahlspruch als Motto für sein Bischofsamt und für sein weiteres Leben gewählt hat, ihn finde ich nach meiner Rückkehr auf der kleinen Terrasse an der Rückseite des Hauses in sein Brevier vertieft.

Offenkundig hat er mich kommen gehört. Wenig später klopft er an meine Türe und sagt, daß er jetzt Zeit hätte, mit »unserer Arbeit« fortzufahren, und das heißt, sein Leben im Gespräch nachzuzeichnen. Ich packe also mein Tonbandgerät aus, überprüfe die Batterien, nehme noch eine weitere Kassette als Reserve mit. Er hat noch einen zweiten Korbstuhl hinausgetragen und versucht noch, die zwei sich balgenden Hunde Padre Julios zu beruhigen, um die Nebengeräusche etwas zu reduzieren. Dann machen wir uns ans Werk:

D.B.: Dom Erwin, wir waren dort stehengebleiben, wo Du über Dein Missionsverständnis geredet hast, mit dem du damals im März 1966 Deine Arbeit als Kaplan in Altamira aufgenommen hast.

D.E.: Altamira war damals natürlich ganz anders als heute. Das war ein kleines Städtchen – wie Gurupá jetzt. Es gab keine richtigen Straßen, kein elektrisches Licht, keine Wasserleitung.

Die pastorale Arbeit war mehr oder weniger auf Samstag und Sonntag beschränkt. Am Samstag bin ich in eine der kleinen Gemeinden hinausgefahren und am Sonntag hab ich dann in der Stadt Messe gefeiert. Während der Woche hatte ich immer das Gefühl, überflüssig zu sein, bis ich dann gesehen und erfahren habe, daß in unserer Schule, einer Lehrerbildungsanstalt, Not am Mann ist.

Da hab ich mich sofort für den Schuldienst zur Verfügung gestellt. Wenigstens an drei Tagen der Woche habe ich dann unterrichtot und bin dadurch auch mit der Jugend schnell in eine sehr direkte und freundschaftliche Beziohung gekommen. – Das hilft mir übrigens bis heute, da viele meiner Schüler und Schülerinnen irgendwo draußen in den Gemeinden tätig sind. Ich glaube, insgesamt waren es mehr als 15 Jahre, die ich unterrichtet habe.

D.B.: Bis auf den »Sauerbruch« sind eigentlich doch all Deine Berufsträume in Erfüllung gegangen. Was mich interessieren würde: Welche Rolle hat eigentlich damals, gerade in dieser Anfangszeit, Dein Onkel gespielt? War er ein Vorbild oder war er der, von dem Du Dir gesagt hast: so mache ich es sicherlich nicht? Irgendwie müßte das doch so etwas wie eine Vater-Sohn-Beziehung gewesen sein.

D.E.: Es ist vielleicht bezeichnend, aber genau an dem Tag, an dem ich in Salzburg zum Priester geweiht worden bin, bekam er seine Berufung nach Rom. Er war zum Vizegeneral unserer Kongregation gewählt worden. Ich habe ihn, wie ich schon erzählt habe, nur noch kurz nach meiner Ankunft in Belém getroffen. Also – ich kam und er ging.

Vielleicht war das gut so, denn so mußte ich meinen Weg ganz alleine und von ihm unbeeinflußt finden. Er ist dann sechs Jahre in Rom geblieben und kam erst 1971 als Bischof wieder zurück. Er war damals schon 65 Jahre alt.

In diesen sechs Jahren seiner Abwesenheit hatte sich hier aber soviel ereignet und verändert, daß er sich am Anfang sehr schwer getan hat, wieder in die pastorale Arbeit einzusteigen. Man darf ja nicht vergessen, daß Ende der Sechzigerjahre die Transamazônica gebaut worden ist und damit völlig neue Voraussetzungen für unsere Arbeit gegeben waren. Es kamen Ströme von Siedlern aus dem Norden und später auch aus dem Süden, mit all den unendlichen Problemen, von denen diese Migrationsbewegung begleitet war. In weiten Bereichen wurden all unsere Konzepte über den Haufen geworfen.

Wir sind da hineingewachsen, aber für ihn war das alles neu und überraschend. Aber er hat gute Arbeit geleistet. Er hat dann auch immer stärker auf die Mitarbeit von Laien gesetzt, weil er gesehen hat, daß wir mit unseren schwachen Kräften dem Ansturm der Menschen in ihrer Not überhaupt nicht mehr standhalten könnten. Er hat die Zeichen der Zeit gesehen und richtig gedeutet. Er hat auch die Arbeit, die wir in der Zwischenzeit geleistet hatten, voll in seine Überlegungen einbezogen und auf uns gehört.

Was unsere verwandtschaftliche Beziehung angeht, so habe ich nie versucht, sie auszunützen oder irgendwie ins Spiel zu bringen. Es war witzig – alle haben »Du« zu ihm gesagt, ich nie. Ich habe noch diese altmodische Form, das »Ihr« im Umgang mit ihm verwendet. Einmal hat er mir das Du-Wort angeboten. Ich habe es nicht angenommen. Ich glaube, er hat unter dieser Distanz oft sehr gelitten, aber ich war überzeugt, daß es besser so sei, daß man sich nicht den Vorwürfen, die aus einer verwandtschaftlichen Beziehung erwachsen können, aussetzen dürfe. Obwohl es mir manchmal wehtut, daß ich ihn verletzt haben könnte, glaube ich auch heute noch, daß es so richtig war.

D.B.: Du hattest bei seiner Rückkehr sicherlich schon Deinen eigenen Stil in der Seelsorge entwickelt. War er anders als Dein heutiger Stil?

D.E.: Na sicher. Das hat sich sehr verändert, mußte sich ja auch ändern. Damals hatte ich die Verwaltung der Prälatur über, die mir schon Dom Clemente übertragen hatte, war in der Schule tätig, war Pfarrer in Sousel, am unteren Xingu, und habe dazu noch den Hafenort Vitória und weitere 25 Gemeinden betreut. Mein Horizont entsprach diesem pastoralem Umfeld. Die gesamte Dimension, die ganze Größe der Prälatur, die nun einmal die ausgedehnteste von ganz Brasilien ist, die ging mir erst nach und nach auf. Erst als ich als Bischof von Region zu Region, von Gemeinde zu Gemeinde gepilgert bin, habe ich das langsam erfahren. Das war ein gewaltiger Lernprozeß, der damals für mich noch im Dunkel der Zukunft gelegen war.

Was aber den Umgang mit den Menschen angeht, ist natürlich auch vorher schon einiges passiert, hat es zumindest Weichenstellungen gegeben. Wir hatten ja die Konzilsdokumente und dann vor allem die Dokumente von Medellín und Puebla eingehend studiert und dabei unsere pastoralen Gewohnheiten gründlich überdenken müssen. Mein Gott, bis dahin hatten wir Priester halt gemeinsam mit den Schwestern, die im Einsatz waren, überlegt, was, wie und wo zu geschehen habe. Und plötzlich hat es dann bei uns geknackst, und wir haben erkannt, daß das Volk Gottes nicht aus Priestern und Ordensschwestern besteht, sondern daß 99,9 % des Gottesvolkes Laien sind, Frauen und Männer. Da haben wir uns dann zu fragen begonnen, ob wir denn tatsächlich das Recht haben, der Mehrheit Dinge vorzuschreiben ohne sie einzubeziehen, wenn es um die Erarbeitung der pastoralen Schwerpunkte geht. Wir haben begonnen, Laien zu unseren Pastoralversammlungen einzuladen. Sie wurden immer mehr und mehr, und plötzlich fanden wir uns auf das rechte Maß zurechtgestutzt als eine verschwindende Minderheit in der Versammlung des Volkes Gottes. Das war heilsam.

Seit dieser Zeit werden die pastoralen Schwerpunkte mit den Vertretern der Basisgemeinden gemeinsam erarbeitet, entsprechen so auch ihren konkreten Bedürfnissen und werden daher auch von ihnen angenommen und aktiv vertreten. In diesem Zusammenhang hat sich dann vernünftigerweise auch vieles andere verändern müssen. Wir sind von der früher üblichen sakramentalistischen Arbeit auf das Prinzip der Gemeindearbeit übergegangen, weil dieser Stil eines »sakramentalistischen Supermarktes« einfach nicht mehr tragbar war, wenn wir andererseits bestrebt waren, die Eigenverantwortung der Gemeinden zu fördern. Das ging natürlich nicht nahtlos, nicht ohne große Frustration auf beiden Seiten, nicht ohne schmerzhafte Rückschläge vor sich.

Ich erinnere mich noch, damals konnte ich mir mehr Zeit für die einzelnen Gemeinden nehmen, ich war oft wirklich wochenlang unterwegs, redete mir den Mund fransig, bis sie mich verstanden. Oft blieb ich tagelang, auch eine ganze Woche in einer Gemeinde, bis ich das Gefühl hatte, daß der Same auf gutes Erdreich gefallen war. So wußte auch niemand, wann und wo ich als nächstes auftauchen würde. Es hieß immer nur: »Er ist am Fluß!« – Das waren schwere und anstrengende Zeiten. Immer unterwegs in einem winzigen Boot, auf dem nicht einmal genug Platz war, die Hängematte aufzuhängen. Aber es waren auch aufregende und schöne Zeiten, diese intensiven Begegnungen mit den Menschen, die wir bis dahin ja nur sozusagen von vorn gekannt haben, diese Gespräche, dieses langsame Einsickern in ihre Gedankenwelt, in ihre Probleme, ihre Freuden und Nöte, in ihre ganz spezifische Sprache. Und die Dusche hat damals auch noch nicht gefehlt. Die Flüsse waren glasklar, wie Gebirgsbäche.

Die Schwierigkeiten lagen in der Tradition. Die Leute waren das Service, waren den »Supermarkt« gewohnt. Sie waren gewohnt, daß da von Zeit zu Zeit einer kommt, Eucharistie feiert, predigt, ihnen ins Gewissen redet, Beichte hört, die Kinder tauft und firmt, Trauungen vornimmt und sonst nichts fordert. Die Leute mußten sich langsam aus diesem Denken befreien und bereit werden, selber Verantwortung zu übernehmen. Heute sind wir so weit, daß wir nur noch dorthin kommen, wo diese Verantwortung gelebt wird. Wir feiern nicht irgendwelchen Leuten Eucharistie vor, sondern bringen das Geheimnis in ihre, in unsere gemeinsame Feier ein. Wenn Gemeinde nicht existiert, dann hat das gemeinsame Mahl wenig Sinn.

Heute sind es die Leute, die die Liturgie vorbereiten, die sich wirklich mit den Texten auseinandersetzen, sich oft wochenlang vorbereiten, gemeinsam daran arbeiten. Ich kann dann eigentlich den Ring nur noch schließen. Dabei brauchen wir aber keine Angst zu haben, daß wir unsere Funktion oder unsere Bedeutung verlieren – vielleicht sogar im Gegenteil. Wir haben für Wichtigeres Zeit, für das Gespräch von Mensch zu Mensch, für das Wort aus dem Geist Gottes, und wir treffen auf Gemeinden, die wissen, was sie feiern und daher ganz anders Anteil nehmen und Anteil haben, als dies früher der Fall war. Ich habe überhaupt kein Verständnis für Leute, die Angst haben, ihre Autorität könnte untergraben werden. Vielleicht sollten die bei sich einmal nach tiefer liegenden Problemen suchen.

Ich finde es herrlich, daß wir endlich unsere gemeinsame Verantwortung für den Glauben, für die Kirche, für die Verwirklichung des Reiches Gottes entdeckt haben. Jeder trägt Verantwortung. Jeder hat seine Funktion, seine Sendung.

D.B.: Dom Erwin, wie war es möglich, daß Du als Nachfolger Deines Onkels überhaupt in Frage gekommen bist. Das ist ja eher unüblich.

D.E.: Ja, das war eine eher überraschende und merkwürdige Geschichte. Bischof Erich war in den letzten fünf Jahren seiner Tätigkeit ziemlich oft krank. Oft mußte er ins Spital, oft auch zu Behandlungen und Kuren nach Europa. Er hat immer stärker gespürt, daß es nicht mehr geht und hat dann um einen Koadjutor mit Nachfolgerecht angesucht. Er selbst hat in der gesamten Prälatur eine Umfrage gestartet, sowohl unter den Priestern und Ordensleuten als auch unter den Laienmitarbeitern. Jeder und jede sollte den Namen dessen angeben, den er, den sie sich als Nachfolger vorstellen könnte, und ihm diesen Vorschlag in einem verschlossenen Kuvert übermitteln. Dann hat man eigentlich lange nichts mehr gehört. Ich habe mich mit dieser Frage nie wirklich auseinandergesetzt – das Kuvert habe ich aber schon abgegeben – weil mir eigentlich jeder meiner Kollegen recht war und ich wußte, daß es um mich ja gar nicht gehen könne, weil ich eben der Neffe des Bischofs bin.

1980 bin ich dann den Sommer über in Europa gewesen. Während dieser Zeit muß einiges ins Rollen gekommen sein. Ende September bin ich zurückgekommen und einen Monat später bekam ich einen Brief von der Nuntiatur mit der Bitte, schnellstens bekanntzugeben, wann ich den Nuntius in Brasilia aufsuchen könne. Ich wußte damit nichts Rechtes anzufangen, dachte aber, daß er mich wohl um Rat fragen wollte, denn obwohl noch ziemlich jung, war ich einer der am längsten in der Prälatur dienenden Priester. Ich bin dann zu dem vereinbarten Termin nach Brasilia geflogen und habe mich beim Nuntius angemeldet. »Ja schön, nehmen Sie Platz«, sagt er, zieht einen Briefumschlag aus der Rocktasche, gibt ihn mir und sagt: »Lesen Sie!« Ich mache den Brief auf. – Das war meine Ernennungsurkunde.

Ich hab ganz spontan gesagt: »Nein, das geht nicht. Das ist einfach nicht möglich. Das kann ich nicht.« – Er hat natürlich gemerkt, daß ich ziemlich verdattert war und mich gefragt, was ich denn jetzt zu tun gedenke. Ich stotterte weiter: »Nein, auf keinen Fall, das nehme ich nicht an. Ich habe nicht damit gerechnet, ich bin nicht vorbereitet, ich kann das nicht.« – »Was also werden Sie unternehmen«, fragte er noch einmal und diesmal sehr bestimmt. »Na, ich fahre dorthin, wo ich hergekommen bin, nach Altamira, und werde mit meinen Mitbrüdern reden und sie fragen, was da gelaufen ist.« – Er lächelte beinahe väterlich milde und sagt knapp: »Mein Freund, das habe ich längst getan.«

Er bot mir sogar an, das Dossier einzusehen, das er inzwischen hatte anlegen lassen. Es seien alle Priester, alle Ordensleute und auch Laien befragt worden. »Ja, das weiß ich«, fuhr ich dazwischen. »Diese Befragung hat eindeutig ergeben, daß Sie der Mann sind, den die Prälatur als designierten Nachfolger von Bischof Erich will. Da ist nichts zu ändern.« – Er habe nichts weiter getan, als meinen Namen nach Rom weitergeleitet, wie es seine Pflicht sei. Ich möge das bitte zur Kenntnis nehmen und: »Der Heilige Vater setzt in Sie sein Vertrauen, da können Sie jetzt nicht einfach ›nein‹ sagen.« – Basta. Ich war völlig vor den Kopf geschlagen.

Später hab ich dann noch erfahren, daß Bischof Erich sich in seiner Verzweiflung über das Ergebnis der Umfrage sogar an die regionale Bischofskonferenz gewendet hatte. Als er immer mehr und dann alle Umschläge mit meinem Namen in Händen hatte, wußte er sich einfach nicht mehr zu helfen. Er als Onkel konnte mich ja nicht vorschlagen. Andererseits konnte er mich auch nicht einfach unterschlagen, nur weil ich sein Neffe war. Erst erbittet er von allen einen Namen in einem versiegelten Kuvert, dann kommt da sein Neffe als eindeutiger Wunschkandidat heraus und er schlägt das einfach in den Wind, das geht auch nicht. – Die Antwort der Bischofskonferenz war eindeutig. Wenn so klar für einen Mann votiert wird, dann habe dieser Name über die Nuntiatur nach Rom weitergeleitet zu werden und weiter nichts. Das habe nichts mit Nepotismus zu tun.

Ich fühlte mich wie ein verlorenes Schaf, als ich nach Altamira zurückkam. Ich hab wirklich nicht gewußt, was und wie ich was tun soll. Es blieb mir aber nach der Lage der Dinge nichts anderes übrig, als mich mit diesem Schicksal abzufinden. Geholfen hat mir damals sicher die Tatsache, daß ich doch erfahren hatte, daß mich nicht einige wenige, also nicht diese und nicht jene, sondern alle gewollt haben. Dann würde ich doch auch damit rechnen können, daß sie zu mir stehen und mir helfen. Aber ich hatte wirklich keine Ahnung, was da auf mich zukommt.

D.B.: Heute, fast zehn Jahre später – hast Du es jemals bereut?

D.E.: Ich glaube, wenn ich damals gewußt hätte, was das heißt, hier Bischof zu sein, was mir da abgefordert würde, daß ich mein Leben nicht mehr würde selber gestalten können, daß ich sozusagen gelebt werden würde – ich glaube, ich hätte nicht mehr den Mut. Aber ich hatte ja keine Wahl. Ich hatte nur Angst.

Im November gab es dann routinemäßig die Generalversammlung des Pastoralrates. Ich habe alle, Priester, Ordensleute und die Gemeindevertreter gebeten, sich hinzusetzen und mir innerhalb einer gewissen Frist zu schreiben, was sie sich von einem Bischof erwarten. Und da habe ich dann das Konzept bekommen, an das ich mich noch heute gebunden fühle.

Die wichtigste Forderung war, daß ich hinausgehen, daß ich die Prälatur nicht vom Schreibtisch aus führen soll. Ich soll hinausgehen, das haben mir vor allem die Laien geschrieben, ich soll am eigenen Leib spüren und erfahren, wie sie leben.

Bischofsweihe in Altamira

Am 25. Jänner 1981 bin ich dann in Altamira auf dem Platz vor der Kathedrale geweiht worden. Die ganze Nacht hatte es in Strömen gegossen. Um halbacht hat es aufgehört. Wir sind in Prozession vom Maria-de-Mattias-Kolleg zur Kathedrale gezogen, im Trockenen. Die Bischofsweihe hat dann bis etwa zehn Uhr gedauert. Beim Schlußsegen hat es wieder zu regnen begonnen. – Wir hatten – ja, wir hatten ein ›Loch im Himmel‹ erwischt.

Dann hab ich halt einfach angefangen. Ein halbes Jahr war ich noch Koadjutor. Am 2. September wurde das Rücktrittsgesuch von Bischof Erich angenommen, und er ist nach Hause geflogen. Ich bin automatisch sein Nachfolger geworden.

D.B.: Und, wie Dich die Leute heute nennen, zum ›wandernden Hirten‹ zu Fuß, im Auto, zu Wasser und in der Luft. Wie lauteten eigentlich die anderen Forderungen Deiner Leute?

D.E.: Vielleicht kann ich das in vier Punkte fassen: Sie wollten, daß ich auch als Bischof der Pater Erwin bleibe, den sie schon so lange kannten. Sie wollten, daß ich meinen Stil nicht ändere. Sie wollten keinen Bischof als höheres Wesen. Das zweite hab ich schon gesagt: Ich soll hinausgehen in die Gemeinden. Ich soll mit ihnen zusammensein und sie anhören. Ich soll also eher ein hörender Bischof sein, denn da könnte ich sie besser verstehen. Das Dritte ist eher von den Priestern und Ordensleuten gekommen: Sie erwarteten sich ein freundschaftliches Verhältnis. Ich sollte nicht über ihnen stehen, sondern ihr Mitbruder bleiben. Sie wollten nicht Hirtenbriefe, sondern das brüderliche Gespräch, das Miteinander und die gemeinsame Mitverantwortung für das Reich Gottes. Das Vierte: Ich sollte ein betender Bischof sein. Ich sollte ihnen ein Beispiel dafür sein, daß die eigentliche Grundlage der Arbeit das Gebet, die Meditation, die Kontemplation sein und bleiben muß.

Da war natürlich auch noch verschiedenes andere, aber das waren die vier wesentlichsten Punkte. Ich hab halt seither versucht, mich danach zu richten.

Ich stehe nach der Abendmesse im Dunklen, außerhalb des Lichtscheins, der aus der weit geöffneten Kirchentüre fällt, und warte auf Dom Erwin, auf »ihren« Bischof, dessen Wiederkommen sie, die Menschen von Gurupá, vor Gott gepriesen, für dessen Gesundheit und Heil sie gerade gebetet haben. Er steht auf der obersten Stufe, umringt, umarmt, geküßt und getätschelt von den Alten, von den Jungen, von den Großen und den Kleinen. Er steht – das einfache Meßgewand hat er wieder ausgezogen, die grüne Stola abgelegt – da, so wie er jeden Tag herumläuft: Hose, kurzärmliges, offenes Polohemd, blaue Leinenschuhe, die dunklen, gelockten Haare eher ungeordnet, das Gesicht schmal, ein wenig blaß, und die dunklen Augen wie immer ein wenig blinzelnd hinter den goldgerahmten Brillengläsern. Dieser Mann ist ihnen in all den Jahren zum Bruder und damit in Wahrheit zum Hirten geworden, den sie lieben, weil sie ihn achten können, weil er sich als wahrhaftig und treu erwiesen hat, weil er sie langsam hat erkennen lassen, daß Autorität weniger mit Machtausübung zu tun hat, sondern viel mehr mit Wachsen-Lassen, mit Raum-Geben, mit Leben-Schenken.

Es dauert noch eine Weile. Es gibt soviel zu sagen, zu fragen, zu erzählen, Freude einfach miteinander zu teilen. – Ja, denke ich mir, freilich ist es nur eine kurze Spanne Zeit, die ich von diesem Weg mitbekomme, aber ich glaube, daß er wirklich versucht hat, die vier Punkte zu erfüllen. Er hat sich nicht hinreißen lassen, ein höheres Wesen zu werden, er hat am eigenen Leib das Leben und die Not dieser Menschen erfahren und daraus ein pastorales Schwerpunktprogramm entwickelt, das für viele brasilianische Diözesen zum Beispiel geworden ist. Er hat nicht aufgehört, zu hören und zu lernen. Er steht nicht über seinen Mitarbeitern, sondern geht mit ihnen Hand in Hand, ohne daß ihm je ein Stein aus der Krone gefallen wäre, und er ist ein Beter, ein Mensch der Stille, der Meditation und der Kontemplation.

VI

Laß dich nicht beirren, wenn einer reich wird
und die Pracht seines Hauses sich mehrt;
denn im Tod nimmt er das alles nicht mit ...

Psalm 49/17f.

... DENN IHRER IST DAS HIMMELREICH

Das Fest des Heiligen Antonius wird schon um fünf Uhr früh mit Schüssen und Raketen angekündigt. Das habe ich als Wecksignal nicht so gern. Auch die kitschige Musik, die aus irgendeinem Lautsprecher plärrt, muß ich um diese Tageszeit wirklich nicht haben. »Armer heiliger Antonius, wie hast Du Dir das verdient, Du Heiliger der Sanftmütigkeit!« – Es geht gottlob schnell vorüber, denn was ist schon eine halbe gestörte Morgenstunde gegen die Festfreude, die diese Menschen hier einen Tag lang ein wenig ihre Not vergessen läßt? – Dabei, sie vergessen, verdrängen nicht, sondern während eines wirklich beeindruckenden Wortgottesdienstes unter einer strahlenden Sonne sprechen sie die Realität ihrer schwierigen Situation an und aus, so stellen sie sich dar: drei Menschen in Ketten: ein Landarbeiter, ein Indianer, ein Zuwanderer. Die Texte gehen tief. Die Symbolik macht betroffen. Padre Julio und der Bischof lösen die Ketten. Gesang braust auf, ein Lied der Befreiung.

Das Evangelium preist die Armen selig, und dann nimmt Dom Erwin das Mikrophon: »Wir sehen noch die Ketten hier am Boden, an die drei unserer Brüder symbolisch gefesselt waren. Wir haben die Ketten gelöst und um Vergebung gebetet. Dort, wo unsere Brüder am Beginn der Feier gerufen haben: Der Platz der Kirche i s t heute dieses leidende Volk! Die Kirche ist heute dort, wo dieses Volk sich vereinigt, wo es zu spüren beginnt, daß sich nie etwas verändern wird, ohne daß alle gemeinsam Verän-

Dom Erwin predigt und löst symbolisch die Ketten

derung bewirken. Die Kirche ist dort, wo endlich verstanden wird: Nicht die Bodenschätze, nicht das Holz, nicht die Fische, nicht die Rinder sind der Reichtum dieses Landes. Der Reichtum dieses Landes ist sein Volk, ein Volk, das bis heute an den Rand gedrängt und unterdrückt wird.

Wir wollen dem Plan Gottes treu sein, treu dem Wort des Herrn. Wir wollen mit dem Volk Gottes gehen, das das Wort Gottes hört, aber auch die Augen vor der Realität nicht verschließen, vor der bedrückenden Wirklichkeit in der ganzen Prälatur, hier von Gurupá im Norden bis zum Oberlauf des Xingu im Süden. Die Kirche darf nicht mehr wegschauen, wenn der Großteil unserer Menschen leidet. Die Kirche muß heute die Initiative ergreifen. Sie muß sich in die Mitte des Volkes stellen, muß immer mehr zum Volk werden. Es darf keinen Christen mehr geben, der sagt: ›Das interessiert mich nicht‹ – Jeder einzelne ist aufgerufen, in seiner Verantwortung als Christ, im Namen seines Glaubens, im Namen des Vaters, der uns diese Erde geschaffen hat, im Namen des Sohnes, der Mensch geworden ist und uns Gerechtigkeit und Frieden zugesagt hat, und im Namen des Heiligen Geistes, der uns führt, der uns, wenn wir den rechten Weg akzeptieren, begleiten und uns in der Zeit der Prüfung die rechten Worte geben wird.«

Der große, gartenartig angelegte Platz vor der Kirche ist voller Menschen. Einige sitzen im Schatten der Bäume. Die meisten stehen in der prallen Sonne. Es ist schon ziemlich heiß. Die Gesichter der Menschen sind aufmerksam und ernst. Ihre Augen hängen an den Lippen ihres Bischofs, der hier in Wortwahl und Diktion, in Modulation und Gestik einmal mehr sein Predigertalent unter Beweis stellt, der aber vor allem so redet, daß das Volk ihn auch verstehen kann.

Nach dem Schlußsegen spielen drei junge Männer die Melodie eines der populärsten Lieder der brasilianischen Basiskirche an. Es geht so etwas wie ein freudiges Raunen durch die Menschen, und dann singen sie aus voller Kehle, die Jungen und die Alten, die Frauen und die Männer, mit ihren rauhen, mit ihren hellen, mit ihren so natürlichen Stimmen. Der kräftige Bariton des Bischofs geleitet sie sicher:

Prozession vor der Kirche von Gurupá

Es wird schön sein, das Lied der neuen Welt zu hören.
Die Größe des Menschen wird die Sicherheit des Bruders sein,
im Reich des Volkes.

> *Wenn die Sonne der Hoffnung scheint, werde ich singen.*
> *Wenn das Volk in den Straßen lächelt,*
> *wenn der Rosenstrauch wieder blüht, werde ich singen.*
> *Wenn die Zäune zu Boden stürzen,*
> *wenn die Körbe sich mit Brot füllen,*
> *wenn die Mauern, die den Garten eingrenzen,*
> *zerstört sein werden und an ihrer Stelle*
> *Jasmin wachsen wird, werde ich singen.*

Es wird schön sein, das Lied der neuen Welt zu hören.
Die Größe des Menschen wird die Sicherheit des Bruders sein,
im Reich des Volkes.

> *Wenn die Waffen der Vernichtung*
> *in jedem Land zerstört sein werden, werde ich träumen.*
> *Wenn die Gesetzte, die die Unterdrückung beenden,*
> *unterschrieben sein werden, wird unser Herz triumphieren.*
> *Wenn sich die Stimme der Wahrheit vernehmen*
> *und die Lüge keinen Widerstand mehr leisten wird,*
> *wird die Zeit der Gerechtigkeit anbrechen,*
> *ohne Haß, ohne Blutvergießen und Habgier – so wird es sein.*

Es wird schön sein...

Diesen Refrain der Hoffnung singen sie wieder und wieder, einmal leise, einmal laut. Die Augen strahlen, die Gesichter entspannen sich, Lächeln ist da und dort zu sehen, als würde es genügen, immerzu zu singen und schon würden die Träume sich erfüllen.

Ihre Hoffnung und ihre Träume tragen sie singend und betend auch am Nachmittag hinter der kleinen, blumengeschmückten Statue des Heiligen Antonius durch die Straßen und Gassen des Städtchens.

Am Abend, während drüben am überdachten Festplatz noch die Raketen knallen, Musik aus den Lautsprechern dröhnt, gesungen und getanzt wird – unglaublich, welche Freude, welche Lebenskraft diese gedemütigten Menschen in ihren Festen frei werden lassen! – sitze ich mit Dom Erwin wieder auf der kleinen, jetzt nur indirekt erhellten Terrasse. Wir gehen im Gespräch noch einmal das von den Leuten gewählte Evangelium, die Seligpreisungen durch. Vor allem geht es mir um den Begriff Armut, der ja vielschichtig und vielgesichtig ist. Ich frage, was Armut in dem Kontext bedeutet, in dem Dom Erwin nun seit 25 Jahren lebt und wirkt.

D.E.: Es kommt nicht selten vor, daß die Menschen hier die Seligpreisungen als Evangelium wählen. Sie können sich gerade in dieser Passage des Evangeliums von Matthäus stark mit den Aussagen Jesu identifizieren. Besonders die erste der Seligpreisungen geht ihnen unter die Haut. Sie fühlen sich angesprochen. Sie sind arm. – Armut heißt für diese Menschen hier nicht nur, daß sie wenig, oft nicht einmal das Nötigste haben. Armut heißt mehr als nichts zu haben, es heißt auch, eigentlich nicht sein zu dürfen, nichts lernen zu können, an den Rand gedrängt, unterdrückt zu sein. Das ist viel mehr als nur der Mangel an materiellen Gütern. Die Dimension der Armut wird von den Leuten ganz tief als Ohnmacht, als Hilfosigkeit erlebt. Arm sein heißt nicht haben, nicht sein, nicht dürfen, nicht können – ausgeliefert zu sein.

D.B.: Die Armut, die ich hier sehe, Dom Erwin, verstehe ich passiv. Es ist Ver-armung, Ver-elendung, es ist eine gemachte, von anderen verursachte Armut.

D.E.: Die Menschen hier möchten nichts anderes als leben, als überleben, aber sie erfahren täglich am eigenen Leib, daß sie in Strukturen gezwungen sind, in denen sie nicht leben können, in denen sie keine Chance haben, in denen ihnen die Fülle des Lebens, die schließlich auch ihnen, vor allem ihnen verheißen ist, verweigert wird.

Wenn man sich die Reichen hier in diesem Land anschaut, so muß man feststellen, daß ihr Reichtum – von wenigen Ausnahmen abgesehen – nicht die Frucht ihrer Arbeit, sondern auf Kosten der Armen angehäuft worden ist. Die Herren hier sind reich, weil sie die Armen ausbeuten, weil sie keine gerechten Löhne zahlen, weil sie sich das Land mit Gewalt genommen haben.

Nehmen wir ganz konkret die Situation in Gurupá. Mir haben heute viele bekannte Gesichter gefehlt, Menschen, die ich seit vielen Jahren kenne, von denen ich sicher war, daß ich sie hier treffen würde. Ich habe nach ihnen gefragt. Die Antwort war einfach und wirft ein grelles Licht auf die Zustände: Einer der Großhändler, einer der Holzaufkäufer hier, hat den Leuten bis heute das Holz nicht bezahlt, das sie ihm schon vor Wochen geliefert haben. So hatten diese Leute schlicht kein Geld, um Treibstoff für ihre Boote zu kaufen und hierher zu kommen. Das sind Leute, die weitab von hier am Oberlauf eines der Nebenflüsse leben und viele Stunden zu fahren haben. – So geht das immer wieder. Die Leute liefern, die Leute arbeiten und die Herren bezahlen nicht. Die Reichen werden reicher, weil sie die Leute bestehlen, und die Armen geraten immer tiefer ins Elend, obwohl sie arbeiten, obwohl sie schuften, oft zwölf Stunden am Tag.

Die Armut hier wurde und wird gemacht. Das Land ist reich, und kein Mensch müßte hier in Armut geboren werden, aber man drückt den Menschen dieses Schicksal auf, weil man ihnen die Gerechtigkeit verweigert. Die Leute könnten, bei gerechten Löhnen und gerechten Preisen, ordentlich und in Frieden leben, die sind ja unheimlich bescheiden und genügsam. Aber man zahlt ihnen Spottpreise für ihre Produkte, man zahlt ihnen Schandlöhne für ihre Arbeit. Hier in Brasilien geht es nicht um den Menschen, es geht um schnellen Profit, es geht um Gewinn, nicht um Menschlichkeit.

Oft höre ich in Europa, die Armut sei nur die Folge der Faulheit und Dummheit der Leute. Faule Leute gibt es überall und natürlich auch hier. Aber die meisten Menschen hier arbeiten schwer. Frauen wie Männer, aber ihre Leistung wird nicht honoriert. Die Reichen wollen nichts abgeben, und wenn ein Priester oder ein Bischof sagt, daß sie ihren Reichtum ungerecht angehäuft haben, versucht man uns das Wort zu verbieten, denn, so hören wir es immer wieder: »Kümmert euch um den Glauben, um die Kirche, das hier geht euch nichts an.« – Ja, was um Himmels willen sollte uns denn sonst etwas angehen, wenn nicht das Schicksal dieser Menschen, wenn nicht das Schicksal dieses Volkes! Auf welche Seite sollten wir uns denn stellen, wenn nicht auf die Seite der Armen? Sie sind das Gottesvolk, und das Volk Gottes ist arm!

Ein Bischof hat hier eine andere Sendung, eine andere Mission als vielleicht in Europa. Er muß sich mit diesen Leuten identifizieren, muß verstehen, daß er zu ihnen gehört.

Die Armen sind die Kirche. Gestern beim Abendgottesdienst habe ich die Frage gestellt: »Wer ist die Kirche?« Und die Antwort war: Die Kirche sind wir alle. Nicht der Papst, nicht der Bischof, nicht der Priester, nicht die Ordensschwester, sondern – *Wir sind die Kirche*. Wenn ich dieses Volk Gottes hier anschaue, hier in Gurupá, hier in der Prälatur, hier in Brasilien, dann sehe ich, daß es zu fast 85 % arm ist, arm gemacht ist: und das ist die Kirche. Das muß ich akzeptieren.

Auf der anderen Seite ist es natürlich nicht so, daß einer, der reich ist, der etwas hat, gleich verdammenswürdig ist. Aber man muß immer die Frage stellen, wie ist er reich geworden, wie mehrt er seinen Reichtum? – Und das läßt sich dann doch in den meisten Fällen nur schwer mit dem Evangelium vereinbaren. Ich habe wirklich viele Erfahrungen mit reichen Leuten gemacht. Ich meine, es ist ja nicht so, daß ich den Kontakt, das Gespräch verweigere, nur weil einer reich ist. Aber ich stelle Fragen, muß Fragen stellen, auch die Frage, wie er mit seinen Leuten umgeht. Es gibt – selten aber doch – Großgrundbesitzer, die stolz darauf sind, daß sie ihre Leute gut bezahlen, ihnen sogar durch Gewinnbeteiligung ein ordentliches, menschenwürdiges Leben ermöglichen. Das sind die Ausnahmen.

Die Mehrheit der Latifundiarios geht über Leichen. Hier vor allem müßte Bekehrung geschehen, denn wenn sich nicht auch die Reichen bekehren, kann es keine strukturellen Veränderungen geben. Ich bin, weiß Gott, nicht für eine blutige Revolution, in der die Armen sich zusammenschließen, sich bewaffnen und sich das, was ihnen gehört, mit Gewalt holen. Das ist keine Lösung. Wir müssen gemeinsam *gegen die Armut* und *nicht gegen die Reichen* kämpfen. Wir haben als Kirche die Aufgabe, den Reichen zu sagen, sie darauf aufmerksam zu machen, daß sie an den Armen schuldig werden, indem sie sie durch Ausbeutung und Unterdrückung zu einem langsamen und qualvollen Tod verurteilen, und da muß man dann schon auch das Wort »Mord« in den Mund nehmen.

D.B.: Es gab da ja auch einmal eine sehr konkrete, drastische Geschichte. Ich glaube, das ging sogar soweit, daß der Bischof den Gouverneur und den Polizeipräsidenten von der Kanzel herunter exkommuniziert hat.

D.E.: Ja, ich kenne diesen Fall. Das war im Nordosten. Der Bischof hatte über eine lange Zeit versucht, mit den Grundbesitzern und auch mit den politischen Führern zu reden, aber es hat nichts genützt. Da waren schon eine ganze Reihe brutaler Morde passiert, da waren Leute einfach abgeschossen worden wie Hasen, wenn sie nicht freiwillig ihr Land verlassen haben. Eines Tages ist dann dem Bischof der Kragen geplatzt und er hat die Exkommunikation ausgesprochen. – Aber hatten diese Leute sich nicht eigentlich längst selbst ausgeschlossen, indem sie so an ihren Mitmenschen gehandelt haben? So dürfen Christen nicht handeln, wenn sie nicht selber außerhalb der Gemeinschaft stehen wollen.

Bei uns in Altamira gab es ja auch einen solchen Fall. Da gab es einen Großgrundbesitzer, der schon sehr viel Land aufgekauft oder auch einfach besetzt hatte, aber sein Land war noch geteilt, weil mitten drin einige Familien auf ihrem Grund und Boden lebten. Das wollte er ändern. Zuerst bot er ihnen Geld an. Natürlich einen Spottpreis. Die Leute gingen auf sein Angebot nicht ein, weil sie genau wußten, daß sie um den ihnen gebotenen Betrag nirgendwo ein neues Stück Land würden kaufen können. Als das nicht klappte, ließ er sein Vieh auf ihre Felder treiben, wobei die Ernte fast zur Gänze vernichtet wurde. Als auch das nicht den gewünschten Erfolg brachte, schickte er seine Pistoleiros, die die Bauern angeschossen und zum Teil schwer verletzt haben.

Wir haben die Geschichte sofort publiziert und entsprechend scharf kommentiert. Das wurde an allen Kirchentüren angeschlagen und an alle Gemeinden verschickt. Er hat sich natürlich ungeheuer aufgeregt und wollte mich sprechen. Wir vereinbarten einen Termin an einem neutralen Ort, das heißt wir trafen uns in einem Lokal. Ich habe einen Mitbruder mitgenommen, weil ich einen Ohrenzeugen haben wollte, damit er mir nicht das Wort im Mund verdrehen konnte. Wir redeten fast eine Stunde miteinander. Das erstaunliche war, er gab sich gar nicht zornig, sondern spielte den Enttäuschten und Unverstandenen. Wie ihm denn sein Bischof so etwas habe antun können, ausgerechnet ihm, der sich immer als so guter und treuer Katholik erwiesen habe. Er gehe jeden Sonntag zur Messe. Seine Frau sei bei einigen caritativen

Vereinigungen. Er habe sich doch auch bei allen Kirchenfesten immer großzügig gezeigt und einmal sogar zwei Rinder gespendet und außerdem bete er immer, er bete auch für mich. – Ich hab mich dafür bedankt. – Und dann betonte er immer wieder, daß er ein gutes Gewissen habe und mit seinem Herrgott völlig ›im Reinen‹ sei. – Ich habe ihn dann gefragt, wie er denn diesen brutalen Angriff auf wehrlose Leute, auf Familienväter mit seinem so hochgerühmten Glauben und seinem so sensiblen Gewissen vereinbaren könne. Und da hat er mir dann gesagt, daß das nichts miteinander zu tun habe. Seiner Christenpflicht sei er in allem nachgekommen, und das andere sei nichts als Geschäft.

Ich habe gemerkt: das sind einfach zwei Welten! Er fand nichts dabei, daß er diese armen Bauern von ihrem – nicht von seinem – von ihrem Land, ihrem Grund und Boden mit Gewalt vertreiben wollte. Und ich, als Bischof, sagte er dann noch, sollte mich da heraushalten, denn ich verstünde nichts vom Geschäft, ich sei eben kein Fazendeiro und wisse nicht, daß sich Rinder vermehren und größere Herden mehr Land brauchen.

Da wird das Gespräch schwierig, ein Dialog so gut wie unmöglich. Da geht es um zwei völlig verschiedene Botschaften. Seine Botschaft heißt Reichtum, Rinderherden, Ausweitung des Besitzes, Gier nach immer mehr, und meine Botschaft ist das Evangelium, das ich zu verkünden und zu leben suche, das steht eben auf der Seite der Armen, auf der Seite Jesu Christi, der gesagt hat: ›Ich bin gekommen, daß sie das Leben haben und daß sie es in Fülle haben‹. Ich spreche von einem Evangelium, das das Leben fördert, das befreiend wirkt, und bei ihm steht halt das Rind, die Macht und der Reichtum im Zentrum. Da wird es schwierig. Wir sprechen zwei verschiedene Sprachen.

D.B.: Aber es ist wahrscheinlich auch für diese Leute nicht ganz einfach; die Kirche, gerade hier in Lateinamerika, ist immer auf der Seite der Reichen und Mächtigen gestanden, und wie soll der gute Mann dann verstehen, daß das heute nicht mehr so ist?

D.E.: Das ist richtig, und der hält sich ja, wie ich erzählte, für tief religiös und sagt selber: ohne Religion kann ein Mensch nicht leben. Aber das ist halt einfach diese Berieselung, die man da am Sonntag über sich ergehen läßt. Man hört ein schönes Lied, schöne Texte, eine erbauliche Predigt. Man betet vielleicht sogar, wobei ich mir nur schwer vorstellen kann, wie ein solcher Mensch betet, der an anderen schuldig geworden ist, Blut vergossen hat. Aber so einer steckt das vermutlich ganz leicht weg, läßt sich erbauen und geht dann zu seinem üppigen Mittagsmahl im Kreise der Familie.

Glaube, das muß doch etwas Lebendiges sein, etwas, das mich inspiriert, das mein ganzes Leben durchwirkt.

D.B.: Hat sich die Kirche hier nicht selber schuldig gemacht?

D.E.: Natürlich, seit die Missionierung hier begonnen hat, hat die Kirche, haben die Amtsträger immer am selben Strick mit den Reichen gezogen. Ich weiß ja, wie das früher auch hier in der Prälatur gelaufen ist. Man ist als Priester in den Häusern der Großgrundbesitzer abgestiegen und hat sich großzügig bewirten lassen. Dann hat man das Volk holen lassen, um die notwendig gewordenen Sakramente zu spenden. Jetzt gehen wir schon lang nicht mehr in diese Häuser, in denen es natürlich viel angenehmer und bequemer wäre. Es ist uns lieber, in einer Hütte oder auch unter einem Baum mit der Gemeinde zusammenzukommen. Wenn einer von denen kommen will, dann ist er gerne gesehen. Einige kommen ja auch, und da und dort ist auch schon Bekehrung geschehen.

D.B.: Im Evangelium wird ja immer wieder ganz deutlich und mit Nachdruck auf die Unvereinbarkeit Gottes mit dem Mammon hingewiesen. Der Sünderin wird vergeben, aber von dem, der dem Mammon verfallen ist, wird gesagt, daß er Gott nicht dienen kann. – Warum haben wir eigentlich bis heute diesen Akzent der Ausschließlichkeit nicht begriffen und krampfen uns noch immer an den moralischen Fragen fest? Kommt das vielleicht doch daher, daß der Kirche schon sehr früh der ›Sündenfall mit der Macht‹ passiert ist, sie also nicht mehr gegen ihre ureigenen materiellen Interessen predigen konnte?

D.E.: Auch mir fällt es sehr schwer, das zu begreifen. An sich ist die Sache ja von Anfang an klar. Es gibt im Grunde weder die Option für die Armen, noch die jahrhundertelang gepflogene Option für die Reichen, sondern nur die Option für das Evangelium. Ich kann doch im Grund gar nicht sagen: Ich wähle jetzt aus, ob ich mich zu Herodes, Pilatus und den Hohenpriester stelle oder auf die Seite des Blinden, des Gelähmten, des armen Lazarus, auf die Seite des Volkes, von dem Jesu gesagt hat: Mich erbarmt dieses Volkes. Es gibt keine Wahl. Die Entscheidung ist längst im fleischgewordenen Wort gefallen. Mit Pilatus und den Hohenpriestern hat Jesus erst zu tun bekommen, als sie ihn gefangengenommen haben, vorher nicht. O ja, er ist zu einigen Reichen gegangen, zu Zachäus, zu Simon. Aber warum ist er zu ihnen gegangen? Er wollte ihnen sagen, daß sie sich bekehren müssen. Und einige haben sich bekehrt. – Darum geht es. Es geht um Bekehrung, um die Besinnung auf das Evangelium und auf das, was Jesus selber getan hat.

D.B.: Ich habe gestern in einem Aufsatz eines indischen katholischen Theologen den Satz gefunden: »Aufgezwungene Armut ist die Frucht der Sünde. Freiwillige Armut ist die Saat der Befreiung.«

D.E.: Das ist sehr treffend formuliert. Natürlich ist es Sünde, wenn ich Menschen arm mache und sie unterdrücke. Wenn sich aber einer, ob nun bewußt oder unbewußt, im Namen Jesu auf die Seite der Armen stellt, ist das befreiend, denn das kann man ja nicht, ohne auch in gewisser Beziehung Verzicht zu leisten. Ich meine, wir sind immer in einer gewissen Distanz zu den Armen. Wir werden nie so arm sein wie sie, das ist unmöglich.

Ich erinnere mich oft an Erzbischof Oscar Romero. Er hat sein Leben bis zuletzt in den Dienst der Armen gestellt und ist dafür ermordet worden. Sein Tod machte Schlagzeilen in der ganzen Welt. Von den 40 Leuten aber, die bei seiner Beerdigung erschossen worden sind, weiß man nicht einmal die Namen. Die Ermordung von Chico Mendes, der vom einfachen Gummisammler zu d e m Kämpfer gegen die Vernichtung des Regenwaldes, zu einem charismatischen Führer seines Volkes geworden ist, hat in der ganzen Welt Empörung ausgelöst. Von den vielen namenlosen Gummisammlern, die bei der brutalen Landnahme durch die Fazendeiros und multinationalen Konzerne ihr Leben lassen mußten, redet keiner. Das alles sind die anonymen Märtyrer, deren Blut die Erde Brasiliens heiligt. Der Unterschied reicht über den Tod hinaus. Wir sind ausgebildet, wir haben studiert, diese Leute haben oft nicht einmal die Chance, vier Volksschulklassen zu absolvieren, können oft nicht einmal lesen und schreiben. Schon unser Wissen schafft Distanz.

Aber es geht eben darum, unser Wissen, unser Können in ihren Dienst zustellen und nicht als Besitz anzusehen, den ich nütze, um meine Position zu verbessern oder mein Bankkonto aufzufetten. – Wenn wir zum Beispiel hier in der Prälatur gewisse Strukturen eingeführt haben, Schulen, ein Bildungszentrum und vieles andere, dann nicht, um unseren Besitz zu mehren, sondern um diesen Menschen etwas zur Verfügung zu stellen, das ihnen hilft. Wenn wir Land besessen haben, so war es nicht, um durch Grundstücksspekulationen viel Geld zu machen – diese Möglichkeit hätten wir gehabt –, sondern um es für die Armen nutzbar zu machen. Das alles gehört nicht der Prälatur, nicht dem Bischof, sondern den Menschen hier.

Besitz als solcher ist keine Sünde, aber es kommt darauf an, wie man ihn bekommt und wie man ihn nützt.

D.B.: Da sind noch die anderen Seligpreisungen, die die Handschrift Jesu tragen und so etwas wie ein Regierungsprogramm für eine andere, mitmenschlichere Form menschlichen Zusammenlebens sein könnten. Er sagt auch: Selig sind die Trauernden, denn sie werden getröstet werden.

D.E.: Dabei kann es um persönliche, aber natürlich auch um die gemeinsame Trauer eines Volkes gehen, das sich ohnmächtig fühlt vor dem Giganten einer Struktur, die für die Armut verantwortlich ist. Die persönliche Trauer spüren wir hier oft und spüren auch, daß die Ursachen dieser Trauer oft gemacht sind: Wenn Kinder sterben, weil sie nicht ausreichend ernährt werden konnten, weil sie einer Masernepidemie ohne Medikamente hilflos ausgeliefert sind, dann ist die Ursache für all die Trauer im System zu suchen, dort wo das Geld, das für all das vorhanden wäre, in die Taschen einiger weniger fließt. Wenn eine junge Mutter bei der Geburt ihres dritten Kindes stirbt, weil sie so geschwächt ist, daß die Wehen aussetzen und der Arzt ohnmächtig daneben steht, weil er das Medikament, das er jetzt, in diesem Augenblick bräuchte, nicht zur Hand hat, dann trägt das System die Schuld. – Und ich bin neben dieser jungen Frau und neben diesem Arzt gestanden. Er hat geweint. Tränen des Zorns und der Hilflosigkeit hat er geweint, und mein Herz hat sich zusammengekrampft. Ich hätte am liebsten geschrien. Schmerz und Trauer ob unserer Ohnmacht.

Auf der anderen Seite spüren wir auch immer wieder die Zusage: »... denn sie werden getröstet werden«, dann, wenn aus solcher Trauer Gemeinschaft, Solidarität entsteht. Da war doch diese Geschichte mit den angeschossenen Bauern in Altamira. Ich habe schon erzählt, daß einige schwer verletzt worden sind.

Sie mußten ins Spital eingeliefert und operiert werden. Als sie im Zimmer aus der Narkose erwachten, sagte einer von ihnen: »Was glaubt ihr, auf welcher Seite steht Gott? – Ich bin jetzt sicherer denn je, daß er auf unserer Seite steht, sonst wären wir jetzt alle tot.« – In einer solchen Situation der Bedrohung und des Schmerzes hatte dieser Mann noch entdeckt, daß Gott auf seiner Seite steht.

D.B.: Und er sagt: Selig, die keine Gewalt anwenden, denn sie werden das Land erben.

D.E.: Unser Auftrag ist und bleibt es, die Rechte des Volkes ohne Gewaltanwendung zu verteidigen. Mit Waffen kann man weder das Leben noch das Recht auf Leben verteidigen, weil das immer tiefer in den Abgrund der Gewalt führen würde und in der brasilianischen Gesellschaft auch führt. Tausende und Abertausende Menschenleben kostete der blutige Kampf um das Land in den letzten Jahren. Nur die, die ausharren, die in Geduld und Beharrlichkeit um ihre Rechte ringen, werden letztlich die wahren Erben sein.

D.B.: Und er sagt: Selig, die hungern und dürsten nach der Gerechtigkeit, denn sie werden satt werden.

D.E.: Der Hunger nach Gerechtigkeit ist jene Kraft, die unsere Menschen hier erfüllt und trotz allem weitergehen läßt. Diese Menschen, die Siedler, die kleinen Bauern, die Landarbeiter, die Indianer, die wissen auch, wie dieser Hunger schmerzt, denn sie erfahren die Unrechtssituation, in die sie gezwungen sind, jeden Tag am eigenen Leib. Sie sind die in Wahrheit Dürstenden.

Aus dieser Unrechtssituation heraus aber spüren sie auch die Impulskraft des Evangeliums. Hier wird ja nicht um irgendeine anonyme Gerechtigkeit gekämpft, sondern um die Gerechtigkeit, die Gott selber ist, die Gott selber den Menschen zugesagt hat.

Einmal hat einer unserer Leute gesagt: »Wir haben zwar alle Schlachten verloren, aber wir werden den Krieg gewinnen.« – Sie wissen, daß letztlich Gott stärker ist als alle Mächtigen zusammen.

D.B.: Und er sagt: Selig die Barmherzigen, denn sie werden Erbarmen finden.

D.E.: Was heißt eigentlich Barmherzigkeit? – In meinen Augen heißt Barmherzigkeit: Mit-Leiden-Können. Es geht hier nicht um ein Mitleid von oben herab: ›Du armer Hascher.‹ Es geht um ein

Eingehen auf diese Menschen, ein Mit-ihnen-Leiden, selber zu spüren, wie es ihnen geht. Damals haben mir die Leute gesagt: »Geh hinaus, damit du am eigenen Leib erfährst, was wir leiden.« – Ich habe es erfahren. Ich weiß auch, daß es mir nicht immer gelingt, aber ich spüre, daß dieses Mit-Leiden wichtiger ist als alle noch so gut gemeinten Worte. Es schafft erst eine innere Beziehung, die trösten kann.

Auch Gott hat mit-gelitten. Darum ist er Mensch geworden und hat für uns alle gelitten, hat unser Schicksal auf sich genommen. Er hat sich seines Volkes erbarmt, und der letzte, der höchste Ausdruck seines Erbarmens ist es, daß er für uns gestorben ist, daß er in jedem dieser Armen immer wieder für uns stirbt. – Das haben die Menschen hier verstanden, und darum können sie auch wirklich barmherzig sein.

D.B.: Und er sagt: Selig, die ein reines Herz haben, denn sie werden Gott schauen.

D.E.: Ich kann nicht sagen, daß diese Leute hier frei von Sünden sind, keineswegs. Aber wie oft sehe ich hier Menschen, einen Vater, eine Mutter, von denen ich überzeugt bin, daß sie sofort heiliggesprochen werden könnten. Sie sind wirklich rein in ihrem Herzen, so ganz ohne Falsch und Dunkelheit, sie wollen einfach das Gute, ganz selbstverständlich, das Gute für ihre Familien, für ihre Gemeinde.

Ich sehe hier oft Beispielhaftes, wie das Engagement, der wirklich totale Einsatz für die anderen aus einem unglaublich strahlenden, reinen Herzen kommt. Oft kann ich nur danken, daß ich solchen Menschen begegnen darf. Das ist sicher die Gnade, die oft gerade in den Herzen der Armen wirksam ist.

D.B.: Und er sagt: Selig, die Frieden stiften, denn sie werden Söhne und Töchter Gottes genannt werden.

D.E.: Frieden hier wird nur möglich sein, wenn gerechte Strukturen geschaffen sein werden. Und wenn diese Menschen sich hier in Landarbeitergewerkschaften oder auch zu kleinen politischen Gruppierungen zusammenschließen, dann sind das ihre Versuche, nicht nur Frieden zu stiften, sondern den Frieden zu tun, indem sie auf der Basis des Evangeliums ein wenig mehr Gerechtigkeit möglich machen.

D.B.: Und er sagt weiter: Selig, die um der Gerechtigkeit willen verfolgt werden, denn ihnen gehört das Himmelreich.

D.E.: Das erleben wir in allen Dimensionen. Alle, die sich hier für das Recht einsetzen, werden verfolgt. Ich erinnere mich nur an Dom Luciano Mendes de Almeida, den Präsidenten der Brasilianischen Bischofskonferenz, der mir damals, als die Diffamierungskampagne gegen den Indianermissionsrat und meine Person ihren Höhepunkt erreicht hatte, gesagt hat: »Es gibt acht Seligkeiten. Sieben davon kannst du selber leben. Für die achte brauchst du die anderen, die, die dich verfolgen. Sei also dankbar für die Chance, denn es zeigt dir, daß du auf dem rechten Weg bist, auf der richtigen Seite stehst.«

Möglichkeiten werden uns in diesem Zusammenhang genug geboten, mehr als genug. Es ist nicht leicht, damit zu leben, denn man hat Angst, man will ja leben. Vielleicht ist das die furchtbarste der Seligkeiten, denn sie verlangt die letzte Entscheidung, die Entscheidung gegen die eigene Angst, den eigenen Lebenswillen, in der fraglosen Ganzhingabe an den Willen des Herrn.

D.B.: Und darum sagt er wohl verstärkend: Selig seid ihr, wenn ihr um meinetwillen beschimpft und verfolgt und auf alle mögliche Weise verleumdet werdet. Freut euch und jubelt, euer Lohn wird groß sein im Himmel, denn so wurden vor euch die Propheten verfolgt.

D.E.: Jesus bringt das in den Zusammenhang mit der ganzen Heilsgeschichte. Verfolgung als immerwährende Realität der Heilsgeschichte. Propheten sind für die Mächtigen, für die, die von der Aufrechterhaltung des Status quo einer Gesellschaft profitieren, schon immer ein Ärgernis gewesen. Sie wurden bekämpft, wurden lächerlich gemacht, wurden verspottet und verleumdet. Das ist nichts Neues.

Ich glaube, daß Jesus uns ermutigen will, damit wir uns nicht kleinkriegen lassen, weil das einfach zu unserem Schicksal dazugehört. Die Geschichte Lateinamerikas zeigt das deutlich. Wieviele einfache Menschen, die sich für die anderen eingesetzt haben, wieviele Priester und Schwestern sind hier verleumdet und verfolgt worden, haben ihren Einsatz mit dem Leben bezahlt. Aber gerade solche Akte der Gewalt haben immer wieder neuen Enthusiasmus bewirkt. Der Tod eines Propheten ist immer schon fruchtbar gewesen. Wenn einer fällt, stehen zehn, stehen hundert auf. Damit rechnen die Verleumder, die Mörder so selten.

Es geht ja um mehr als nur einen persönlichen Einsatz. Es geht um die Sache Christi, um die Verwirklichung des Evangeliums, und das trägt Früchte. Ich diene Gott in dieser Sache, in diesen Menschen, ich setze mein Leben für diese Menschen ein, weil Christus sich mit ihnen identifiziert. Dadurch wird das Leben über den Tod hinaus fruchtbar – wie das Weizenkorn.

D.B.: Und als er geendet hatte, sagten die Leute: Er spricht wie einer, der Macht hat, und nicht wie die Schriftgelehrten.

D.E.: Diese Macht Christi und seiner Botschaft ist der Dienst an diesem seinem Volk und wird auch das Angesicht dieser verhärteten Strukturen verändern. Einer, der Jesus nachfolgen will, kann sich nicht darauf beschränken, zu predigen und einfach Seine Worte zu wiederholen, sondern er muß die Worte, die die Liebe sind, leben. Man spricht heute viel von Solidarität. Der Papst nennt sie eine christliche Tugend. Solidarität ist mehr als eine Tugend, sie ist die Radikalität einer Liebe, die keine Grenzen und keine Einschränkungen, keine Bedingungen zuläßt, sondern in Ihrem Einsatz bis dorthin geht, wo so viele unserer Schwestern und Brüder ihr Blut vergossen haben.

Es ist spät geworden. Der Lärm von nebenan ist abgeebbt, das Fest verklungen. Die Leute aus Gurupá kehren in ihre Häuser, die meisten in ihre armseligen Hütten zurück. Jene aus den anderen Gemeinden werden vielleicht jetzt noch oder morgen bei Tagesanbruch in ihren Booten flußauf- oder abwärts fahren. Sie alle werden in die harte Realität ihres Alltags zurückkehren müssen, aber der gemeinsam geträumte Hoffnungs-Traum wird mit ihnen sein, das gemeinsame Feiern sie stärken, das Umeinander-Wissen ihnen neuen Mut geben.

Padre Julio stößt schwitzend und erschöpft zu uns und läßt sich in einen der Korbsessel fallen. Seinen Erzählungen zufolge war es ein schöner, ein geglückter Abend gewesen. Dann hievt er sich wieder hoch und kommt mit einer Flasche Bier aus dem Kühlschrank und einem Zettel zurück – das bischöfliche Programm für morgen: Messe, eine Sitzung mit Gemeindevertretern und den Leuten von der Landarbeitergewerkschaft, ein Treffen mit den

Lehrern, zu Mittag kommt der neue Arzt, am Nachmittag eine ganze Liste von Einzelgesprächen, Leute, die Hilfe und Rat suchen, und für den Abend noch ein Treffen mit den Vertretern der neun städtischen Basisgemeinden. – Das wird also wieder ein randvoller Tag, nach dem die Pastoralreise dann erst richtig losgehen wird, flußab-flußauf, zu den Inseln und diversen Nebenflüssen, von Pfarrsektor zu Pfarrsektor – zu den Menschen hin.

VII

Wir sind das Volk einer Nation.
Wir sind das Volk Gottes.
Wir wollen Land auf Erden,
im Himmel haben wir es schon.

Bischof Dom Pedro Casaldáliga

DIE ZEITBOMBE ARMUT

Die Gespräche mit den Leuten von der Landarbeitergewerkschaft und den vier Vertretern der Basisgemeinden, die bei den letzten Wahlen im November 1988 in den Gemeinderat von Gurupá gewählt worden sind, geben mir Einblick sowohl in die zentralen Probleme, mit denen die Menschen hier am Fluß zu kämpfen haben, aber auch ein wenig in ihre Denk- und Arbeitsweise. Die eine Frau unter den Neo-Politikern berichtet ganz offen von ihren Schwierigkeiten. Man muß bedenken, daß ihre Schulbildung sich auf vier Klassen Volksschule beschränkt. Alles, was sie sich an zusätzlichem Wissen erworben hat, kommt aus der intensiven Mitarbeit in ihrer Basisgemeinde. Jetzt aber muß sie plötzlich die Verfassung, die Gesetze studieren, muß in wirtschaftlichen, sozialen und politischen Fragen kompetent werden.

Bis vor ein paar Jahren galt noch die Maxime: Polik ist nur etwas für die Reichen und für jene, die studiert haben, für die »doutores«, wie man sie hier nennt. – Aber jetzt beginnen sich die Kleinen einzumischen, und dafür müssen sie gerüstet sein. Ich erfahre, daß sie sich in diesen wenigen Monaten auch schon ganz ordentlich eingemischt haben. Bei ihrem Amtsantritt haben sie festgestellt, daß der Gemeinderat nicht einmal eine Geschäftsordnung hatte. Jetzt gibt es eine, das haben sie durchgesetzt.

Ein anderes Problem taucht auf: Sie haben jetzt durch die Mehrfachbelastung einfach nicht mehr soviel Zeit für die Arbeit in den Basisgemeinden, und das erzeugt, so erzählen die vier übereinstimmend, böses Blut bei den anderen. Dom Erwin zeigt Verständnis für diese zwiespältige Lage, weist sie aber doch darauf hin, daß es ganz wichtig sei, den Kontakt zu den eigenen Leuten, zur eigenen Basis nicht zu verlieren. »Wenn ihr den Geruch des Volkes aus der Nase verliert, so hat dies fatale Folgen, dann werdet ihr so wie die anderen auch«, warnt er sie.

Sie sprechen von den Problemen der Jugend. Sie sagen, daß junge Menschen hier überhaupt keine Zukunft haben. Nach vier Klassen Volksschule ist die Chance auf Ausbildung zu Ende. Die armen Familien haben keine Möglichkeit, ihre Kinder anderswohin zur Schule zu schicken. Auch für eine handwerkliche Ausbildung gibt es keine Möglichkeiten, die Sägewerksbetriebe und Tischlereien, die es hier gegeben hat, sind längst geschlossen, seit das Holz nur noch in Stämmen verkäuflich ist, und sonst gibt es nichts. Arbeitsplätze sind Mangelware.

Also müssen die jungen Leute weg, einfach irgendwo in einer Stadt, in Altamira, in Belém oder im Süden ihr Glück versuchen. Jeder weiß, wie und wo das endet. Die, die hierbleiben, verzweifeln, greifen zum Alkohol oder zu den auch hier schon gehandelten Drogen.

Ich erfahre auch, daß die Bevölkerung von Gurupá in den letzten Jahren trotz des hier üblichen Kinderreichtums nicht mehr angewachsen ist. Kein Wunder, wenn es keine Überlebenschancen gibt.

Die Gewerkschafter berichten von immer neuen Fällen, wo die kleinen Bauern in der Gemeinde von den expandierenden Fazendeiros mit starkem Druck oder auch mit Gewalt von ihrem Land vertrieben werden. »Das nimmt nur nicht kein Ende, sondern wird immer schlimmer«, klagen sie. Es wird besprochen, ob die Prälatur nicht einen Rechtsbeistand für die kleinen Leute organisieren könnte, denn sehr oft unterliegen diese armen Teufel schon alleine deswegen, weil sie ihre und die Rechte der anderen überhaupt nicht kennen. Gerade letztes Monat, erzählen sie, sind wieder zwei Familien vertrieben worden. Bei Nacht und Nebel mußten sie ihre paar Habseligkeiten packen und weglaufen, weil die Leute des Großgrundbesitzers ihnen gedroht hatten, am Morgen ihre Hütten anzustecken, wenn man sie noch vorfinden sollte. Ein paar Tage sind sie dann noch bei Verwandten hier in der Stadt untergekommen und dann mit dem Schiff in Richtung Belém gefahren, in der vagen Hoffnung, dort Arbeit und eine Lebensmöglichkeit zu finden.

In diesem Ton geht es so an die zwei Stunden weiter. Eine Kette von Tragödien.

Zu Mittag beginnt es wieder zu regnen. Da ich die persönlichen Gespräche zwischen dem Bischof und den einzelnen Hilfesuchenden nicht stören will, setze ich mich auf die überdachte Terrasse, höre dem Plätschern zu und lese in dem Buch über Kardinal Arns weiter. In einer Gastvorlesung an der Universität Münster im Jänner 1983 hat Dom Paulo Evaristo Arns, seit 1971 Erzbischof von São Paulo, den Faden des Elends dort weitergesponnen, wo die Leute am Vormittag mit ihren Schilderungen immer endeten: »... und dann sind sie weggefahren, in der vagen Hoffnung, dort Arbeit und eine Lebensmöglichkeit zu finden.«

Kardinal Arns in Münster: *Papst Johannes XXIII. sagte seinerzeit bei einem Treffen der brasilianischen Bischöfe in Rom während des Konzils: »Ihr werdet eine Periode erleben, in der die Menschen vom Land alle in die Stadt wollen. Dann müßt ihr eine organisierte Kirche werden. Ihr dürft nicht einfach weiterleben wie bisher, denn ihr habt sehr wenige Priester und sehr wenig Leute mit ausreichenden Kenntnissen.« – Und dann hat er uns vorgeschlagen, eine ganz einfache Strategie anzuwenden. Zuerst Solidarität, also Liebe, dann Glauben und Religion zusammen, also Glaube und Kult als Einheit.*

Diese Strategie fand ihre Anwendung in Kommunitätszentren, und zwar gerade dort, wo sich die Leute vom Lande, die Ärmsten und Allerärmsten von ganz Brasilien ansiedeln. Sie, die in die Großstadt ziehen, ein neues Leben anzufangen, sind oft von ihrem Land vertrieben worden. Sie kommen also in die Stadt, ohne eigentlich hier sein zu wollen. Sie kommen ohne Ausbildung für die Arbeit in der Stadt und ohne jede Vorbereitung auf das Stadtleben.

Zwei Seiten weiter lese ich zum auslösenden Faktor dieses dramatischen Problems, das innerhalb Brasiliens zu einer wahren Völkerwanderung geführt hat und noch immer führt:

Die wichtigste Aufgabe für die Zukunft Brasiliens und Lateinamerikas ist die Lösung der Konflikte um Grund und Boden. Wir haben heute etwa 1000 Regionen in Brasilien, in denen es solche Konflikte gibt. Das heißt, daß Menschen, die dort 10, 20, 100 oder auch 200 Jahre gearbeitet haben, einfach vertrieben werden, wenn große Firmen das Land haben wollen.

Es ist sehr gutes und fruchtbares Land. Wir haben kaltes Klima, aber auch heißes, fast vom Südpol bis über den Amazonas hinweg. Wir könnten soviel produzieren, daß das ganze Volk davon leben könnte, und wir würden noch exportieren in wer weiß wieviele Länder. Aber wir können das nicht, wenn all diese kleinen Leute hinausgeworfen werden und dann am Stadtrand leben und nicht einmal das Geld haben, um sich etwas zu Essen zu kaufen. Deswegen kommt es zu Konflikten, bei denen Bischöfe, Priester und andere Pastoralträger für das Volk eintreten. Immer wieder werden unsere Leute deswegen verfolgt, gefangengenommen und auch gefoltert und getötet.

Ich möchte nur noch auf zwei Worte aufmerksam machen, die in letzter Zeit gesprochen oder geschrieben worden sind. Das erste ist ein Wort des Heiligen Vaters. Er sprach über den Hunger in der Welt und hat gesagt, daß die Welt die Möglichkeit hat, den Hunger zu besiegen. Als zweites ein Satz aus dem »World Development Report«. Dort heißt es: »In praktisch allen Ländern, wo die autochthone Landwirtschaft bewußt gefördert wurde, ist ein rapider Fortschritt zu verzeichnen.« – In Brasilien würde das heißen: Wir müssen diese Landkonflikte überwinden. Die Leute müssen an Ort und Stelle bleiben und dort arbeiten können. Die Kirche wird sich dafür weiter einsetzen, auch wenn sie wieder verfolgt wird, auch wenn Priester und Laien verhaftet werden.«

Seither sind fast sieben Jahre vergangen, sieben Jahre, in denen Bischöfe und Priester treu an der Seite des Volkes geblieben sind und in ländlichen wie in städtischen Bereichen für die Grundrechte dieser Menschen gekämpft haben, in denen aber auch die Gier der Großen im In- und Ausland noch zugenommen hat, in denen die Reichen reicher und die Armen elender geworden sind.

Die Amerikanerin Penny Leroux schreibt in ihrem Buch: »Cry of the people« (Schrei des Volkes):

Die Eliten sind von quantitativen Zielen so gefangengenommen, daß sie keine Zeit haben, über das Volk nachzudenken. So gibt es zwei Kategorien von Bürgern: Die, die das Geld und die Macht im Staate haben und denen alles Weitere zuwächst, und

die anderen, die es einfach nicht gibt, die in der Wirtschaft und in der Gesellschaft nicht präsent sind. In der Statistik sind sie eine negative Größe.
Diese Worte – und das wird einem in Brasilien auf Schritt und Tritt bewiesen – sind sozusagen der harte Kern der »sündhaften Strukturen«, diese totale Ausgrenzung der anderen, der überwiegenden Mehrheit der Bevölkerung. Alles, was es in Brasilien gibt, der Reichtum, die Schönheit, aber auch die Verfassung, die Gesetze, die lendenlahme Demokratie ist für jene etwa 40 Millionen »Menschen« da, von denen jener Industrielle gesprochen hat, den ich in einem der ersten Abschnitte dieses Buches zitierte, – »die anderen gibt es nicht«, den anderen gehört nichts. Und das ist umso erstaunlicher, als 90 % der Brasilianer, also auch die Reichen, einen katholischen Taufschein haben. Aber wie der Großgrundbesitzer in Altamira gesagt hat: »Das eine ist der Glaube, das andere das Geschäft, das hat nichts miteinander zu tun«, oder wie der Ordensbruder Virgilio Rosa Netto es vor einiger Zeit einmal formuliert hat: »Es ist erstaunlich, wieviele dieser Technokraten ihrer eigenen Erziehung als Christen den Rücken gekehrt haben, um die Religion der internationalen Profitmaximierung anzunehmen.« José Lutzenberger, der inzwischen weltbekannte brasilianische Ökologe aus Porto Alegre, zeichnet es noch schärfer: »Die moderne Industriegesellschaft ist nicht nur eine fanatische Religion, sie ist eine messianische Bewegung. Sie glaubt, sie hat die heilige Pflicht, die gesamte Welt zu ihrer Lebensweise zu bekehren. Sie ist eine messianische Bewegung mit einem missionarischen Eifer, mit einer Überzeugungskraft und mit Belohnungen für ihre Priester, wie es ähnliches in der Vergangenheit nie gegeben hat.«

Welchen Platz sollten in dieser Welt also die Habenichtse an den Ufern des Amazonas und die Elendsgestalten in den Megastädten einnehmen? Sie sind in diesem Sinn nicht »bekehrbar«, weil ihnen alle Voraussetzungen fehlen, also kann man von ihnen abstrahieren.

Bleiben wir einen Augenblick bei den Armen. Die kleinen Bauern an den Flüssen und in den Wäldern und anderen Landesteilen sind arm, aber sie können, solange sie ihr Land in Frieden bebauen, sich als billige Arbeitskräfte bei den Fazendeiros noch ein paar Cruzados dazuverdienen können, überleben.

Bei einem Großteil der Arbeiter wird das schon schwieriger, denn 65 % verdienen maximal einen der gesetzlich fixierten Mindestlöhne, und das sind heute etwa 600 Schilling, morgen vielleicht schon weniger. Von 600 Schilling bei davongaloppierenden Preisen mit Familie zu überleben, ist aber unmöglich. Allein zwischen Jänner und Juni 1989 haben die Löhne allgemein 55 % der Kaufkraft eingebüßt. Nur 10 % der Arbeiter verdienen mehr als drei, und nur 1,4 % mehr als zehn Mindestlöhne. Diese Zahlen muß man sich sozusagen auf der Zunge zergehen lassen, vor allem wenn man dann die andere Seite einen Moment lang näher betrachtet.

An einem Beispiel: Im Mai 1989 hat der brasilianische Nationalkongreß unter Rücksichtnahme auf die trotz verkündetem Preisstop ins Uferlose steigenden Preise eine Diätenerhöhung für die Abgeordneten durchgesetzt, die in weiten Bevölkerungskreisen als »zynisch«, ja »kriminell« bezeichnet wurde. Die 559 Abgeordneten erhalten demnach monatliche Bezüge, die die Mindestlöhne um das Siebenhundertfache übersteigen. Die Spanne zwischen dem ›Salario Minimo‹ und den Abgeordnetendiäten ist in keinem Industrieland der Erde so enorm wie in dem inzwischen achtgrößten Wirtschaftsland der Welt.

Angesichts der Tatsache, daß rund die Hälfte der Brasilianer unter der Armutsgrenze und rund 40 Millionen im absoluten Elend leben, Tag für Tag Menschen an Hunger sterben, ist die Diätenpolitik des Nationalkongresses nur ein weiteres Zeichen für die Menschenverachtung, die zum Stigma der brasilianischen Gesellschaft geworden ist.

Sogar in den Zeitungen wird angeprangert, daß bei den Abgeordneten, von ganz wenigen rühmlichen Ausnahmen abgesehen, keinerlei Sensibilität für diese eklatante Ungerechtigkeit festzustellen sei. Es wird im Gegenteil beklagt, es werde viel zu wenig bezahlt. In manchen Leitartikeln finden sich denn auch Formulierungen wie »Parasitentum«, »skandalöse Demonstration der Unverantwortlichkeit«, »Fehlen jeglicher Ethik« oder »Provokation der gesamten Gesellschaft«.

Die Diätenpolitik des Kongresses wird aber auch von den Parlamenten der Teilstaaten sowie der Städte und Gemeinden übernommen. Dazu schreibt der Korrespondent der »Neuen Zürcher Zeitung« in der Ausgabe vom 30. Mai 1989:

Die Verzerrungen sind oft mehr als absurd. So erhält im Bundesstaat Piaui ein Abgeordneter monatlich so viel wie rund 500 Angestellte zusammen. Die Bevölkerung spricht über Politiker oft als ›Maharadschas‹, denen die Lebensbedingungen der Brasilianer ganz einfach egal seien. Minister gehen mit schlechtem Beispiel voran. Für wenige Tage außerhalb der Hauptstadt an einem der Traumstrände des Landes lassen sie sich über Tausende von Kilometern mit einem Regierungslastwagen die Luxus-Dienstlimousinen nachtransportieren. Flüge zur eigenen Fazenda oder zu privaten Vergnügungen werden fast grundsätzlich auf Staatskosten mit Flugzeugen der Regierung unternommen.

Und dabei müssen die in allem privilegierten Mitglieder der Politikerkaste ja nicht mit ihrem Monatslohn auskommen. Viele von ihnen sind Großindustrielle oder oft auch mit ausländischen Konzernen ›verbandelte‹ Geschäftsleute oder, wie der scheidende Präsident Sarney, Großgrundbesitzer. Sarney kann sich jetzt nach seinem Ausscheiden aus dem Amt auf seine Fazenda in Maranhão zurückziehen, deren Ausmaße etwa der Größe Kärntens entsprechen. Da ist es verständlicherweise schwierig, eine Politik zu betreiben, die Gerechtigkeit schafft, den Hochmut und die Habgier der Reichen zähmt und die Not der Armen lindert.

Im Vergleich zu diesem Maharadschatum der Reichen und Mächtigen in Brasilien, die in einer unheiligen Allianz mit dem internationalen Kapital aus den USA, aus Europa aber auch in wachsendem Maße aus Japan das Land ausbeuten, liest sich ein Bericht von Carl D. Goerdeler aus Rio de Janeiro, den ich in der Ausgabe der »Salzburger Nachrichten« vom 22. August 1989 entdeckt habe, eher makaber: Der Titel dieses Berichtes: »Die Arbeitsbedingungen in vielen Betrieben Brasiliens sind schlicht mörderisch«:

Wer keine Arbeit findet, muß selber sehen, wie er nicht verhungert. Wer Arbeit hat, muß darauf achten, daß er mit heiler Haut davonkommt. Die Arbeitsbedingungen in vielen brasilianischen Betrieben sind schlicht mörderisch. Das jedenfalls belegt die amtliche Statistik über Arbeitsunfälle. Jedes Jahr werden über eine Million Brasilianer Opfer fehlender Sicherungen, defekter Maschinen oder Nachlässigkeiten am Arbeitsplatz. Die Produktionsschlacht unter primitiven Bedingungen ruiniert die

Gesundheit vieler Arbeiter oder verursacht ihren Tod. In den letzten zehn Jahren starben mehr Brasilianer (51.000) an Arbeitsunfällen als Amerikaner im Vietnam-Krieg fielen.

Der Blutzoll ist in Wahrheit sogar noch höher – »wir sehen nur die Spitze des Eisbergs, Unfälle, die gemeldet werden, aber die Anzahl der nichtgemeldeten ist doppelt so hoch«, vermutet Remigio Todeschini, ein Funktionär der Chemie-Gewerkschaft. In vielen brasilianischen Chemie-Großanlagen oder in Hinterhoflabors wird allzu sorglos mit toxischen Substanzen umgegangen, deren Langzeitwirkung sich oft erst dann entfaltet, wenn der Betroffene längst den Arbeitsplatz gewechselt hat.

Das Risiko, mit Umweltgiften in Berührung zu kommen oder sie durch die Nahrung aufzunehmen, ist nicht auf Chemiekombinate beschränkt. Zigtausende Goldgräber und Indianer, die im Amazonasgebiet nach dem Edelmetall wühlen, hantieren bedenkenlos mit dem hochgiftigen Quecksilber – was offiziell verboten ist. Wen kümmert es schon? Wer kontrolliert die Kobaltbomben in den Krankenhäusern? Der Zwischenfall von Goiania, wo sich mehrere Dutzend Personen an medizinischem Strahlenmüll radioaktiv kontaminierten, liegt noch nicht lange zurück, scheint aber total vergessen.

Am gefährlichsten geht es allerdings auf den brasilianischen Baustellen zu. Fast 15 Prozent aller schweren Arbeitsunfälle passieren da. Die schöne, neue brasilianische Verfassung, die wohlklingend soziale Schutz- und Arbeitsschutzrechte proklamiert, bleibt auf dem Papier. Solange Ausführungsgesetze fehlen und mutige Richter, ändert sich daran nichts. Die Parlamentarier befinden sich in Dauerurlaub. Sie stört es offenbar auch kaum, daß immer mehr brasilianische Firmen von ihren weiblichen Angestellten Sterilisationsbescheinigungen verlangen. Der Grund: das brasilianische Grundgesetz sieht einen bezahlten Mutterschaftsurlaub von vier Monaten vor. Da könnte ja jede kommen ...

Die sympathische Arbeitsministerin Dorothea Werneck sieht im Hunger die Hauptursache für die selbst für südamerikanische Verhältnisse skandalöse Arbeitsunfall-Statistik Brasiliens. Sie glaubt, daß bessere Gehälter auch eine bessere Statistik nach sich ziehen würden. Doch erst kürzlich mußte sie eingestehen, daß der nationale Mindestlohn – von dem die meisten Arbeitneh-

mer abhängen – nicht klar festgelegt sei. Die brasilianischen Arbeiter müßten ihren Lohn vor Gericht einklagen.

Im Angesicht der zum Himmel schreienden Ungerechtigkeit sollte man es nicht glauben, aber es gibt sogar in diesem riesigen Bereich der marginalisierten Mehrheit noch Steigerungsstufen. In Nova Iguaçu, der heruntergekommenen Millionenvorstadt von Rio de Janeiro, lebt seit fast drei Jahren ein deutscher Theologe, lehrt an verschiedenen theologischen Fakultäten und arbeitet drei Tage in der Woche in einer der schlimmsten Favelas, die den poetischen Namen »Lilie des Tales« trägt. 50.000 Menschen auf engstem Raum, rechts und links von einem kleinen verdreckten Flüßchen, zusammengepfercht. In dieser Favela steht ein Schlachthof, dessen Abwässer ungeklärt in das Flüßchen gelangen. Der Gestank in Zeiten, wo die Tagestemperaturen nahe der 40-Grad-Marke liegen, ist unbeschreibbar. Wenn in der Regenzeit die Fluten von oben und das von den Stürmen über dem Atlantik hochgedrückte Grundwasser das Flüßchen zu einem reißenden Strom anschwellen lassen, der das Elendsviertel überschwemmt, verteilen sich Blut, Gedärme und stinkende Abfälle gleichmäßig. Prof. Johannes Niggemeier beschreibt die Situation: »Dieses Niederungsgebiet ist berüchtigt wegen der Gewalttätigkeit, die hier herrscht. Wir haben Wochen, in denen es laut Polizeitbericht 164 Mordopfer gibt und auch mehr. An einem Wochenende werden oft 55 bis 60 Menschen umgebracht. In diese Gewalttätigkeiten ist die Polizei mitverwickelt. Regelrechte Todesschwadronen sind hier bekannt. Es sind organisierte Banden, die bezahlt werden. Sie treten mit einem richtigen Programm an: »Wir säubern die Gesellschaft.« Und dann sind die Opfer Straßenkinder, Obdachlose, Favelados. Die Gewalttätigkeit, diese Favelarisierung, die man an der Zahl der Mordopfer ablesen kann, ist aber letztlich nur ein Symptom, ein Erscheinungsbild der tieferen Ursachen einer herrschenden, strukturellen Gewalt in dieser Gesellschaft. Diese Gesellschaft ist brutal – so brutal, daß man es sich gar nicht vorstellen kann.

Das fängt mit dem Müll an, der hier überall auf den Straßen liegt, der auf Gehsteige geworfen wird, die ganz offiziell als ›Müllabladeplatz‹ gekennzeichnet sind. Die Leute können sich überhaupt nicht mehr bewegen, ohne dauernd durch diesen Müll zu gehen. Sie beginnen sich selber wie Abfall zu fühlen, wie Ratten, wie Baratas, auf die man tritt. Es schleicht sich ein Gefühl ein, daß das Leben nichts gilt, daß das Leben in den Bairros der Armen, in den Außenvierteln, nichts wert ist. Dann kommt diese Brutalität in den Verkehrsmitteln, in den Autobussen und in den Zügen hinzu, wo man sich eingepfercht fühlt wie in den Viehwaggons nach Auschwitz. Das ist eine tägliche Tortur, die nicht selten tödlich, oft mit einem Messerstich in den Rücken endet. Ein weiteres Symptom ist diese schreckliche Geldentwertung mit einer Hyperinflation. Offiziell sollte sie gestoppt sein, weil die Preise und Löhne eingefroren worden sind. Die Löhne ja, aber die Preise galoppieren weiter. Das ist für die Leute ein Zeichen: Wir werden ausgeraubt. Wir werden um das betrogen, was unser Leben würdig machen könnte.

Und da erlebe ich einfach, daß ich noch einmal unterscheiden muß, zwischen Armut und Elend. Hier in den Favelas erlebe ich das Elend, die Misere, das nackte Grauen. Und da fällt es mir schwer – ich will nicht sagen, daß es das nicht gibt, was man in Europa so oft hören kann: Die Armen sind doch glücklich, die strahlen so etwas aus, sie sind so gastfreundlich, so freigebig. Sie sorgen sich nicht ängstlich um das Morgen, sondern öffnen sich jetzt, wenn jemand kommt – aber es fällt mir einfach schwer, diese Dimension noch zu sehen. Natürlich gibt es sie, und ich könnte es auch so stehenlassen, wenn ich meine Erfahrungen nur aus dem Milieu der Armut hätte. In diesem Milieu hier, diesem Milieu einer grassierenden Verelendung, spüre ich, daß die Menschen gebrochen sind, gebrochen, kaputt sind – elend sind. Das heißt, sie haben im eigenen Land, in der eigenen Heimat, keine Heimat mehr, leben nicht nur sozial und wirtschaftlich, sondern auch psychisch im Aus-Land. Sie sind entfremdet, haben den Boden unter den Füßen verloren.

Das ist der große Unterschied zu den Leuten im Norden und Nordosten, die den Boden noch unter den Füßen haben, die das Land noch spüren, Natur noch spüren, Nähe noch spüren, Nachbarschaft noch spüren. Hier erlebe ich Menschen, kaputt gemacht im Elend. Da gibt es diese Würde, diesen Stolz schon auch noch, aber das ist so zerbrochen, daß es so lange dauert, mit den Leuten zu dem Erlebnis zu kommen, daß sie diese Würde wirklich haben, daß sie etwas können, daß sie Menschen und nicht Dreck sind wie die streunenden Hunde, wie die Baratas, wie die Ratten, wie der Abfall. – Das ist alles so schlimm, so schrecklich.«

Hier tickt eine Zeitbombe. Aber die Politiker fernab in Brasilia, hinter den gepolsterten Türen ihrer Büros, die Großindustriellen, die Geschäftsleute, die Waffenhändler, die Bergwerksunternehmer, die Zucker-, Kakao-, Gummi-, Soja- und Goldbarone in ihrer Geschäftigkeit, in ihrer Gier nach immer mehr, die Großgrundbesitzer mit ihren Plantagen und Rinderherden, die Herren in ihren weiten Gärten und die Touristen an den Stränden der Copacabana hören das Ticken nicht. Das anwachsende Gewaltpotential für morgen ist schon unterwegs: 36 Millionen Minderjährige sind verwahrlost, sieben Millionen Kinder vegetieren auf den Straßen, schließen sich zu Banden zusammen. Sie, denen Gewalt in so überreichem Maße angetan wird, scheuen sich nicht, auch Gewalt zu üben.

Einer meiner Kollegen, Robert Gerhard, der jetzt einige Jahre als Korrespondent in Brasilien gearbeitet hat, hat Brasilien den Rücken gekehrt. Ich habe ihn noch kurz getroffen, und da sagte er mir: »Ich halte es hier nicht mehr aus. Das Land ist zu kaputt. Wenn man nur einen Funken sozialen Gewissens hat, kann man hier als Privilegierter – und als Ausländer und Korrespondent einer deutschen Rundfunkanstalt ist man privilegiert – einfach nicht leben. Meine ganze Bewunderung gehört hier jenen Menschen in der Kirche, jenen Bischöfen, Priestern, Ordensleuten und Laien, die durch ihre Arbeit und ihren Einsatz immer wieder imstande sind, das Licht des Glaubens, der Hoffnung und der Liebe in diese Trostlosigkeit zu bringen.«

Ich kann mich seiner Meinung nur aus vollem Herzen anschließen, nach dem, was ich in der nur kurzen Zeit dort erlebt und erfahren habe. Umsomehr erfüllt es mich nicht nur mit Trauer, sondern auch mit Zorn, wenn ich dann immer wieder lese, immer wieder höre, daß andere Glieder eben dieser Kirche, eben dieses Volkes Gottes, die Arbeit dieser Männer und Frauen nicht nur kritisieren, sondern sogar verdammen.

Kardinal Arns antwortete vor kurzem auf die Frage, was er denn von der Haltung und den Aktionen gewisser Kreise in Rom halte, kurz und bündig: »Rom kann nur so handeln, weil Rom nicht in Brasilien liegt. Läge Rom in Brasilien, würden die Herren dort unsere Situation hier kennen, würden sie sicherlich auf unserer Seite stehen.«

Bischof Pedro Casaldáliga schrieb einmal in sein Tagebuch: *Der volle Einsatz für Veränderung ist nicht leicht. Das hat die Kirche der Märtyrer in Lateinamerika gelernt. Aber es war immer so, wie Gabriel zu Joseph in Audens »For the time being« sagt: »Jeden Tag den schwierigen Weg zu wollen als wäre er einfach – das ist Glaube.«*

VIII

Denn er rettet den Gebeugten,
der um Hilfe schreit,
den Armen und den, der keinen Helfer hat.
Er erbarmt sich des Gebeugten und Schwachen,
er rettet das Leben der Armen.
Von Unterdrückung und Gewalttat befreit er sie,
ihr Blut ist in seinen Augen kostbar.

Psalm 72, 12-14

VON DER HAND IN DEN MUND

Um etwa 16 Uhr ist es dann soweit. Es gilt, Abschied zu nehmen von Gurupá, dem Zentrum des riesigen, weit verzweigten Pfarrgebietes hier an der nördlichen Grenze der Prälatur Xingu. Wir stapfen mit unseren Habseligkeiten und einem weiteren Passagier, Schwester Terezinha, die Stufen zum Landungssteg hinunter; hinter uns ein ganzer Rattenschwanz von Leuten, die ihrem Bischof Lebewohl sagen wollen. Der Abschied ist ebenso intensiv und lebhaft wie der Willkomm es gewesen ist, noch ein wenig dichter vielleicht, denn da schwingt natürlich wie überall die Frage mit: »Wann wird er wiederkommen? Wird er wiederkommen, denn schließlich lebt er gefährlich?« Freude mit einem Hauch von Melancholie liegt in all dem.

Dom Erwin nimmt die beiden Daumen an die Lippen und stößt den Schrei eines Vogels aus. Später habe ich erfahren, daß es der Schrei eines Nachtvogels, der »Mutter des Mondes« ist – ein eingeübtes Signal zwischen ihm und der Mannschaft des Bootes. Wir hören, wie der Motor angelassen, der Anker gelichtet wird, sehen, wie das weiße Boot sich in Bewegung setzt.

Diesmal ist es nicht die »Terezinha«, sondern die »Livramento«, das Schiff der Pfarre Gurupá. Wir werden gleich zur »zweiten Jungfernfahrt« auslaufen. Damit hat es folgende Bewandtnis: Es war etwa vor zwei Jahren. Eines Morgens war die »Livramento« von ihrem Ankerplatz verschwunden. Helle Aufregung. Es tauchte das Gerücht auf, Padre Julio habe das Schiff in der Nacht selber versenkt. Man wisse ja, daß er seit Jahren Waffen schmuggle, um die Bauern und Landarbeiter für einen bewaffneten Aufstand gegen die Großgrundbesitzer aufzurüsten. Jetzt sei ihm der Boden halt zu heiß geworden, und er habe das Schiff verschwinden lassen. Es war ein ungeheurer Wirbel, der sich wie ein Lauffeuer im ganzen Pfarrgebiet verbreitete. Bei solchen Anschuldigungen ist das leicht vorstellbar.

Die sofort von den Leuten selber eingeleitete Suche nach dem abhandengekommenen Schiff blieb ohne Erfolg. Irgendwann legten sich die Gerüchte dann wieder, aber die Leute gaben nicht auf. Nach sage und schreibe eineinhalb Jahren wurden sie einige Kilometer unterhalb von Gurupá tatsächlich fündig. Die »Livramento« steckte in einer Tiefe von etwa 20 Metern im Schlamm am Grunde des Amazonas.

Die Bauern, Fischer und Holzfäller dieser Gegend sind ja Kinder des Flusses und entsprechend versiert und findig. Sie besorgten sich 40 leere Ölfässer, borgten sich Tauchanzüge und Tauchgerät und brachten die Fässer rundherum an der »Livramento« an. Dann wurde Luft in die Fässer gepumpt, und langsam hob sich das Schiff tatsächlich aus dem Schlamm. Es sah entsprechend erbärmlich aus. Mit einigen anderen Schiffen wurde das angeschlagene Wrack ans Ufer gebracht und vorerst einmal sofort durchsucht. Natürlich keine Spur von Waffen, aber etwas anderes war zu entdecken: vier säuberlich gebohrte Löcher etwa in der Größe einer Fünf-Schilling-Münze in zwei Planken der rechten Seite des Schiffsrumpfes. – So war das also. Offenkundig hatten die Handlanger der Fazendeiros bei Nacht die Löcher gebohrt und das Schiff dann einfach losgemacht. Der Fluß nahm es mit, während es langsam vollief und dann eben sank.

Empörung über diese brutalen Methoden der Gegner, die natürlich – abgesehen von den Gerüchten, die da in Umlauf gesetzt worden waren – wußten, welche Probleme das für die Arbeit des Pfarrers mit sich bringen würde. Es ist ja in solch armen Gegenden nicht so, daß man da gleich hingeht und ein neues Schiff bestellt. Aber in die Empörung über diese Entdeckung mischte sich doch auch der Stolz, das Schiff gefunden und gehoben zu haben, und die Freude darüber, daß Padre Julio jetzt wieder regelmäßig zu den Gemeinden würde kommen können. – Alle diese Gefühle investierten die Leute in der Folge in die Reparatur und perfekte Restaurierung der »Livramento«. Dieser Name wurde einmal mehr zum Ausdruck der Befreiung.

Und jetzt, aus der Nähe betrachtet: es ist ein schmuckes Schiff, in das wir nun einsteigen. Weiß gestrichen, die Buchstaben des Namens links und rechts über dem Rumpf in leuchtendem Gelb, Rot, Grün und Schwarz gemalt. Vorne am Bug ein kleines Führerhaus, ein kurzer Mast und die Segelstange zeigen, daß es früher einmal auch imstande war, unter dem Wind zu liegen, und am Heck ein etwas klobiger, kastenförmiger Aufbau: die Kajüte. Dort ist alles in einem: eine winzige Kochnische, eine Abwasch, Mini-Toilette und Mini-Duschraum. Klein, aber alles ist da, und ein relativ geräumiger Aufenthaltsraum, der mit genügend Platz für vier Hängematten auch als Schlafraum dienen würde und in dem als einzige Sitzgelegenheiten jene zwei mit

Die »Livramento«

grünen Plastikschnüren bespannten Stahlrohrsessel stehen, die mit dem Schiff so lange im Schlamm gesteckt hatten. Entsprechend verrostet präsentierte sich das Gestänge.

Antonio, ein massiges Mannsbild, sehr dunkelhäutig, offensichtlich ein Abkömmling afrikanischer Sklaven mit seinem von Silberfäden durchzogenen Kraushaar – er ist der Kapitän –, und Benedito, der Bootsmann, ein schlanker, junger Mensch, dessen Abstammung nicht so genau zu erkennen ist: Sie begrüßen uns mit aller Herzlichkeit an Bord »ihres« Schiffes – eine immer freundliche, treu sorgende und äußerst kompetente Mannschaft. Die Hupe gellt, der alte Dieselmotor kommt auf Touren. Die winkenden Hände und Tücher entfernen sich, und wir halten auf die Mitte des Stromes zu.

Etwa zwei Stunden fahren wir so, sanft gleitend, flußabwärts. Der Wald scheint hier, soweit man das aus der doch großen Entfernung beobachten kann, noch relativ intakt zu sein. Wir fahren auf das Gurupá gegenüberliegende Ufer zu. Man hört es, der Motor plagt sich, die Gegenströmung ist ziemlich stark. Das ist für mich als europäische Landratte überraschend: Obwohl wir etwa 1000 Meilen von der Amazonasmündung entfernt sind, drückt die Strömung des Atlantik bis hier herein und stemmt sich auch dem flußabwärtsfahrenden Schiff mit Macht entgegen.

Rechts tauchen ein paar Hütten auf, in eine kleine Bucht hineingeduckt: Aracuteua, unser Ziel für heute abend und morgen vormittag. Wir gehen am Rand der Bucht vor Anker, und Benedito setzt den Bischof, Schwester Terezinha und mich im Beiboot, einem aus einem Stamm von Hand geschnittenen Kanu, über. – Die Gemeindeleiter und Gemeindeleiterinnen und natürlich ein gewaltiger, bunter Kinderknäuel drängen sich schon am Steg. Die Leute begrüßen ihren Bischof mit einem Freudenlied, und der Umarmungen soll nun lange kein Ende sein.

Es ist ein ziemlich geräumiger, hölzerner Pfahlbau, nach vorne geschlossen, nur mit Tür- und Fensteröffnungen, nach hinten, zum Wald hin, aber offen, der uns nun aufnimmt. Ich kann es nur so sagen: es wurlt. Mehr als hundert Leute und etwa ebenso viele Kinder aus neun Gemeinden sind hier zusammengekommen, um mit Dom Erwin zu feiern und zu reden. Sie sitzen auf dem Boden, sie drängen sich auf schmalen Holzbänken, sie hängen wie Trauben in der Tür zu dem danebenliegenden, offenen Küchenraum.

Nach einem einfachen Mahl für alle – zuerst für die Kinder und erst nachher für die Erwachsenen –, bestehend aus Reis, Bohnen und jeweils einem kleinen Stückerl Fleisch, beginnt etwa um 19 Uhr die »hora da palavra«, die »Stunde des Gesprächs«.

Der Versuch, das krabbelnde und zappelnde Kindervolk in den Nebenraum oder gar in die aufgespannten Hängematten abdrängen zu können, gelingt naturgemäß nur teilweise, aber das stört eigentlich niemanden.

Über dem einfach zusammengezimmerten Holztisch, an dem Dom Erwin sitzt, hängt eine bunte Mischung von zum Teil schon etwas vergilbten Postern. In der üblich süßlichen Kalenderblattmanier das Heiligste Herz Jesu, eine himmelblaue Himmelskönigin und dazwischen der expressive aufgereckte Kopf eines Menschen, darüber: »Ich höre den Schrei meines Volkes«.

Das Flackern einiger kleiner Kerzen tanzt auf den Gesichtern der Menschen, von denen einige, vermutlich erst einmal die Sprecher der Gemeinden, zu reden beginnen. Sie erzählen von ihren Sorgen und Problemen und nur zögernd von ihren Erfolgen, von dem, was sie erreicht, geleistet haben. Dabei ist das gar nicht so wenig. Der Bischof hört zu, stundenlang, geduldig, aufmerksam, stellt manchmal dazwischen ermunternde, unterstützende Fragen. Erst gegen Schluß zu, es ist schon nach 22 Uhr, redet er, nein, redet nicht, erzählt, erzählt wie sie von seinen Problemen, seinen Sorgen, seinen Schwierigkeiten und jenen der anderen Pfarrregionen, versucht, ihnen damit zu zeigen, daß sie nicht alleine sind.

Nach zwei Liedern und einem gemeinsamen Vaterunser treten wir hinaus in die mondhelle Nacht, turnen über den Steg und die glitschige Uferböschung – als wir kamen, war sie noch von Wasser bedeckt, aber jetzt macht sich schon die Ebbe bemerkbar – zum Kanu, in dem Benedito auf uns wartet.

Wir bleiben trotz der späten Stunde noch eine Weile auf Deck sitzen, betrachten den tiefen Sternenhimmel, horchen in die von tausend zarten Stimmen erfüllte Stille. Aber dann reden wir doch noch über diesen Abend, während Schwester Terezinha sich schon in ihre Hängematte zurückgezogen hat. Dom Erwin weist mich auf die Bedeutung hin, die diese Treffen, die dieses Zusammenkommen für die Menschen hier hat: »Man muß sich ja vorstellen, wie das für die Leute ist. Sie leben alleine, einsam, oft weit voneinander entfernt – manchmal eine halbe Stunde bis eine Stunde Bootsfahrt zwischen den einzelnen Häusern. Wenn sie zusammenkommen, ist das immer ein Fest. Es geht ja nicht nur darum, daß sie mit dem Priester oder dem Bischof, sondern daß sie auch miteinander reden können.«

Ich frage nach den Hauptproblemen, die diese Menschen bedrücken: »Es ist vor allem die Angst, daß ihnen das Land genommen werden könnte. Davon haben die Sprecher aller Gemeinden geredet. Es geht ihnen um das Land, sie haben Angst vor den multinationalen Konzernen, vor der verstärkten Abholzung und daß ihnen durch die jetzt in Mode gekommene Verwertung des Palmmarkes eines ihrer Grundnahrungsmittel genommen werden könnte. Das sind kleine gelbe Früchte, die sie von den Palmen geerntet und aus denen die Frauen dann einen rötlichen Brei gemacht haben. Das hat ihnen zu der sonst ja eher eintönig gewordenen Kost immerhin die notwendigen Vitamine und Spurenelemente gegeben. Jetzt aber werden die Palmen gefällt, das Mark wird herausgeschält und exportiert, und sie haben das Nachsehen. Damit sind gleichzeitig auch der Fischfang wie die Jagd zurückgegangen – wovon sollen die Leute also in Zukunft leben? Sie fühlen sich irgendwie eingekreist. Jetzt hat nämlich die Plumasa das ganze Gebiet an eine andere multinationale Gesellschaft verkauft, und die neuen Herren haben schon deutlich gemacht, daß sie die Leute weghaben wollen. Sie sprechen jetzt zwar von der Bewahrung der Schöpfung, aber das heißt nichts anderes, als daß sie diese »Schöpfung«, dieses Gebiet für sich bewahren wollen, damit sie in Ruhe abholzen können. Die Leute haben einfach Angst davor. Es kam sogar soweit, daß man verschiedene Bauern dazu gebracht hat, ein Blatt Papier blanko zu unterschreiben – da sind sie natürlich dann ausgeliefert. Ein anderer Vorschlag hat gelautet, daß man jeder Familie eine Fläche von 50 mal 50 Metern beläßt. Da kann kein Mensch überleben.«

So ist das hier. Da freust du dich an der Liebenswürdigkeit, Offenheit und Wärme dieser Menschen, freust dich an der Schönheit der Natur, atmest tief in der Nachtkühle, und kaum wirfst du einen Blick auf die Lebenssituation der Flußbewohner, der Waldmenschen, schnürt es dir die Kehle zu, legt sich ihr Schicksal wie ein Alp auf deine Brust. An dieses seelische Wechselbad sollte ich mich noch gewöhnen in diesen Tagen und Wochen.

Aber auch die Müdigkeit fordert ihr Recht. Der Bootsmann längs, Schwester Terezinha quer, die beiden schaukeln schon längst im Reich der Träume. So lassen auch wir uns in die freundlicherweise vorbereiteten, sogar mit Moskitonetzen bestückten Hängematten fallen.

In der Nacht trommelt der übliche Platzregen auf das Dach, aber der Morgen findet das Deck wieder trocken. Acht Uhr Morgengebet. Neun Uhr Gespräch. Zehn Uhr Heilige Messe: Es sind noch mehr Menschen als gestern abend. Da kamen wohl einige nach am frühen Morgen. Jetzt ist es heiß in dem überfüllten Raum. Der Holztisch ist zum Altar geworden, geschmückt mit einem offensichtlich europäischen Irrläufer von Tischdecke, mit Schlitten, Christbäumen und Weihnachtsmännern bedruckt. Auf dem Tisch zwei kleine Kerzen, ein paar Zweige und das Meßbuch. Gesang. Kyrie-Rufe – ganz spontan. Die schmerzlich empfundene Kluft zwischen dem Wollen, dem Wissen und dem Tun kommt da zum Ausdruck: ganz persönlich. Sie sagen nicht »wir«, sondern sie sagen »Ich« – ich habe das getan, ich habe das nicht getan. Als Evangelium haben sie, die hier in Pfahlbauten über dem Wasser und dem schlammigen Grund leben, die Geschichte von dem Haus gewählt, das auf Felsen gebaut ist. Predigtgespräch. Ich habe das Gefühl, daß diese einfachen Leute, von denen ein hoher Prozentsatz sicherlich weder schreiben noch lesen kann, genau wissen, worauf es ankommt: auf das Gebet, auf das Gespräch mit ihrem Schöpfer, auf die Kommunikation untereinander, auf ihre Solidarität und Zusammenarbeit, auf das Zusammenhalten. Nach der Kommunion setzt sich Dom Erwin auf die hinter ihm stehende Holzbank, schnappt sich die Gitarre, beginnt zu spielen und stimmt das Lied an, auf das offensichtlich – nach der Begeisterung ihres Einstimmens zu schließen – schon alle gewartet haben: Utopia: »Es wird schön sein, das Lied der neuen Welt zu hören ...« – Das scheint tatsächlich so etwas wie die Hymne der Prälatur Xingu zu sein.

Nach der Messe gibt es noch etwas zu essen. Wieder zuerst die Kinder und dann die Erwachsenen. Auch das Menü hat sich nicht verändert: Reis und Bohnen, Halt – Variation: ein Stückerl Fisch.

Knapp vor 13 Uhr lichten wir den Anker. Singen, Winken und Dom Erwin versonnen an der Reeling stehend: »Komisch, aber es stimmt, jeder Abschied ist ein kleiner Tod. Jedesmal, wenn ich da wegfahre, weiß ich, daß ich einige nicht mehr treffen werde, wenn ich wiederkomme.

Das ist auch ganz natürlich, aber ich kann mich auch nach 25 Jahren noch nicht daran gewöhnen. Es sind ja doch immer Freunde, Schwestern, Brüder, die man verliert ..«

Etwa sechs Stunden auf dem Fluß, zuerst auf dem Amazonas und dann auf einem Nebenfluß namens Pucuruy und dann auf einem Nebenfluß des Nebenflusses, dem Camutá, liegen vor uns. Da muß schon Zeit sein für eine kleine Schaukelsiesta, ein wenig Schlaf, ein wenig Stille, ein wenig Lesen.

Später, gegen 16 Uhr, da ist die Sonne nicht mehr so heiß, sitzen wir vorne vor dem Führerhaus auf dem kleinen Bankerl am Bug und setzen unser Gespräch fort. Es geht um die Struktur der gesamten Prälatur:

D.E.: Nachdem die alten, hergebrachten Pfarrstrukturen, wie wir sie hier hatten und in Europa immer noch haben, einfach nicht mehr funktionierten, haben wir vor etlichen Jahren eine neue Einteilung getroffen: Es gibt jetzt Pfarregionen, die dann nach geographischen Gegebenheiten in Sektoren unterteilt sind. Der Priester kommt so cirka alle vier Monate, und in der Zwischenzeit sind die Gemeinden selber tätig.

D.B.: Und wieviele Menschen sind in der gesamten Prälatur zu betreuen?

D.E.: Um die 400.000. Genau ist das schwer zu sagen, da die Einwanderung in einzelne Gebiete, vor allem am Oberlauf des Xingu in den letzten Jahren so angewachsen ist, daß ich nur noch schätzen kann. Früher gab es im Süden überhaupt nichts. Ich kenne dieses Land dort unten noch als dichten, geschlossenen, von Indianern dünn bevölkerten Urwald. Jetzt sind da drei Städte. Sie sind wie Pilze aus dem Boden gewachsen und haben zusammen mehr als 200.000 Einwohner. Das ist alles praktisch in den vergangenen acht Jahren passiert.

D.B.: Verzeih, wenn ich Dir jetzt eine vielleicht sehr europäische Frage stelle, aber auch eine lateinamerikanische Diözese läuft nicht ohne Geld. Hast Du so etwas wie ein Budget? Womit bezahlst Du Deine Mitarbeiter?

D.E.: Sicherlich, auch hier ist Geld vonnöten, keine Frage. Wir haben natürlich Angestellte. Wir haben die Bootsleute, sonst könnten wir die Flußgebiete nicht betreuen, und diese Entfernungen kennst Du ja inzwischen. Wir haben Leute, die in der Verwaltung tätig sind, Leute, die wirklich gut sein müssen, Leute auf die Verlaß ist, denn ich bin ja nur wenig da, also müssen sie sehr selbständig arbeiten. Wenn ich meinen Apparat allerdings mit dem österreichischer Diözesen vergleiche, nimmt er sich recht lächerlich aus. Für das ganze Gebiet von Gurupá bis hinauf nach Tucumã und São Félix do Xingu haben wir 35 Leute. Da würden meine europäischen Kollegen wohl nur die Achseln zucken, aber es geht.

D.B.: Und woher kommt das Geld?

D.E.: Ein Teil, allerdings ein sehr kleiner, kommt von hier. Wir versuchen, den Leuten klar zu machen, daß auch sie mittun müssen. Unser Kirchenvolk ist sehr arm. Da kann man nicht viel verlangen, aber auf der anderen Seite müssen sie doch auch das Gefühl haben, daß sie das alles irgendwie mittragen. Und wenn ich mich an den Stolz erinnere, mit dem sie die Geschichte der geretteten »Livramento« immer wieder erzählen – und das war wirklich ihr Werk, das war wirklich ihre Beharrlichkeit, ihre Phantasie, ihre Tüchtigkeit und ihr Können – dann weiß ich, wieviel ihnen gerade dieses ›Mittun‹ bedeutet. – Wenn sie nur einen Groschen für etwas geben, das an sich 1000 Schilling kostet, so ist mir dieser Groschen sehr wichtig, weil er von ihrer Mitverantwortung Zeugnis gibt. Einiges kommt auch bei den diversen Kirchenfesten, bei den Tombolas, Versteigerungen und Bingo-Spielen herein und durch die Mahlzeiten, die die Frauen kochen und dann verkaufen. Das ist nicht viel, aber der Beitrag des Volkes.

Der größte Teil des Geldes, mit dem wir arbeiten und von dem wir leben, kommt aber aus Europa. Ich hab da auch weder Hemmungen noch belastet das mein Gewissen, denn es geht längst nicht mehr um Almosen, sondern um geschwisterliches Teilen, um ein wenig mehr Gerechtigkeit.

Wir verdanken unser Leben hier meinen zahlreichen Freunden in Österreich, natürlich in meiner Heimatdiözese Feldkirch, und auch all den Menschen, die mich durch meine Vortragstätigkeit in Österreich und Europa kennengelernt haben und die gottlob der Meinung sind, daß unsere Arbeit der Unterstützung wert ist. Die Kongregation hilft auch nach Maßgabe der Möglichkeiten großzügig, und dann haben wir auch immer wieder konkrete Projekte, die von Entwicklungsorganisationen getragen werden. Da sind vor allem – für Österreich – die Katholische Jungschar, die Päpstlichen Missionswerke und die MIVA zu nennen. Ebenso wären zahlreiche deutsche und schweizerische Organisationen anzuführen. Ich weiß, daß mich die Heimat nicht im Stich läßt.

D.B.: Aber weißt Du in etwa, über wieviel Geld Du pro Jahr verfügen kannst?

D.E.: Nein, das weiß ich nicht. Bei der herrschenden Hyperinflation ist das unmöglich. Ich habe hier noch nie ein richtiges Budget erstellen können. Beispielsweise habe ich heuer die Löhne im April hinaufgesetzt, im Mai noch einmal und im Juni wieder, und ich weiß nicht, wie das weitergehen wird. Ich kann es nur ahnen und fürchte mich davor, aber ich kann nicht großartig über Gerechtigkeit reden und feurige Predigten gegen die Ausbeutung halten und den Menschen dann den gerechten Lohn verweigern. Ich kenne ja die Preise und weiß, was für den einzelnen unterm Strich übrigbleibt. Wenn der Preis für Fleisch von einem Tag zum anderen um 50 % hinaufschnellt und für Grundnahrungsmittel gleich um 60 %, dann muß ich den Leuten doch auch mehr bezahlen, sonst wäre ich ja nicht besser als andere Arbeitgeber, die sich dann darauf berufen, daß die Löhne per Verordnung eingefroren sind, obwohl sie genau wissen, daß die ebenso eingefrorenen Preise weiter tauen. Ich muß von der Kirche her mit gutem Beispiel vorangehen, sonst glaubt mir doch keiner mehr ein Wort.

D.B.: Aber Du lebst, oder besser Ihr lebt eigentlich von der Hand in den Mund?

D.E.: Ich weiß nicht, wie ich das jetzt sagen soll, aber ich habe das Gefühl, es steckt ein Stück unendlicher Vorsehung dahinter. Das geht schon durch Jahrzehnte so. Wir wissen nie, ob wir morgen – naja morgen vielleicht schon noch – aber übermorgen noch etwas haben. Wenn man uns drüben den Hahn abdreht, dann stehen wir einfach auf der Straße. Wir haben kein Einkommen, wir haben keine Mietshäuser, keine Landgüter, keine Viehherde, wir haben nichts. Du hast recht, wir leben buchstäblich von der Hand in den Mund. Aber vielleicht ist das auch gut so. Das Vertrauen wird stärker, und bis jetzt hat es ja gut funktioniert.

Aber es kostet natürlich alles ungeheuer viel. Allein was so ein Schiff kostet. Da ist wirklich nichts Besonders, und von Luxus, das weißt Du, Dolores, inzwischen sehr genau, kann nicht die Rede sein. Aber ich kann von einem Priester nicht verlangen, daß er das ganze Jahr in einem kleinen Schinakel unterwegs ist. Der ist nach einem Monat kaputt. Er muß doch wenigstens einen Platz haben, wo er seine Hängematte aufhängen und auch einmal, wenigstens eine Stunde am Tag, für sich sein kann, wo er sich hinsetzen und sein Brevier beten oder auch einmal etwas lesen oder auch nur still sein kann. Das braucht jeder Mensch, und auch meine Priester hier brauchen das. Sie sind ununterbrochen unterwegs, oft monatelang auf dem Schiff. Es ist ja nicht viel, aber wenigstens leben muß man können, als Mensch. – Und die Autos kosten auch viel Geld, vor allem die Reparaturen und Ersatzteile, denn bei der Beschaffenheit der Transamazônica und der Nebenstraßen ist schon nach einem Jahr viel reparaturbedürftig, und im Schnitt ist so ein Vehikel nach zwei Jahren kaputt – aber zu Fuß geht das halt nicht über Tausende von Kilometern.

D.B.: Und wieviele Priester hast Du, alles zusammengenommen?

D.E.: Da brauch ich gar nicht so viel zusammennehmen: es sind 16 (in Worten: sechzehn).

D.B.: 16 Priester für 400.000 Menschen auf 350.000 km^2, kann man da überhaupt noch von Pastoral reden?

D.E.: Das glaub ich doch. Ich hab Dir ja gesagt, daß wir das alles anders aufgebaut haben, und so funktioniert das eigentlich recht gut. Da sind, wie ich vorher schon angedeutet habe, die Pastoralregionen, ich kann sie sogar aufzählen: also Gurupá, wo wir jetzt sind, Porto do Moz, Sousel, Altamira, die Transamazônica in zwei Richtungen, da sind drei Pastoralregionen in der einen und eine in der anderen Richtung, und am Oberlauf des Xingu haben wir São Félix do Xingu, Tucumá und Ourilândia, und dann sind alle Indianerdörfer auch in einer Pastoralregion zusammengefaßt.

Diese Pastoralregionen sind in Sektoren unterteilt, die geographisch bedingt sind, zum Beispiel jeweils ein Nebenfluß mit all seinen Gemeinden vom Oberlauf bis zur Mündung. Auch die Stadt Gurupá zum Beispiel ist eigentlich nur ein Sektor der Pastoralregion, auch wenn dort das Verwaltungszentrum ist.

Die Sektoren, die einzelnen Gemeinden sind der Ort, wo die Leute ihren Glauben leben. Die heißen dann: »Unsere Liebe Frau von Nazareth« oder »Unsere liebe Frau von der unbefleckten Empfängnis« oder einfach »São João« oder Santo Antonio« oder wie immer, jedenfalls sind es sehr fromme Namen, die einen bestimmten Bezug zum Leben der Leute haben.

D.B.: Das spirituelle, das Glaubensleben wird also voll und ganz von den Laien getragen?

D.E.: Ja natürlich. Der Laie muß Verantwortung übernehmen, das ist sogar die Voraussetzung dafür, daß der Priester oder der Bischof kommt. Sie sind die Letztverantwortlichen ihrer Gemeinde, nicht wir. Sie teilen die pastorale Arbeit auf, sie koordinieren zwischen den einzelnen Gruppen, den einzelnen Gemeinden, egal ob Mann oder Frau, da ist kein Unterschied. Es gibt viele, ja es sind sogar die meisten Gemeinden, die von Frauen geleitet werden oder auch von Jugendlichen. Wir haben Gemeinden, in denen 18- oder 20jährige zu Gemeindeleitern gewählt worden sind, und das funktioniert. Das Rüstzeug, das sie dafür brauchen, bekommen sie in regelmäßigen Katechetischen Wochen oder Bibelkursen, aber auch in Seminaren für politische Bildung und soziale Arbeit. Diese Kurse werden in den entsprechenden Bildungshäusern in den Verwaltungszentren, wie eben in Gurupá oder auch in Altamira veranstaltet. Aber ohne die Laien wäre pastorale Arbeit, wäre Kirche hier unmöglich.

Sie machen die Tauf- und Firmvorbereitung, auch die Vorbereitung für die Erstkommunion und den Brautunterricht, und ich kann nur sagen, wir haben wirklich gute Erfahrungen gemacht. Ich bin zum Beispiel einmal in eine Gemeinde gekommen, in der durch irgendwelche widrige Umstände fast vier Jahre lang kein Priester gewesen war. Nach einem überaus herzlichen Empfang kam der Gemeindeleiter zu mir und sagte: »Vermutlich glaubst Du jetzt, daß wir alle längst vom Glauben abgefallen, längst heidnisch geworden sind. Mach Dir keine Sorgen – wir sind in all den Jahren jeden Sonntag zum Gottesdienst zusammengekommen, wir haben uns auch oft während der Woche getroffen, den Rosenkranz gebetet oder in der Schrift gelesen, wir haben regelmäßig Novenen gehalten. Wir haben gemeinsam gebetet. Wir haben gemeinsam gekämpft.« – Und als ich dann den Eltern und Taufpaten, den Erstkommunikanten, den Firmlingen und den Brautpaaren etwas auf den Zahn gefühlt habe – nicht aus Mißtrauen, sondern damit er seine Aussagen bestätigt finden konnte – ich muß sagen, das war erstaunlich. Ich würde nur wünschen, daß die Menschen auch in Europa so gut vorbereitet die Sakramente empfangen. Es war eine lebensprühende, tiefgläubige und starke Gemeinde, der kein Priester besser hätte vorstehen können. Das Leben einer Gemeinde hängt ja nicht von der Administration und der Verwaltung ab, sondern vom Zusammenhalt der Menschen im Gebet, in der Feier. Dort finden sie die Kraft für das harte Leben, das ihnen aufgezwungen ist. Dort wird Reich Gottes spürbar und erfahrbar.

D.B.: Das ist zwar da und dort in unseren Gesprächen schon einmal angeklungen, aber ich möchte Dir trotzdem, gerade in diesem Zusammenhang, noch einmal die Frage stellen: Was hat sich gegenüber früher verändert?

D.E.: Früher hat man diese »desobrigadas« gemacht, das war so etwas wie ›Dienst am Kunden‹. Der Priester ist unter unsagbaren Strapazen durch die Gegend gefahren – ich hab das ja selber noch erfahren – und dann hat man halt alles erledigt, was zu erledigen war. Das Pensum erledigen – mehr war das nicht. Und ich frage mich wirklich, ob das in Ordnung war, das heißt, ob das in Ordnung ist – denn so läuft das natürlich immer noch in gewissen Regionen, bei gewissen Bischöfen und Priestern, die halt immer noch nichts verstanden haben. Was geschieht, wenn ich taufe, und die Leute haben überhaupt keine Beziehung zur Botschaft? Was geschieht, wenn ich Leute firme, und sie kennen nicht einmal den Unterschied zwischen der Firmung und einer Impfung? Darum haben wir erst einmal versucht, den Menschen zu sagen, worum es geht, was die Mitte, das Geheimnis ihres Glaubens ist, und erst, wenn wir sicher sind, daß sie das verstanden haben und als Gemeinde zum Leben gekommen sind, dann taufen wir die Kinder, weil sie erst dann in ihrer Gemeinde geborgen sein können. Dann feiern wir auch Eucharistie, weil die Menschen verstehen, daß dieser Jesus Christus, der seinen Leib und sein Blut für jeden von uns hingegeben hat, auch sie aus ihrer Situation befreien, sie aus Ägypten herausführen will. Und das befähigt sie, sich selber einzusetzen für die anderen, für das Wohl der Gemeinde.

Vor zwanzig Jahren hab ich da neben oder auf der alten Nähmaschine mein kleines Altärchen ausgebreitet, habe zelebriert, und die Leute sind da gesessen und haben zugeschaut, haben das alles irgendwie über sich ergehen lassen – aber es war kein Echo. Man hat gebetet, aber die Leute haben nicht verstanden, worum es geht. Der Pater war zwar eine bekannte und geachtete Person, und man wußte, er wird schon wieder einmal vorbeikommen, zum Patrozinium vielleicht, und dann wird er alle Kinder taufen, notfalls auch die noch ungeborenen, und dann wird er wieder abziehen. Das Leben aber hatte nichts mit Glauben, nichts mit Religion zu tun, zumindest nicht mit der christlichen. Ich habe hier in dieser Pfarre noch an einem Tag 105 Kinder getauft, das war Wahnsinn. Ich hab damals den größten Frust meines jungen Priesterlebens davongetragen, weil ich mir vorgekommen bin wie ein Fließbandarbeiter. Ich war klatschnaß. Die zum Teil ja schon ziemlich großen Kinder haben geschrieen, als würden sie am Messer stecken. Also von Sakrament – habe ich mir gedacht – ist da wirklich nichts mehr zu spüren. Die Taufe ist die Initiation zum Christentum. Das Kind wird getauft, wird ein Glied des Gottesvolkes, und kein Mensch weiß und versteht, worum es eigentlich geht. Alles leeres Ritual.

Das ist wirklich anders geworden in diesen kleinen Gemeinden. Das ist schön. Der Glaube hat eine andere Dimension bekommen, er ist ins Leben dieser Menschen hineingewachsen, ist für sie zum Motor geworden, für ein besseres, zumindest für ein menschenwürdiges Leben zu kämpfen.

Es kann sogar vorkommen, daß sie in einer Gemeinde eine kleine politische Versammlung machen, und weil sie das so gewohnt sind, beginnen sie die Versammlung mit einer Liturgie. Da sind dann oft andere, die sich dagegen wehren und sagen: »Wir sind doch jetzt nicht in der Kirche«. Aber die Leute meinen dann, daß sie das so gewohnt sind und daß sie glauben, daß man nicht auseinanderreißen soll, was eigentlich zusammengehört. Glauben und Leben sind nicht trennbar, sind eine Einheit. Pater Antonio Vieira hat einmal gesagt: »Diese Wege und

Sorgen zu trennen, heißt weder Wege noch Sorgen zu wollen.« Und das ist wahr. In unserem Denken ist das oft noch so, daß wir sagen: hier ist die Politik, die Gewerkschaft, die Partei, und auf einem ganz anderen Blatt steht mein Leben als Christ, als Teil der Kirche. Dann wird das genau zu dieser religiösen Berieselung wie bei dem Gutsbesitzer in Altamira – und das trägt nicht. Alle Dimensionen des menschlichen Lebens müssen vom Evangelium durchtränkt sein. Wir haben in diesem Land so furchtbare und todbringende Strukturen, gerade weil das Evangelium im Leben keinen Platz hat, bei einem Großteil der Brasilianer, nach wie vor. Das gehört zum Sonntag und in die Kirche, aber nicht in den Alltag. Von dort her kann nichts Neues kommen, das muß von unten, von der Basis her wachsen, und das kann nur dort wachsen, wo die Menschen glauben, daß Christus befreit, alles neu machen will, wie er gesagt hat, also welt- und gesellschaftsverändernd wirkt.

Wenn wir das wirklich glauben, wenn diese Botschaft uns selber überwältigt, dann bin ich sicher, daß es auch gelingen kann.

Um zu verdeutlichen, wie die Arbeit in der Prälatur trotz des niedrigen Personalstandes funktioniert, möchte ich noch auf einen anderen Mann aus dem »Xingu-Team« und seinen Aufgabenbereich zu sprechen kommen: Pater Fritz Tschol. Er stammt aus St. Anton am Arlberg, und nach fast 33 Jahren Brasilien hört man das auch noch. Er ist Generalvikar, Pfarrer von Altamira, und das heißt, daß er nicht nur die Stadt, sondern die Gemeinden entlang von etwa 3000 Kilometern Straße pastoral zu betreuen hat. Hier wird er von einem französischen und zwei brasilianischen Priestern unterstützt. Außerdem ist er für sämtliche Bauten – Kirchen- und Profanbauten – der Prälatur zuständig, ist Architekt, Planungsbüro und Baumeister in einem, und das größte Sozial-Projekt am Rande der Stadt Altamira ist auch noch unter seinen Fittichen.

Als im Jahre 1934 die Prälatur gegründet und Dom Clemente Geiger als erster Bischof eingesetzt wurde, hat man ein großes

Waldgebiet am Stadtrand aufgekauft, um eine gewisse wirtschaftliche Grundlage zu schaffen. Noch bevor mit dem Bau der Transamazônica begonnen wurde, klopften die ersten Großgrundbesitzer an und wollten dieses Land kaufen. Die rechneten sich natürlich schon ihre Gewinne aus, wenn sie nach Baubeginn mit diesem Land spekulieren würden. Das NEIN der Prälatur blieb unverrückbar. Man dachte nicht daran, zu verkaufen. Wie richtig diese Entscheidung war, zeigte sich bald, nachdem die Ansiedlungspläne gescheitert waren und die verzweifelten Menschen zu Tausenden in die Stadt strömten.

Zu diesem Zeitpunkt begannen der Bischof, damals noch Dom Erich Kräutler, und Pater Fritz zu überlegen, wie der Not der Menschen abgeholfen werden könne. Die Idee: Wir roden einen Teil des Waldes und lassen die Leute sich dort ansiedeln. Manche hatten natürlich nicht einmal genügend Mittel, um sich eine Holzhütte zu bauen, also wurde ihnen geholfen. Anfangs wurde das Land verschenkt. Das war aber nicht sehr sinnvoll, wie sich bald herausstellte, denn wohlhabendere Bürger schickten diese armen Teufel vor, ließen sie um Land betteln, und wenn es ihnen dann zugewiesen worden war, kauften sie es ihnen um einen Spottpreis ab, und die armen Schlucker standen wieder vor dem Nichts und auf der Straße. Also entwickelte Pater Fritz, ein durchaus nüchtern und praktisch denkender Mensch, ein anderes System: Grundstücke samt Häuschen wurden und werden verpachtet. In der Zwischenzeit gibt es schon mehr als 1300 solcher Parzellen, jeweils mit Haus und einem kleinen Garten. Wenn die Leute nur den Grund bekommen haben, zahlen sie einen Cruzado pro Monat, wenn sie ein Holzhaus dazu bekommen haben, drei Cruzados und mit Ziegelhaus fünf Cruzados. Das bißchen Geld, das da hereinkommt, wird dazu verwendet, eine Frau für den ganzen Verwaltungskram und eine Sozialarbeiterin anzustellen, die den Leuten gerade in der schwierigen ersten Phase ihrer Ansiedlung zur Seite steht. Inzwischen gibt es Pachtverträge mit 659 Familien. Wenn eine Familie aber lang genug da ist und man das Gefühl hat, daß sie in der Gemeinde richtig eingewurzelt ist, dann, aber wirklich erst dann, gibt es auch die Möglichkeit, Haus und Grund käuflich zu erwerben. Inzwischen sind da in der penibel geführten Kartei schon 244 definitive Besitztitel verzeichnet.

Da die Zuwandererflut längst nicht eingedämmt ist und auch heute Tag für Tag neue Verzweiflung an die Türen der Prälatur angeschwemmt wird, genügt die Bautätigkeit längst nicht mehr. Es geht um menschliche Betreuung, menschliche Begleitung, vor allem für die Witwen und Waisen. Drei Sozialarbeiterinnen gehen sozusagen permanent von Tür zu Tür und schauen, ob, wo und welche Hilfe nottut, vor allem bei den Neuankömmlingen. Sind die Leute völlig mittellos, dann bekommen sie einen einfachen Ausweis, mit dem sie in bestimmten Geschäften einen genau definierten »Verpflegungskorb« bekommen können. Da gibt es pro Woche ausreichend Reis, Bohnen, Öl, Zucker, Brot, Seife, halt alles, was nötig ist. Pater Fritz geht dann einmal pro Woche in die Geschäfte und zahlt die Rechnung. »Diese Menschen, die meist Schlimmes hinter sich und jetzt echte Existenzsorgen haben, kann man doch nicht auch noch hungern lassen«, meint Pater Fritz. Gemeinsam mit diesen Familien, meist mit den alleinstehenden, weil verlassenen Frauen und Kindern, wird dann ein Plan erarbeitet, wie sie aus dem Elend wieder herauskommen, wieder auf eigenen Beinen stehen können. In fast allen Fällen gelingt es, wird irgendein Weg gefunden, aber, so sagt Pater Fritz, und jetzt klingt seine sonst feste Stimme etwas verschwommen und unsicher: »Die Probleme wachsen schneller als die Lösungen.«

In diesem ausgedehnten, in den Wald hineingewachsenen Wohnviertel ist unter anderem eine neue Kirche gebaut worden und ein Haus für Mütter, die von der Transamazônica zur Entbindung ins Spital kommen, dort aber nur für die Geburt aufgenommen werden. Für diese Frauen gibt es in einem weitläufigen und sauberen Haus die Möglichkeit, schon ein, zwei Wochen vor dem Geburtstermin zu kommen – ihre Gemeinde ist ja oft Hunderte Kilometer entfernt – und auch nachher so lange zu bleiben, bis die Mutter und das Kind kräftig genug sind, um die mühsame Heimreise antreten zu können. Eine kleine Abteilung dieses Hauses ist für Leute gedacht, die aus anderen Gründen ins Spital müssen und dort nach der Behandlung nicht bleiben können, weil kein Platz ist oder sie es sich nicht leisten können. Man kann den Menschen hier keinen Luxus anbieten, kann auch keine Patentlösungen für ihre Probleme finden, aber es soll wenigstens keiner ganz durch den Rost fallen. Und das ist im Kontext dieses Landes, dieser Region schon sehr viel.

Auf der anderen Seite des Hügels, auf dem diese Ansiedlungen liegen, gibt es noch ein äußerst praktikables und sinnvolles Projekt: 150 kleine Ziegeleien. Pater Fritz hat eines Tages entdeckt, daß in der Senke zum Fluß hin ausgezeichnete Tonerde ist, und diesen Bereich für die Leute erschlossen. Jede Familie, die dort angesiedelt ist, hat ein 80 mal 30 Meter großes Stück Land und das Recht, von dort die Tonerde zu nehmen und selber Ziegel zu produzieren. Als Miete zahlen sie 1000 Ziegel pro Jahr. Ziegel sind auf dem freien Markt schon eher unerschwinglich, also kann hier mit Produkten zu vernünftigen Preisen das Nötige hergestellt und gekauft werden. Und der eigentliche Effekt: 150 Familien haben ein ehrlich verdientes, ordentliches Einkommen, das es ihnen erlaubt, als Menschen zu leben.

Im wesentlichen erhalten sich dank vieler ehrenamtlicher Mitarbeiter diese Projekte selber. Nur für die Erstinvestitionen fehlt es natürlich immer am Geld, aber da hat Pater Fritz seine treuen Freunde aus der Heimat, die ihn nie im Stich gelassen haben. Eine einzige Gemeinde in Vorarlberg, ich glaube, ich darf sie nennen – es ist Frastanz – überweist schon seit geraumer Zeit monatlich 5000,- US S. Ein herzliches DANKE im Namen all der Menschen, denen geholfen werden konnte und geholfen werden kann!

Wie hat Dom Erwin vorhin gesagt: »Wenn wir wirklich glauben, daß Christus uns befreien will, wenn diese Botschaft uns selber überwältig, dann« – gelingt auch heute schon sehr viel.

IX

Maria ließ die Spur Gottes zurück.
Maria sang ein mütterliches Schlaflied, damit die Welt den Frieden findet.
Maria, die Du Christus das Reden beigebracht hast.
Maria, die Du Jesus gehen lehrtest.
Maria, die Du, um zu dienen, lebtest.
Maria aus meinem Volk.
Gebet der Gemeinde Camutá

LEBEN AUS DEM GEHEIMNIS

Dom Erwin ist schon vor einer Weile aufgestanden und hat sich in die Kajüte zurückgezogen, um die Vesper zu beten. Später würde wohl kaum noch dazu Gelegenheit sein. Ich sitze mit dem gleichen Buch vorne am Bug. Der einzige Unterschied ist die Sprache. Meine Ausgabe ist deutsch, seine lateinisch. Auf das »Warum?« erhielt ich vor ein paar Tagen die Antwort: »Ich war es so gewohnt, und die portugiesische Ausgabe ist außerdem entsetzlich unhandlich.« Aber der Sprachunterschied hat keine Bedeutung.

Bis auf das leise Tuckern der »Livramento« ist es wunderbar still hier. Der Fluß ist viel schmaler geworden. Das Wasser erscheint durch den dunklen Blättergrund braun, ist aber ganz klar. Die Ufer wuchern wild. Dann und wann ein Pfahlbau, eine kleine Palmen- oder Bananenpflanzung, ein paar Frauen, Männer und Kinder, die winken. Aber es gibt auch eine Reihe von Gehöften, die leer stehen, verfallen sind – da haben die Leute wohl aufgegeben.

Die Hupe gellt mir schmerzhaft in den Ohren. Sie ist direkt über mir: »Geliebter Bruder Antonio, muß das sein?!« – zittert mein Trommelfell nach. Ich glaube, es muß sein. Er liebt es zu hupen, und außerdem dient es ja der Verständigung, und die, die es jetzt hören sollen, sind doch ziemlich weit entfernt. Es geht noch einige sanfte Windungen nach links und nach rechts, bevor wir an die Mündung des Nebenflusses Camutá kommen. Aber da sind sie schon, die Leute aus der Gemeinde »Unsere liebe Frau von Fatima«, die uns mit einer niedrigen Motorplätte erwarten.

Diesmal muß ein Sackerl genügen, in dem das Aufnahmegerät mit allem drum und dran, die Zahnbürste nebst nötigem Beiwerk, ein Leiberl und eine Hose Platz finden. Die Hängematte nicht zu vergessen, aber die werfe ich, zusammengerollt, einem der Burschen zu, die im Boot warten. Dom Erwin hat auch nicht viel mehr, den Meßkoffer und ein Tascherl mit dem Nötigsten. Schwester Terezinha hat ihre Habe in einem Plastiksack verstaut. Also sagen wir Antonio, Benedito und der guten alten »Livramento« für etwa 24 Stunden »Auf Wiedersehen« – und lassen uns vorsichtig in das flache Boot gleiten.

Jetzt wird es direkt romantisch, wirklich so, wie man sich Amazonien vorstellt: Stille. Glasklares Wasser. Manchmal ein Glukkern, manchmal ein Vogellaut, manchmal ein Blatt, das fällt. Etwa 20 Minuten geht es so flußaufwärts. Es wird immer schmaler, das Laubdach kommt näher, es wird immer dunkler. – Aber auch hier ist noch kein Ufer zu sehen. Die Bäume stehen noch im Wasser – und das Mitte Juni. Überall sagen die Leute, das sei schlimm und sie hätten Angst, daß der Reis verfault. Die Anbauzeiten stimmen einfach nicht mehr. – Trotzdem: auf dieser Strecke könnte man das Gefühl haben, die Welt sei noch in Ordnung.

Vor uns an einem Knie weitet sich der Fluß wieder. Viele Stämme liegen zusammengebunden im Wasser. Rechts gibt der Wald den Blick auf eine Lichtung frei. Wir sind da. Viele Leute stehen am Ufer. Kinder halten ein Transparent, ein Stück weißen Stoff, auf den sie ein Willkomm für Dom Erwin gemalt haben. Die Schrift ist nur noch schwer zu erkennen, denn es ist schon ziemlich dunkel geworden. Bald wird es finster sein, denn die Dämmerung ist in diesen Breiten nur sehr kurz. Die üblichen Lieder, die übliche Herzlichkeit zur Begrüßung.

Diesmal müssen wir nicht auf einen Steg klettern. Hier kann man richtig an Land gehen. Die Gemeinde liegt auf einem sanft

Kinder begrüßen »ihren« Bischof

ansteigenden Hügel. Ich sehe ein kleines Sägewerk, eine hölzerne, hellblau und weiß gestrichene Kirche, ein gezimmertes Gemeindehaus und etliche Wohnhütten, natürlich ebenfalls aus Holz.

Der Ablauf des Abends ist in etwa ähnlich wie in den Gemeinden unten am großen Strom. Auch hier gibt es zuerst das gemeinsame Essen. Jeder bekommt einen Teller und stellt sich an, bis die Reihe an ihn kommt. Es gibt Reis, Bohnen, es gibt Farinha, das ist hier das Grundnahrungsmittel der Leute, ein grobes Mehl aus Maniokwurzeln, und es gibt ein kleines Stükkerl Fleisch, das ich wie üblich übergehe – der heikle Europäer schlägt durch. Und dazu gibt es Wasser, das gibt es überall, aber hier ist es etwas Besonderes. Es ist rein, es schmeckt einfach herrlich – juveniles Wasser. Ich kann mich nicht erinnern, jemals so gutes Wasser getrunken zu haben. Das muß irgendwo fern in Kindheitstagen liegen, irgendwo an einer Quelle in den heimatlichen Bergen. Noch Stunden später habe ich das Gefühl, als stünde in mir eine Säule aus Frische, aus Kühle. – Mein Gott, was haben wir alles schon längst verloren!

Nach dem Essen setzt man sich in der Kirche zusammen, zuerst zum Gespräch. Die Leute klagen, daß die Jugendgruppe nachläßt, und machen dafür unter anderem die immer stärker in den Wald hereindrängenden Sekten verantwortlich. Die Frauen berichten stolz, daß sie es geschafft haben, von den kleinen Beiträgen der Gemeinde eine Apotheke einzurichten und daß sie im vergangenen Jahr eine Gemeindepflanzung, das heißt ein gemeinschaftlich von allen Familien bearbeitetes Feld angelegt haben. Aber langsam beginnen die Probleme durchzuschimmern, die den Menschen auch hier in diesem kleinen Paradies unter den Nägeln brennen. Einer der Männer, er hat weißes Haar, ein gutes, kantig geschnittenes Gesicht und ausdrucksvolle Augen, ein Gesicht, das ein karges Leben geprägt hat, über dem aber irgendein Strahlen liegt, beginnt zu erzählen: »Die Lage für uns wird immer schlechter. Dieses Jahr hatten wir zum ersten Mal wirklich Hunger. Im Wald gibt es kein Wild mehr. Die Wege, die wir zurücklegen müssen, um Holz zu schlägern, werden immer weiter, und die Preise, die wir dafür erzielen, immer niedriger. Die von der Regierung bekanntgegebenen Preise für einen Kubikmeter Hartholz liegen zwischen 15 und 17 Cruzados, wir bekommen, wenn wir uns anstrengen und handeln, wenn es hochkommt sechs bis sieben. Wenn ihr die Mühen, die harte Arbeit bedenkt und die Zeit, die wir aufwenden müssen, bis die Stämme hier am Ufer festgemacht werden können, ist das gar nichts. Wir arbeiten für nichts, wirklich für nichts. Fische gibt es auch fast keine mehr zu fangen, also müssen wir sie kaufen, aber das wird sinnlos, wenn wir für zwei Kilo Fisch einen Sack Maniokmehl hergeben müssen. Es kostet viel Zeit und Arbeit, Mehl aus den Wurzeln zu machen, und mit zwei Kilo Fisch kann ich meine Familie nicht ernähren. Das ist lächerlich. Es zahlt sich also auch nicht mehr aus, mehr Maniok zu pflanzen, als wir zum Essen brauchen. Verkaufen lohnt sich nicht mehr. Wir müssen wieder auf unser altes System zurückgreifen und alles, was wir zum Leben brauchen, selber anbauen, also auch den Reis und die Bohnen. Wir haben uns damals dazu überreden lassen, das aufzugeben, weil die Händler uns für das Holz so viel versprochen haben. Die guten Preise haben sie aber nur solange gezahlt, bis wir den Feldbau aufgegeben haben. Jetzt wissen sie, daß wir abhängig sind, und können mit uns machen, was sie wollen.« – Dom Erwin, der aufmerksam zugehört hat, gibt ihm recht und unterstreicht die Wichtigkeit der Selbstversorgung, wenn sie möglich ist. Hier sei sie möglich, weil diese Gemeinde ja genügend eigenes Land hat. Also könnten sie nicht nur Maniok, sondern auch Reis und Bohnen anbauen, und vielleicht sollten sie es auch mit verschiedenen Gemüsearten versuchen, um die Nahrungspalette etwas zu verbreitern. Außerdem sollten sie versuchen, mehr Hühner und auch Schweine zu züchten, um das fehlende Wild zu ersetzen, den fehlenden Fisch.

Ja, sie haben genügend Land. *Noch* haben sie genügend eigenes Land. Wie lange noch? – Das ist die Grundangst, die auch hier umgeht, denn – wie die Leute erzählen – vom Nebenfluß kommen die Säge- und Axtgeräusche immer näher. Da haben sich zwei Fazendeiros eingenistet und roden den Wald in großem Stil, und wer weiß, ob sie bereit sind, an den Grundgrenzen haltzumachen.

Trotzdem, diese Gemeinde hat eine bessere Basis als viele andere, und diese bessere Basis beruht auf einer durchaus nicht alltäglichen Geschichte, die mir Dom Erwin später erzählt: »Dieses ganze Gebiet hat einem einzigen Besitzer gehört, dem Pedro, der da vorhin gesprochen hat. Es ist wirklich ein Fall, der hier nicht alle Tage vorkommt, daß einer, der auch vor dem Gesetz, also mit grundbücherlicher Eintragung der Besitzer ist, sein Land unter den Armen aufteilt und selber arm wird. Er hat heute kein größeres Grundstück als jeder andere hier.« – Der Mann mit dem weißen Haar beginnt mich nun noch mehr zu interessieren, also bitte ich Dom Erwin, ob er ihn nicht dazu überreden könnte, seine Geschichte selber zu erzählen. Er ist bereit und setzt sich zu uns:

»Mein Traum war es immer, ein richtiges Dorf zu gründen. Aber das war nicht so leicht. Als ich dann heiratete, bekam ich sozusagen auch die fünf Brüder meiner Frau in die Familie, und ihnen machte ich dann den Vorschlag, ob wir das Land nicht gemeinsam bewohnen und bebauen könnten. Dann fanden sich noch einige Freunde, und so teilten wir dann das Land genau auf. Ich bezahlte die ganzen Spesen der Legalisierung des Landbesitzes, damit alles seine Ordnung hatte.

Das war an sich schon ganz gut, was mir aber fehlte, war die

Gemeinsamkeit. Wenn jeder nur auf seinem Stück Land sitzt und vor sich hinarbeitet, kann ja keine Gemeinschaft entstehen. Also begann ich im Jahre 1949, die Leute hier zum Gebet zu sammeln. Wir beteten jeden Morgen um acht Uhr gemeinsam den Rosenkranz. Der Pfarrer Cristóvao gab uns dann auch die Erlaubnis, jeweils ein Stück aus der Bibel zu lesen. Das ging eine Weile ganz gut, aber dann fiel alles wieder auseinander. Viele zogen weg, weil sie glaubten, anderswo ein besseres Leben zu finden. Anfang der Siebzigerjahre hab ich dann noch einmal von vorne angefangen, habe neue Leute gefunden, die mitmachen wollten, und habe das Land wieder neu aufgeteilt und auch mit den Behörden wieder alles geregelt. Diesmal baute nicht mehr jeder für sich an, sondern wir machen alles gemeinschaftlich. Jeder, der arbeitet, bekommt aus dem Erlös der Produkte seinen Anteil, sodaß alles gerecht verteilt ist. Nur das, was zu verteilen ist, wird immer weniger, und die Familien beginnen wieder Not zu leiden. Noch stärkt uns das gemeinsame Gebet, die Gemeinschaft Christi, die wir da immer wieder neu erfahren. Aber die Zeiten sind hart, und keiner weiß, was noch vor uns liegt.«
Der Gemeinschaftsgeist hat hier auch noch andere Früchte getragen. Dom Erwin hat noch eine weitere Geschichte von den Ufern des Camutá auf Lager: »Eines Tages haben die Leute hier Wind davon bekommen, daß Vertreter einer multinationalen Gesellschaft im Anrollen seien, die aufgrund der damals noch reichen Holzbestände versuchen wollten, hier ein Sägewerk aufzubauen. Damals aber haben die Frauen und Kinder hier den Sieg davongetragen. Sie sind ans Ufer gekommen und haben geschrien, den Leuten alles Mögliche angedroht, wenn sie auch nur ihren Fuß auf das Land setzten, auch nur einen einzigen Bestandteil ausladen würden. Sie haben tatsächlich aufgegeben, mußten wirklich unverrichteterdinge wieder abzwitschern und wurden nie mehr gesehen. – Das war sehr wichtig, denn irgendwie haben dann auch die Leute in anderen Gegenden erkannt, daß man doch etwas erreichen, aber auch etwas verhindern kann, wenn man zusammensteht.«

Es werden noch viele Geschichten erzählt an diesem Abend. Man diskutiert Probleme, es wird aber auch gelacht und immer wieder gesungen, wenn die Gitarre die Runde macht. Zum Abschluß wird dann noch ein Schmerzhafter Rosenkranz gebetet, denn morgen ist Freitag, und auf diesen Gedenktag des Leidens unseres Herrn wollen die Menschen sich schon jetzt einstimmen.

Unsere Hängematten werden an den Balken des Gemeindehauses festgemacht. Jeder bekommt ein Stück Stoff vorgehängt, um sozusagen die Intimsphäre abzugrenzen. Eine liebe Geste bei einem an sich völlig offenen Haus. Aber hier braucht man keine Sorge zu haben, daß einem irgend jemand etwas wegnimmt, etwas antut. Auch hier sind Menschen reinen Herzens zu Hause. Draußen vor dem Haus wird noch eine Weile getratscht und gelacht, klimpert noch einer auf der Gitarre, mich aber trägt ein freudiges Danke für alles, was ich sehen, erfahren, erleben darf in dieser wunderschönen, schrecklichen Welt, hinein in den Schlaf.

Kurz nach Sonnenaufgang kommt wieder Bewegung in den Raum. Schritte, Gespräch, Kinderlachen, ein Baby weint. Eine freundliche dunkle Hand reicht mir durch den Vorhang ein Plastikhäferl mit dampfendem Kaffee. Ich bedanke mich und erkenne, daß es mit der Ruhe vorbei ist. Der Kaffee ist heiß, süß und stark. Tut gut, weckt die Lebensgeister. Schwester Terezinha sitzt schon heftig diskutierend mitten in einer Gruppe von Frauen und hat ihr wichtiges Buch auf dem Schoß liegen. Sie begleitet den Bischof, um alles zu notieren, was für die Pfarrarbeit vom Belang ist, und kümmert sich um den ganzen organisatorischen und administrativen Kram, der auch hier bei einer Pastoralreise zu erledigen ist. Aber viel lieber sitzt sie irgendwo und redet mit den Leuten, versucht, sich ihrer tausend großen und kleinen Probleme anzunehmen. Ja, dieses Gefühl habe ich immer wieder, das Team in dieser Prälatur ist zwar klein, aber es klappt, weil sie alle an einem Strang ziehen. Das dürfte das Geheimnis für das relativ klaglose Funktionieren der Arbeit trotz der widrigen Umstände sein.

Ich nehme Handtuch, Zahnbürste und Zahnpasta und gehe hinunter zum Fluß, um meine aufs Knappste reduzierte Morgentoilette einmal in ganz anderer Umgebung zu absolvieren. Tut gut, das frische Wasser. Am liebsten würde ich ganz eintauchen, aber das geht leider nicht. Wenn die Leute hier ins Wasser gehen, so mit den Kleidern, und das reizt mich eigentlich weniger, und alles andere würde sie schockieren. Also bleibt mein Wunsch nur in den Augen und im Gedanken hängen.

Es sind viele neugierige Blicke aus Kinderaugen, die da mein Tun beobachten, und als ich mich auf den Rückweg mache, wurlen sie alle um mich herum. Da ist überhaupt keine Scheu in den Kindern dieses zwar bedrohten, aber immerhin noch Beinahe-Paradieses. Wie anders schauen dich Kinder in den Elendsvierteln der Städte an! – Und ich denke, was denn wohl aus diesen unschuldigen Geschöpfen wird, wenn die Fazendeiros von nebenan sich durchsetzen, wenn sie den Leuten hier trotz der Gesetze das Land wegnehmen, sie vertreiben. Werden dann auch sie dort landen, wo die Armut zum Elend wird. Und am schlimmsten trifft ja dieses Elend gerade sie, die Kleinsten, die Schwächsten, die Kinder.

Und plötzlich, mitten hinein in das Erinnern an diesen Morgen, drängen sich ganz andere, harte, grausame Bilder:

Die Favela São Miguel an einem der Ränder der 15 Millionen-Megastadt São Paulo. Ich gehe mit Franziska Mair, einer österreichischen Theologiestudentin, die dort mit den Menschen und an ihrer Dissertation arbeitet, über einen schmalen, schwankenden Holzsteg. Unter uns ein stinkendes Rinnsal, in das die Exkremente aus der Favela und die Abwässer irgendeines Chemiebetriebes direkt einfließen. Heute ist es kalt, aber wenn es hier heiß ist, muß der Gestank unerträglich sein. Aber auch sonst ist meine Nase eher beleidigt, denn was aus den Schornsteinen dieses Unternehmens kommt, ist auch nicht freundlich. Es beißt in der Nase und in den Augen. Wir versuchen, zwischen irgendeinem Bautrupp durchzuturnen, der gerade aufgräbt. Nach ein paar Hundert Metern bleibt Franziska stehen und ruft einen Buben in einem schmutzigen Hof. Er kommt und macht uns auf. Ein Betongeviert, auf dem ein schmales, verkommenes Haus steht, aus dem nun mehr und mehr Kinder drängen; 30 oder 40 vielleicht. Es sind sehr direkte, fast aggressive Blicke, die uns aus finsteren Gesichtern treffen. Ein Refugium für Straßenkinder, also schon welche, denen es eine Spur besser geht, weil sie zumindest ein Dach über dem Kopf haben und ein bis zweimal am Tag etwas zu essen bekommen, weil sie die Chance haben, in Frieden zu spielen, und die Größeren unter ihnen auch die Möglichkeit, zur Schule zu gehen.

Wenig später kommt die Frau zurück, die diese Kinder betreut. Ihr Name ist Gil. Sie hat Tränen in den Augen und drei Katzen auf dem Arm: »Es ist so bitter kalt in der Nacht, und ich bin zur Sozialstelle gegangen und habe um Decken für die Kinder gebeten. Für 37 Kinder haben sie mir drei Decken gegeben!« – Sie weiß, warum sie zornig ist. Sie kennt das Schicksal dieser Kinder. Sie war eines von ihnen, sie kommt aus der Gosse. Aber sie hat es geschafft, geschafft, nicht nur sich selber da herauszuziehen, sondern auch einen Lebensinhalt zu finden: wenigstens einigen der unglücklichen Geschöpfe dabei zu helfen, den Teufelskreis der Gewalt zu durchbrechen.

Kinder sind überall im Süden der Welt die ersten Opfer der »sündigen Strukturen«, aber hier in Brasilien sind die Dimensionen eben auch brasilianisch, und das heißt gigantisch, für unsereinen schlicht unvorstellbar. Oder können Sie sich vorstellen, daß 36 Millionen Kinder Brasiliens, also mehr als fünfmal soviel Kinder wie Österreich Einwohner zählt, verwahrlost, im Elend sind. Sieben Millionen von ihnen, also so viele wie alle Österreicher zusammengenommen, vegetieren überhaupt in den Straßen, leben von der Straße, schlafen auf der Straße, haben keinen Menschen.

Mit Hilfe von Franziska versuche ich nun, mit einigen der inzwischen zutraulicher gewordenen Buben zu reden, zu erfahren, warum sie überhaupt auf der Straße und dann glücklicherweise hier gelandet sind.

Der erste heißt Wagner, ist elf Jahre alt und hat schon ein paar Jahre allein auf der Straße gelebt, da seine Eltern sich nicht um ihn gekümmert haben. Hie und da hat er bei seiner Großmutter Unterschlupf gefunden, die hat ihn dann auch hierhergebracht. Jetzt kann er sogar in die Schule gehen, in die zweite Klasse immerhin.

Der zweite ist zwölf Jahre, heißt Luis Carlos, hat eine rauhe, gepreßte Stimme und ist glücklich, daß er jetzt da sein kann. Die Mutter ist vor Jahren gestorben. Der Vater hat sie jeden Tag geprügelt. Vor einem Jahr hat er auch ihn aus der Hütte geprügelt. Vor ein paar Monaten hat ihn dann Gil gefunden und mitgenommen. Jetzt darf er hier leben und die Schule besuchen.

Der dritte ist ein ganz dunkelhäutiger Junge, der an der Rückwand des kleinen Raumes lehnt. Er macht einen verschlossenen, nahezu autistischen Eindruck. Franziska fragt auch ihn, aber da kommt nur wenig, und das ist ziemlich verworren. Gil springt ein: »Er ist eines von acht Kindern. Die Mutter hat alle acht Geschwister in einem Heim, einer Art Besserungsanstalt abgegeben. Weil die Kinder aber nichts angestellt hatten, hat man sie bis auf ihn, Julio, wieder weggeschickt. Ihn haben sie eine Weile wegen Vagabundage behalten, dann aber wieder freigelassen. Er hatte ja auch nichts verbrochen. Er hat hier lang völlig allein gelebt, bis wir ihn gefunden haben. Wir haben versucht, mit der Mutter Kontakt aufzunehmen, aber das ist sinnlos, das ist eine schwere Alkoholikerin. Der Bub hat Ungeheures mitgemacht, aber er ist bis jetzt sauber geblieben. Er hat weder Drogen genommen, noch ist er in einer der Banden gelandet. Aber er wird unendlich viel Zuwendung brauchen, wenn wir ihn da wirklich herausbringen wollen. Er ist schwer geschädigt.«

Nur drei, drei vorläufig relativ glücklich ausgegangene Fälle von 36 Millionen!

Franziska, die einige Zeit selber in einer Favela gelebt hat, erzählt von ihren Erfahrungen mit Kindern: »Die Straße und die Gewalt der Straße sind furchtbar und nahezu ausweglos. In der Favela, in der ich gelebt habe, haben sie sieben-, achtjährige Buben gefoltert, damit sie für eine Bande arbeiten. Man hat sie mit Revolvern bedroht und ihnen gesagt, wenn sie dieses Päckchen nicht zu diesem oder jenem bringen, würde man sie erschießen. Und das sind keine leeren Drohungen. Es gibt ja Zeiten, in denen Bandenkämpfe zu nahezu bürgerkriegsähnlichen Zuständen führen.«

Ich frage sie, welche Rolle der Faktor Gewalt im Leben dieser Kinder spiele, und sie erzählt eine Begebenheit aus einer Pfarre in der Favela: »Für diese Kinder ist die Gewalt Alltag. Wir haben einmal für die Leute, aber vor allem für die Kinder einen Ostergottesdienst gemacht. Das Thema war: Tod und Auferstehung. Der Priester hat die Kinder gefragt: ›Wer von euch hat schon einen Toten gesehen?‹ Alle haben aufgezeigt, vom Sechs- bis zum Sechzehnjährigen. Dann hat er gefragt: ›Wer hat schon gesehen, wie ein Mensch ermordet worden ist?‹ – Da haben wieder fast alle aufgezeigt, und dann haben sie erzählt: ›Ich habe gesehen, wie sie den Galião erschossen haben. Sie haben ihm acht Schüsse verpaßt! oder: Ich habe gesehen, wie sie den Carlos erstochen haben‹. Das waren alles Kinder und Jugendliche. Das ist für sie Alltag, wie bei uns für die Kinder und Jugendlichen die Schule Alltag ist: Für sie ist die Gewalt Alltag. Schon an den Spielen auch der ganz Kleinen kann man das sehen. Es ist ein Teufelskreis, an dessen Anfang die Ungerechtigkeit steht, die Ungerechtigkeit dieser Gesellschaft, die den Menschen jegliches Menschenrecht verweigert. Dann wird die Gewalt einfach nur noch weitergegeben. Der Vater, der den ganzen Tag die Gewalt am Arbeitsplatz oder als Arbeitsloser erlebt, schlägt die Frau. Die Frauen, die ja in dieser Gesellschaft der Ausgestoßenen noch ausgestoßener sind, schlagen die Kinder. Die älteren Geschwister schlagen die jüngeren, und die Kleinen toben sich oft schon an Tieren aus. Man kann hier drei- oder vierjährige Kinder erleben, die einen kleinen Hund oder eine kleine Katze zu Tode quälen. Diese Gesellschaft entmenschlicht die Menschen. Das ist eine wirklich tödliche Sünde.«

Was ist das für ein Schicksal, ein Schicksal von Millionen, das letztlich auch wir zulassen, indem wir es verschweigen oder gar nicht hinhören? Oder – wie oft liest man in unseren Zeitungen von diesen und ähnlichen Zuständen? Erinnern Sie sich, daß es allein im Bundesstaat Rio de Janeiro in den vergangenen sechs Jahren – 29.574 Morde gegeben hat, Morde, in die auch die Exekutive, in die auch Repräsentanten höherer Gesellschaftsschichten indirekt verwickelt sind. Morde, denen diese Straßenkinder, denen Obdachlose, Arbeitslose, Verzweifelte zum Opfer fallen, Menschen, nach denen kein Hahn kräht. Die Gesellschaft wirft Ballast ab. Aber das Foto einer einzelnen amerikanischen Geisel sehen wir tagelang im Fernsehen, ein von der IRA erschossener britischer Soldat gelangt auf die Titelseiten. Jeder Mensch, dessen Leben mutwillig ausgelöscht, der ein Opfer des Terrors wird, ist ein Opfer zuviel. Aber warum werten wir diese Opfer so unterschiedlich? Ist denn ein Kind, eine Frau, ein Mann, die diesem Terror einer Gesellschaft zum Opfer fallen, weniger tot als ein Mensch, der in den Straßen von Belfast oder Beirut zum Opfer einer menschenmordenden Politik wird?

Gerne flüchten meine Gedanken wieder in die Tiefe des Waldes, an die Ufer des stillen, klaren Camutá, zu den offenen, noch der Wunder vollen Kinderaugen rings um mich, in die kleine Holzkirche, in der jetzt die Kerzen brennen, ein Lied verklingt, und eine junge Frau, ihr Baby im Arm, vortritt und mit fester Stimme ihr Kyrie sagt: »Wenn auch wir nicht immer daran denken, daß wir Kirche sind, so hört doch Gott nicht auf, uns zu rufen und uns zu hören. Aber wenn wir als Vorsteher dem Volk nicht den Weg weisen, wenn wir die Ernte nicht gerecht verteilen können, dann geraten wir in Verwirrung. Daraus entsteht großer Schaden für das Volk. Wir müssen über unsere Fehler nachdenken und den Herrn der Ernte um Verzeihung bitten. Wir müssen um Verzeihung bitten für den Raubbau an seiner Schöpfung, auch wenn viele immer noch meinen, erst dieser Raubbau würde uns das Leben ermöglichen. Wir zerstören die Natur, machen jene natürlichen Vorräte, die er uns überlassen hat, zunichte. Jetzt aber merken wir, daß wir dadurch immer ärmer werden, während die anderen den Profit einstecken. Vergib uns, Herr.«

Ich denke noch eine Weile über die Worte dieser Frau nach. Hier wächst Bewußtsein, hier in diesem versteckten, grünen Winkel der Welt. Ach, würde es doch auch dort wachsen, wo die Nutznießer dieses Raubbaues sitzen!

Wissend, daß gerade für diese Gemeinde Maria und der Rosenkranz eine so große Bedeutung haben, zeichnet Dom Erwin in seiner Predigt ein Bild der Mutter Gottes, das dem Verständnis dieser Menschen und ihr selber vermutlich weit eher entspricht als so manches andere: »Der Rosenkranz ist das Gebet der Kirche, das uns Unsere Liebe Frau nahebringen soll. Wer aber war diese Frau? Wir glauben, daß sie unsere Königin ist, mit einer schönen, wertvollen Krone. Wir dürfen aber nicht vergessen, daß Maria ein einfaches Mädchen aus dem Volk war. Sie hat Gott sich als Mutter für seinen Sohn auserwählt. Gott suchte nicht in den Palästen der Kaiser und Könige. Er schaute nach Nazareth, einer kleinen Stadt, deren Namen niemand kannte im römischen Reich. Er schickte ihr den Engel, um ihr die Botschaft zu bringen, ihr seine Liebe zuzusagen. Und sie hat ihr JA gesagt. Das war ihre, das ist überhaupt Größe: Im Namen Gottes JA zu sagen zu einem ungewissen Leben, Gott Vertrauen zu schenken! Sie wurde schwanger. Im neunten Monat, da eine Frau schon fast nicht mehr gehen kann, mußte sie sich noch auf den langen, beschwerlichen Weg nach Bethlehem machen. Zu dem Zeitpunkt, da das Kind jeden Augenblick kommen konnte, mußte sie von Tür zu Tür gehen und um einen Schlafplatz betteln. Die Leute schauten ihren Bauch an und sagten: ›Nein, hier nicht.‹

Stellt Euch vor: in diesem Zustand so allein und ausgestoßen zu sein. – Wo hat sie das Kind dann bekommen? Irgendwo außerhalb der Stadt, in einer Höhle, die die Hirten als Stall benützten, bei den Tieren. Und wer hat die Neuigkeit als erster erfahren? Der König, die Fürsten? – Nein, die Hirten, die Armen von damals. Die Armen sahen als erste das göttliche Kind. Die Armen hörten staunend den jubelnden Gesang der Engel. Die Armen trugen die Frohe Botschaft hinaus, weil sie erkannten, daß mit diesem Kind der Befreier, der Heiland gekommen war, von dem die Propheten gesprochen hatten, und mit ihm die Fülle der Zeit.

So wie Maria müssen wir werden und JA sagen zum Willen des Herrn, und so wie die Hirten müssen wir werden, die gläubig die Frohe Botschaft hören und hinaustragen.«

X

Die Gemeindeleiter und Bischöfe sind wieder zu dem geworden, was sie in der Kirche des ersten Jahrtausends waren: Stellvertreter der Gemeinde. »Stellvertreter Christi« war in der alten Kirche einzig und allein der Heilige Geist. – Die Gemeinden der armen Kirchen muten uns zu, dem Heiligen Geist auch in unserer Zeit diese allein ihm zukommende Ehre wiederzugeben.

Kardinal Paulo Evaristo Arns

... UND DICH FÜHREN, WOHIN DU NICHT WILLST

Nach mehr als sechs Stunden Fahrt, zuerst den wunderschönen Pucuruy hinunter – ich sitze am Bug und lasse diese grüne Welt auf mich wirken, die Augen und Seele beruhigt – und dann noch eine ganz schöne Strecke den Amazonas abwärts, landen wir am äußersten Punkt unserer Reise, am Grenzort der Prälatur: Santa Cruz do Amazonas.

Hier sind die Ufer abgeholzt bis weit ins Land hinein. Wieder dieses trostlose Bild mit dem Schlamm, dem niedrigen Buschwerk und den einzelnen, aufragenden, kahlen Stämmen. Und Mücken, gierig, lästig – jede Menge. Dort, wo die Natur noch halbwegs in Ordnung ist, gibt es kaum Moskitos. Das ist mir aufgefallen. Da sind auch die Regulative noch in Ordnung, die die Mückenplage in Grenzen halten. Dort gibt es auch kaum Malariafälle.

Hier ist überhaupt alles ein wenig anders. Trotz der Herzlichkeit der Begrüßung ist hier die Stimmung der Leute irgendwie gedrückt, unfrei und geprägt vom landesüblichen ›machismo‹, der in den anderen Gemeinden bisher überhaupt nicht zu spüren war. Vorn, an der Stirnseite des relativ großen Raumes neben und direkt vor dem Bischof, sind nur Männer zu sehen. Sie sind es auch, die berichten, die die Fragen stellen, das Gespräch führen. Bei jenen, die stehen – Sitzplätze sind wie immer zuwenig – ist allein die Körpersprache deutlich: sie stehen breitbeinig da, haben die Daumen in den Gürtelschlaufen, stehen so richtig ›Brust heraus und Bauch hinein‹, wirklich ›ganz Mann‹, Imponiergehabe par excellance. Die Frauen sind irgendwo hinten, im dunklen Teil des Raumes, bei den Kindern – wie es sich gehört –, und machen auch den Mund nicht auf.

Der Abend verläuft dann auch ohne den sonst so beglückenden Elan, ohne Schwung des Geistes, ohne innere Bewegung. Es riecht nach Pflichtübung. Nachdem ihre Berichte abgeschlossen sind, bringen sie dann Dom Erwin noch dazu, eine Stunde über Ehe zu reden. Später sagt er ehrlich: »Ich weiß nicht, aber mir fällt es doch irgendwie schwer, über dieses sicherlich wichtige Thema zu reden. Ohne eigene Erfahrung bleibt das alles irgendwie blutleer.« – Außerdem ist den Leuten, das heißt den Männern anzumerken, daß ihre Rechnung nicht so ganz aufgegangen ist. Offenkundig hatten sie sich erwartet, daß der Bischof es vor allem den Frauen ›reinsagt‹, sie an ihre dienende Opferrolle erinnert und zum Gehorsam ermahnt, sie auf den ihnen in der brasilianischen Gesellschaft zugedachten Platz verweist.

Jedenfalls sehe ich später – ich hatte mich nämlich verzogen und mich auf den Steg gesetzt, um den Beinahe-Vollmond über dem Fluß zu genießen – so manch mißmutiges Männergesicht, dafür aber umsomehr Frauengesichter, denen ein schnippisches Lächeln aus den Augenwinkeln blitzt.

Es ist fast 23 Uhr, als Dom Erwin an den Rand des Steges tritt und mit dem Ruf der »Mutter des Mondes« Benedito verständigt, daß es an der Zeit ist, uns zu holen. Inzwischen höre ich, wie Antonio den Motor anläßt. Heute müssen wir nämlich noch übersetzen an das gegenüberliegende Ufer. Hier herüben könnte es, so erfahre ich, ziemlich unangenehm werden, da wird der Wellengang des Nachts oft sehr bewegt. Wir fahren etwa eine halbe Stunde, bis Antonio ein Ufergebüsch ansteuert und wir vor Anker gehen.

Dom Erwin wirkt bedrückt. Ihm scheint die Stimmung der Leute und der Verlauf des Abends zu schaffen zu machen. Außerdem schmerzt ihn der Rücken wieder. Da ist doch von dem »Unfall« etwas zurückgeblieben, was sich dann nach einigen Nächten in der Hängematte schmerzhaft bemerkbar macht. Also versuchen wir, seine Hängematte an zwei anderen, weiter auseinanderliegenden Haken festzumachen, damit sie weniger stark durchhängt und sein Rücken nicht so stark belastet ist.

Es wird eine etwas unruhige Nacht. Erstens haben wir, verwöhnt von den letzten Nächten, keine Moskitonetze aufgemacht, was uns ein vielstimmiges ›Zzzzzzz‹ beschert. Zweitens hat Dom Erwin zu den Schmerzen die ganze Spannung mit in den Schlaf genommen und schläft sehr unruhig, und drittens müssen wir mit dem Schiffsboden irgendwo aufliegen, jedenfalls klingt es immer wieder, als würde jemand im Keller die Kohlen umschaufeln! Kann ja nicht immer alles stimmen.

Als Draufgabe überfallen uns dann kurz nach Sonnenaufgang irgendwelche winzigen schwarzen Biester, die ganz gemein beißen. In kürzester Zeit schauen wir aus, als ob wir alle die Masern hätten. Aber auch das geht vorüber.

So um acht Uhr fahren wir dann wieder hinüber nach Santa Cruz. Es sind heute viel mehr Leute da als am Abend. Die Stimmung ist etwas besser, aber im Vergleich zu anderen Gemeinden läuft auch die Messe ziemlich oberflächlich dahin. Erst als die Leute dann nach der Messe anfangen, nicht von allgemeinen, sondern von ihren ganz konkreten und persönlichen Problemen zu reden, als sie ihrem Bischof ihr Leid klagen können, scheinen sie aufzuwachen. Es stellt sich heraus, daß sie von der Palmito-Produktion, der Produktion von Palmenmark noch viel stärker als andere Gemeinden betroffen sind, da sie ihren Feldbau total aufgegeben und ganze Plantagen angelegt haben, weil der Fazendeiro ihnen das Blaue vom Himmel versprochen hat. Jetzt sind die Palmen alle weg, umgehauen, ausgeschält, und sie stehen da ohne die Palmfrüchte, ohne Wild, ohne Fisch und ohne Felder – und Geld ist auch fast keines übrig, da der Großgrundbesitzer sie meist nur in Naturalien bezahlt hat. Die übliche Geschichte der Ausbeutung.

Später, am Fluß unterwegs nach Santa Bárbara auf der Insel Urutay, erzählt Dom Erwin von seinem Gespräch mit den Leuten: »Jedenfalls kommen sie jetzt drauf, daß sie, wenn sie so weitermachen, vor dem absoluten Ruin stehen und das Land verlassen müssen. Das ist die Angst dieser Leute, und die verstehe ich. Sie sind nicht wirklich schuld an ihrer Situation. Man hat sie da mit List hineingelockt, aber sie zahlen die Zeche. Ich konnte ihnen nur den Rat geben, wieder von vorne anzufangen und ihr Land zu bebauen, bevor der Großgrundbesitzer seine Chance für gekommen sieht und sie einfach vertreibt. Ich hab ihnen gesagt: ›Ihr geht's ja drauf, in einem Jahr seid's ihr kaputt. Geht auf eure Felder und baut an, es gibt keine Alternative. Weggehen hat überhaupt keinen Sinn, es gibt weder in Altamira noch in Belém noch in Macapá irgendeine Chance, Arbeit zu finden. Ihr gehört hierher an den Fluß, ihr gehört auf dieses Land, also spuckt in die Hände und fangt dort an, wo ihr vor Jahren aufgehört habt.‹ – Ich glaube, sie haben das eingesehen. Sie haben an meinen Lippen gehangen. Ich kann nur hoffen, daß sie es nicht nur eingesehen haben, sondern daß sie es auch wirklich tun.

In einer der Gemeinden, in Areias, gibt es dann überhaupt noch eine ganz spezielle Situation, die weit über die wirtschaftlichen Fragen hinausgeht und tief in das Gemeindeleben, in das spirituelle Leben der Gemeinde eingreift. Es gibt da einen Großgrundbesitzer, das ist übrigens der, der am meisten von dem Palmito-Geschäft profitiert, weil er die einzige Fabrik in dieser Gegend hat, der ist ein ganz besonderer Knopf. Der ist wirklich stinkreich, verdient sowohl an den Hölzern, die er den Leuten um einen Spottpreis abkauft, um sie dann in Belém teuer zu verkaufen, als auch am Palmito. Um die kleine Fabrik hat sich ein kleines Dorf gebildet. Da gibt es auch eine Kapelle, in der die Gemeinde immer zum Gebet und zu den Gottesdiensten zusammengekommen ist. Irgendwann hat er, der Patron, also der Boß, davon Wind bekommen, daß hier Kirche etwas anders läuft, als er das gewohnt war. Er hat dann unsere pastoralen Schwerpunkte studiert, und das hat ihm natürlich nicht gepaßt. Er hat erklärt, daß sei für ihn nicht mehr Kirche, und hat dem Pfarrer, also Pater Julio verboten, in ›sein‹ Dorf, in ›seine‹ Kirche zu kommen. Die Leute waren empört und verzweifelt. Ich bin dann selber hingefahren, und er hat mich auch sehr freundlich aufgenommen, aber das Gespräch ist dann ähnlich verlaufen wie mit seinem Kollegen in Altamira. Für ihn ist Religion nur Rosenkranzbeten, eine Novene machen, eine Litanei absingen – aber sonst nichts. Die

Art, wie die Leute hier Gottesdienst gefeiert haben, ging ihm auch über die Hutschnur, denn da haben die Leute ja auch das Wort ergriffen und miteinander über das Evangelium geredet. Wo kämen wir denn da hin. Und die Lieder wollte er auch nicht. Denn das ginge ja nicht an, daß die Leute da von Befreiung singen und von Gerechtigkeit und solchen Sachen. Also er sei da entschieden dagegen, und bei ihm würde das auch nicht mehr stattfinden.

Ich wollte dann noch mit den Leuten reden und sie trösten, aber die waren so verschreckt, daß sie fast den Mund nicht aufgemacht haben. Na klar, zuerst macht man die Leute abhängig und dann kann man mit ihnen umspringen, wie man will.

Aber was ist passiert? – Sie haben trotz allem nicht aufgegeben. Sie haben sich mit einer anderen Gemeinde außerhalb seines Besitzes zusammengetan und treffen sich jetzt dort. Das ist zwar nicht so bequem wie vor der eigenen Haustür, aber diese Leute sind es ja gewohnt, um ihres Glaubens willen Opfer zu bringen. Sie haben diese neue Gemeinde São José genannt, und das funktioniert jetzt schon seit zwei Jahren. Ich habe ihnen übrigens versprochen, daß ich bei meinem nächsten Pastoralbesuch in dieser Gegend dorthin kommen werde.

Übrigens, zurück zu diesem Herrn. Er hat mir ja damals einen richtigen Vortrag gehalten über das, was er unter Glauben, unter Religion versteht. Ich hab mir das alles geduldig angehört und ihn dann darauf hingewiesen, daß sogar der Papst von ›nobre luta pela justiça‹, vom vornehmen, edlen Kampf für die Gerechtigkeit spricht und daß es eigentlich seine Aufgabe als Christ wäre, sich auf die Seite seiner Leute zu stellen. Aber das wollte er natürlich nicht hören, denn das würde ja an seinen Privilegien rütteln, an seinem Besitz. Er müßte an sich viel höhere Löhne bezahlen, er müßte das Land anders aufteilen, denn diese Leute wohnen dort ja schon mehr als 20 Jahre. Es ging ihm nur um seinen Besitz. Er müßte umdenken und diese Art von Leibeigenschaft, etwas anderes ist das ja nicht, abschaffen, und das will er natürlich nicht. Manchmal meint man, man lebe hier tief im Mittelalter. So wie es bei uns damals die Burgen und Schlösser gegeben hat, auf denen dann die Herren von Montfort und die Herren von Thumb gesessen sind. Die umliegenden Gebiete gehörten ihnen, sozusagen samt den Menschen. In dem Ton geht es hier immer noch, obwohl es in Brasilien eindeutige Gesetze gibt, wie zum Beispiel jenes, das besagt, daß ein Land nach fünf Jahren automatisch demjenigen gehört, der es bebaut und bearbeitet. Also würde den Leuten hier das Land längst zustehen. Das ist die schöne Theorie auf dem Papier, in der Praxis werden Leute, die Land 20, 30, ja 100 Jahre bearbeiten, vertrieben, ohne daß das irgendwelche Folgen hat.«

Heute ist unser Weg nicht so weit wie an den vergangenen Tagen, und so ist es möglich, daß wir fast zwei Stunden Pause einlegen können. Angenehm. Die Zeit wird auf Dom Erwins Vorschlag gerecht zwischen Ruhe und »Arbeit« aufgeteilt. Ich hätte von mir aus heute sicher nicht gewagt, ihn daran zu erinnern, daß wir in der Biographie wieder ein Stück weiterkommen müßten. Da es aber sein Vorschlag ist, nehme ich beide Teile gerne an – die Ruhe wie die Arbeit.

Die Hitze hat schon nachgelassen, als wir wieder unser ruhiges Aufnahmeplatzerl vorne am Bug okkupieren. Das Ufergebüsch, an das Benedito die »Livramento« festgebunden hat, gibt angenehmerweise zusätzlich noch etwas Schatten, »unser Mann« am Amazonas verträgt nämlich die Sonne nicht sehr gut. Nach einer kurzen Klärung der Frage: »Wo waren wir stehengeblieben?« frage ich Dom Erwin nach dem Wesentlichen, nach den ihn prägenden Stationen auf seinem Weg als Bischof der Prälatur »do Xingu«:

D.E.: Eigentlich waren gleich die ersten Monate meiner Amtszeit prägend für mein Leben. Ich habe mich sofort – dem Wunsch der Leute entsprechend – auf den Weg gemacht. Als erste habe ich die kleinen Gemeinden an der Transamazônica besucht, das war für mich mehr oder weniger Neuland, weil ich vorher ja vor allem für die Gemeinden am unteren Xingu zuständig gewesen war. Und da gab es keine Schonfrist. Ich bin sofort mit der ganzen Bandbreite der Probleme konfrontiert worden. Es waren damals gerade zwei Männer grausam ermordet worden. Man hatte sie entführt, gefoltert, verstümmelt und dann umgebracht. Vier Tage später sind ihre Leichen gefunden worden.

Für die Karwoche – es war meine erste Karwoche als Bischof – hatten die Leute dieser Gemeinden einen Kreuzweg geplant, einen Kreuzweg auch als Gedenken an diese beiden Toten. – Da kam bei mir gleich einmal die Polizei an: Ich solle als Bischof diesen Kreuzweg verbieten. Ich habe dieses Ansinnen natürlich zurückgewiesen: »Ein Kreuzweg ist keine Demonstration, sondern eine liturgische Handlung. Ich denke nicht daran, das den Leuten zu verbieten. Sie haben ein Recht, ihre Toten zu beklagen.« – Ich war allerdings sicher, daß die Polizei das nicht einfach hinnehmen, sondern sicherlich etwas gegen diese Menschen da draußen unternehmen würde. Also bin ich, ohne daß ich den Leuten Bescheid gegeben hätte, einfach hinausgefahren. Ich konnte sie doch nicht allein lassen. Sie waren dann auch sehr glücklich über mein Kommen. Ich merkte, daß sie mich irgendwie sogar erwartet hatten, obwohl nie davon die Rede gewesen war.

Der Kreuzweg hat dann sieben Stunden gedauert – stechende Sonne und Platzregen wechselten einander ab – quer über die Felder, durch den Wald, so richtig querfeldein. Ein ganz starker Eindruck. Es war erst bei der zwölften Station, als sie das Mikrophon dann mir übergeben haben. Ich mußte also etwas sagen, mußte in aller Öffentlichkeit, auch vor den Ohren der sicherlich irgendwo anwesenden Polizei, Farbe bekennen und das Unrecht anprangern, das an diesen beiden Familienvätern begangen worden war.

Am nächsten Tag haben wir dann gemeinsam eine Protestschrift formuliert, vervielfältigt, an allen Kirchentüren angeschlagen und an alle Gemeinden verschickt. Einiges wurde auch in den Zeitungen abgedruckt. Ich hörte schon bald Stimmen, die da meinten, der Bischof solle sich da nicht einmischen, das seien Dinge, die ihn nichts angingen. So etwas könne auch gefährlich werden. Da waren sie also, die ersten Drohungen.

Ich ließ mich allerdings nicht beirren, notabene die Geschichte mit dem Kreuzweg keineswegs abgeschlossen zu sein schien.

Die beiden Männer, die da ermordet worden waren, Manuel und Antonio, waren vor ein paar Jahren mit ihren Familien aus dem Nordosten hierhergekommen. Sie hatten Land gekauft und etwa auf der Höhe vom Kilometer 93 an der Transamazônica Zuckerrohrfelder angelegt. Als ehemalige Zuckerrohrarbeiter verstanden sie etwas davon. Wie üblich hatten sie auch in diesem Jahr ihre Ernte an die Zuckerfabrik abgeliefert. Diesmal allerdings hatten sie keinen Groschen Geld, sondern nur eine Bestätigung bekommen, daß und wieviel sie abgeliefert hätten. Man würde später bezahlen, hatte es geheißen. Im Augenblick sei kein Geld da. Nun, eine Weile warteten die Leute ja geduldig, aber da man auf die Dauer von einer Bestätigung, einem Fetzen Papier nicht leben kann, wurden sie langsam ärgerlich und stellten ihre Forderungen lauter. Sie wurden wieder vertröstet, aber auch dieser Trost stillte den Hunger nicht. Sie haben dann, gemeinsam mit anderen Betroffenen, einen ganz friedlichen Protestzug zur Fabrik organisiert. Dort stellten sie ihre Forderungen nach der Auszahlung des ihnen zustehenden Geldes.

Die Antwort der Fabrikanten war Mord. Ein paar gedungene Killer überfielen Manuel und Antonio am folgenden Tag während der Feldarbeit. Die Grausaumkeit, mit der diese Morde begangen wurden, sollte die anderen Leute einschüchtern. Die Leute sollten kuschen. Aber die Rechnung ist nicht aufgegangen. Die Empörung der Menschen über diese Bluttat war zu groß.

Nun, nach dem Kreuzweg griffen die Zuckerbarone zu einer neuen Methode. Ab sofort wurde den Arbeitern in der Zuckerfabrik kein Lohn mehr ausbezahlt. Das würde sie kirre machen. Mehr als neun Monate blieben die Ernteabrechnungen offen, mehr als vier Monate blieben die Arbeiter ohne Lohn. Zuerst bringen sie die Leute mit Revolvern und Messern um und jetzt lassen sie sie verrecken, indem sie ihnen den gerechten Lohn verweigern! – Das sind hier so die Methoden! – In dieser Situation brauchten mich die Leute natürlich, mehr als sonst. Die versteckten und dann immer offeneren Drohungen der Honoratioren waren mir ziemlich wurscht. Mein Platz war bei diesen Leuten. Ich besuchte damals alle betroffenen Gemeinden, eine nach der anderen. Ich hörte ihnen zu. Ich versuchte, ihnen zu raten, wie sie auf legalem Weg um ihre Rechte kämpfen könnten. Ich versuchte, sie zu bestärken und zu trösten. Wir beteten viel in dieser Zeit und sind so richtig zusammengewachsen.

Es war unendlich ermüdend, aber die Leute hatten ein Recht auf mich und meine Solidarität. Die Geschichte zog sich über mehr als ein Jahr. Sie haben wirklich alles versucht, wirklich alle legalen Möglichkeiten ausgeschöpft. Sie sind zu Gericht gegangen, sie haben mit den Gewerkschaften verhandelt und um Unterstützung gebeten. Einige sind sogar für ihr letztes Geld nach Brasilia geflogen und haben mit Abgeordneten der verschiedensten Parteien geredet. Außer Versprechungen haben sie allerdings nichts nach Hause gebracht.

In ihrer Verzweiflung haben sie dann den Beschluß gefaßt, die Transamazônica zu blockieren. Das mußte wirken, meinten sie. Der Beginn der Blockade sollte am Pfingstmontag sein. Ich selber habe davon erst im letzten Augenblick erfahren, weil ich ausgerechnet in diesen Tagen bei einer Sitzung der regionalen Bischofskonferenz in Belém sein mußte. Als ich zurückkam, stand Altamira bereits Kopf. Es war ein irrsinniger Wirbel. Also hab ich mich sofort ins Auto gesetzt und bin hinausgefahren. Ich habe alle Termine absagen lassen und bin einfach geblieben, tagelang, bis ich plötzlich hohes Fieber bekam und nach Altamira zurückmußte. Das was am 30. Mai. Der Arzt gab mir Infusionen, aber es dauerte zwei Tage, bis das Fieber endlich sank.

Am 1. Juni, ich hing gerade am Tropf, bekam ich den Anruf eines bekannten Anwalts, der mich und die Leute in der ganzen Zeit immer wieder beraten hatte. Er sagte mir, er habe eben erfahren, daß die Polizei im Anrücken sei. Ein Trupp von etwa 60 oder 70 Mann sei bereits aus Santarém abgefahren. Also wartete ich noch zu, bis das Zeug in meinen Venen verschwunden und die Flasche leer war, dann zog ich die Nadel heraus, klebte die Einstichstelle mit einem Pflaster zu, zog mich an, wackelte etwas unsicher durchs Haus und zum Auto – gottlob ist mir dabei niemand begegnet, – und fuhr eher langsam zu unserer Werkstätte. Ich habe Orlando, einen unserer tüchtigsten Mechaniker, gebeten, mich an die Transamazônica zu fahren, ich sei doch noch zu schwindlig und zu schwach, um selber zu chauffieren. Ich habe sonst niemandem etwas gesagt und bin einfach abgezwitschert. Die anderen hätten mich sicherlich daran gehindert, so wie ich beisammen war.

Als ich ankam, war die Stimmung überraschenderweise nahezu euphorisch. Aufgeregt erzählten mir die Leute, sie hätten durch einen Mittelsmann die Nachricht bekommen, daß in den nächsten Tagen das Geld endlich ausbezahlt würde. Chico und ein zweiter Gewerkschaftsführer seien gerade zum nächsten Telephon gefahren, um in Brasilia anzurufen und sich zu vergewissern, daß die Nachricht auch stimme. Wenn es wahr sei, dann würden sie um vier Uhr die Blockade abbrechen und die Transamazônica freigeben.

Eine knappe halbe Stunde später wußten wir, daß das eine Illusion war. Chico, der lokale Gewerkschaftsführer, und einer seiner Leute kamen mit hängenden Köpfen von ihrem Telephongespräch zurück. »Wir stehen dort, wo wir vor zehn Tagen gestanden sind«, flüsterte er mir zu. »Es wird nicht gezahlt. Die Blockade wird mit Gewalt gebrochen.« – Ich schaute in all die fragenden Gesichter und wußte, in welche Verzweiflung sie diese Nachricht stürzen würde. Trotzdem sagte ich zu Chico: »Du mußt es den Leuten sagen. Es hilft nichts, wenn ich es weiß. Sie haben ein Recht darauf, die Wahrheit zu erfahren, auch wenn sie so schlimm ist wie diese.« Er nahm das Mikrophon und sagte ihnen alles. Seine Stimme zitterte, sein Gesicht war aschfahl.

Inzwischen hörten wir schon die Geräusche der anfahrenden Polizeiwagen. Jetzt gab Chico mir das Mikrophon: »Dom Erwin, sag irgendetwas. Mach ihnen Mut!«, bat er mich flehentlich. Ich habe das Mikrophon genommen und ich habe geredet. Ich habe mir kein Blatt vor den Mund genommen. Ich habe ausgesprochen, was in mir tobte. Ich habe die himmelschreiende Sünde beim Namen genannt. Aber ich habe die Leute gebeten, habe sie angefleht, unter keinen Umständen Gewalt mit Gewalt zu beantworten. – Davor hatte ich immer die größte Angst, daß den Leuten einmal die Nerven und das Temperament durchgehen könnten. Da genügt ja oft ein Funke.

Zum Schluß habe ich ein Gebet gesprochen und den Segen Gottes auf dieses arme Volk herabgefleht und gebeten, er möge uns den Mut und die Kraft geben, trotz allem durchzuhalten und gemeinsam für Recht und Gerechtigkeit einzutreten durch unsere Standhaftigkeit.

Es wurde ganz still. Plötzlich war es wie auf einem Friedhof. Kein Wort, kein Laut war zu hören, nur die langsam näherkommenden Marschtritte. – Die Leute waren am Boden zerstört. Sie haben einander nur noch angeschaut, haben sich gegenseitig die Verzweiflung aus den Gesichtern gelesen, diese unendliche Verlassenheit und Ohnmacht. Die Schritte der Uniformierten kamen näher. Zuerst einzelne und dann immer mehr Leute setzen sich nieder, dort wo sie standen, setzten sich in den roten

Staub der Straße. Chico, der die ganze Zeit neben mir gestanden war, setzte sich auch. Er schaute fragend zu mir auf. Er hat nichts gesagt, kein Wort. Er hat mich nur angeschaut. Das war für mich ein klares Signal. Wenn ich mich setzen würde, dann würden es auch jene tun, die jetzt noch zögerten. Also setzte ich mich. Das war jetzt mein Platz, neben Chico, mitten unter diesem mir anvertrauten Volk. Wir nahmen einander an den Händen. Ich weiß noch, daß mich die harten, kantigen Schwielen meines Nachbarn zur Linken drückten, so fest hatte er meine schmalen und nicht arbeitsgewohnten Hände umschlossen.

Inzwischen hatte sich die Polizei, bis an die Zähne bewaffnet, vor uns aufgepflanzt. Dann haben sie uns angeschrien: Wir sollen uns endlich ergeben, wir schmutziges Pack. Dann haben sie versucht, Chico zu provozieren, er solle endlich herauskommen aus der Meute und sich stellen. »Feigling!« schrien sie. »Zuerst die Leute aufhetzen und dann nicht einmal den Mut haben, sich zu stellen, das schaut dir ähnlich, du Schwein.« In der Tonart ging es eine Weile weiter.

Plötzlich haben die Frauen zu schreien begonnen: »Wir wollen Frieden! Wir wollen Frieden!« Dann sind die Männer eingefallen: »Wir wollen Gerechtigkeit! Wir wollen Gerechtigkeit!« – Das klang fast wie eine Litanei und ging etwa eine Viertelstunde oder noch länger.

Auf einmal ist die erste Granate zerplatzt. Sie hat einen der Landarbeiter im Gesicht erwischt. Blut rann über sein Gesicht und auf sein helles Hemd. Die Leute waren schockiert: »Blut fließt, unser Blut fließt!«

Das war sicher der Augenblick der größten Gefahr in dieser Situation. Wenn jetzt einer eine Waffe gezogen hätte – nicht auszudenken. Ich habe mit aller Kraft geschrien: »Ruhe! Bleibt ruhig! Bleibt um Himmels Willen ruhig!«

Jetzt begann ein richtiger Hagel von Tränengasgranaten. Neben mir, vor mir, hinter mir sind die Granaten zerplatzt. Die Frauen haben geweint und geschrien, die Kinder haben geheult und gebrüllt. Die Männer sind herumgetaumelt, haben sich ihre Hemdzipfel vors Gesicht gehalten. Das Zeug brannte fürchterlich, nicht nur in den Augen, in Mund und Nase, nein, auch auf der Haut. Du hast einen Moment das Gefühl, als würdest du in Flammen stehen. Ich habe versucht, mein Gesicht mit dem alten

Strohhut zu schützen, den ich wegen der Sonne immer bei mir hatte. Ich bin aufgesprungen und wollte mein Taschentuch in einer danebenstehenden Wassertonne naß machen. Da sah ich einen Mann mit dem Gesicht nach unten auf dem Boden liegen. »Mein Gott, der Doktor« dachte ich und versuchte hinzurennen, aber mir war so schwindlig, daß ich torkelte, als wäre ich schwer betrunken. In diesem Augenblick sprang ein riesiger Polizist, so ein richtiger Riegel, auf mich zu, packte mich am Hemd, vorne, an der Brust, schwang mich über sein Bein und schleuderte mich mit dem Gesicht voran zu Boden, richtig mit der Nase in den Dreck.

Mit Stiefeltritten hat er meinen Rücken bearbeitet. Dann hat er mir den linken Arm in den Nacken gedreht und mich aufgestellt wie ein Stehaufmanderl. Angebrüllt hat er mich dabei und mich dann im Polizeigriff abgeführt. Als ich wieder Luft bekam, hab ich gefragt, warum er das mache. Aber er brüllte nur, das sei ein Befehl und basta. Gequält lächelnd hab ich gefragt: »Es ist wohl das erste Mal, daß Sie einen Bischof abführen?« – »Das ist mir egal«, schrie er mich an, »Befehl ist Befehl!«

Etwa 200 Meter weiter weg stand ein Autobus. In den hat er mich dann hineingetreten. Chico brachten sie dann auch. Er hatte die Hände über den Kopf erhoben und einen Gewehrlauf am Rücken. Etwa eine Stunde saßen wir da drinnen. Wir haben gewußt, daß wir einfach zu Geiseln gemacht worden waren. Mit uns würden sie nun die Leute erpressen, die Straße freizugeben, ohne daß sie auf ihre legitimen Forderungen eingehen müßten. So ist es dann auch geschehen.

Als die Leute abgedrängt waren und die Straße frei war, haben sie uns dann wieder herausgelassen. Der Major hat mich mit einer Schimpfkanonade empfangen. Ich sei subversiv, hat er geschrien, ich hätte die Leute aufgewiegelt und solle mich eher auf meine Stellung besinnen und die Leute lieber beten und gehorchen lehren. In diesem Ton ging das weiter, aber ich blieb ihm die Antwort nicht schuldig und habe gesagt, daß ich das für eine bodenlose Gemeinheit halte, wie mit diesen armen Leuten hier umgegangen würde. Es sei eine Feigheit, voll bewaffnet gegen Kinder und Frauen loszugehen. Nicht einmal Schwangere hätten sie respektiert. Was denn da schon für ein Mut dazugehöre, mit Maschinengewehren und Granaten auf wehrlose Leute loszuge-

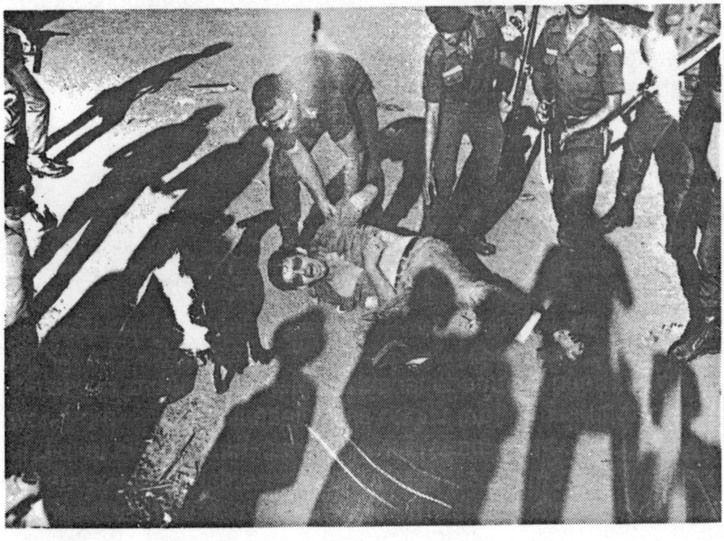

hen? »Feiglinge!« schrie ich. Ich schrie mir jetzt wirklich meinen ganzen aufgestauten Zorn – zugegeben nicht sehr bischöflich – von der Seele. Dann hat er wieder gebrüllt: »Du bist verhaftet!« – Da bin ich dann aber ganz ruhig geblieben und habe gesagt: »Gut, also dann gehen wir. Sie können mich ruhig festnehmen. Dieses Volk hier wird es sehen und bezeugen.« – Chico trat herzu und sagte ebenfalls sehr ruhig: »Wenn der Bischof verhaftet wird, dann gehe ich mit.«

Dann haben die Leute angefangen zu schreien, wirklich aus vollem Hals zu schreien: »Laßt ihn los! Laßt ihn los! – Das ist u n s e r Bischof!« – Sie hörten nicht auf zu schreien, und tatsächlich – sie haben mich losgelassen.

Trotz dieser wirklich schlimmen Situation war ich tief berührt. Sie haben nicht gerufen: »Laß ihn los. Das ist der Bischof!« – Nein, sie haben geschrien: »Laßt ihn los, das ist u n s e r Bischof!« – Da hab ich gespürt, daß dieses Volk mich wirklich ganz angenommen hat, daß ich einer der ihren geworden bin. Das werde ich nie vergessen, das hat mein Leben, meine Beziehung zu diesem Volk wirklich grundlegend verändert, denn ich habe gespürt, daß es nicht mehr genügt, für dieses Volk da zu sein, sondern daß es darum geht, mehr und mehr Teil dieses Volkes zu werden. Das ist bis heute so geblieben. Seit damals sagen sie – egal wo ich hinkomme – nie: »Der Bischof kommt«, sondern »unser Bischof kommt – nosso Pastor, nosso bispo«. Und sie haben recht damit, denn ich gehöre längst zu ihnen, bin ein Teil von ihnen geworden. Das gibt mir – in den oft auch sehr dunklen Stunden – unendlich viel Kraft, den nötigen Elan, trotz aller Müdigkeiten weiterzugehen, mit ihnen weiterzugehen.

D.B.: Hast Du damals eigentlich Angst gehabt?

D.E.: Mir ist eigentlich erst im Nachhinein zum Bewußtsein gekommen, was passiert ist. Im Moment war ich wie blockiert und habe eigentlich nur reagiert. Die Reflexion hat erst in dem Augenblick eingesetzt, als mich der Major zum zweiten Mal verhaften wollte. Da hab ich mir dann schon gedacht: Jetzt wird es schlimm. Jetzt stecken sie mich ins Gefängnis – und wie man dort mit Leuten umgeht, das weiß man ja, die schrecken auch vor Folter nicht zurück. Die Frage für mich war nur: Werde ich das aushalten!? Das ist mir alles so blitzartig durch den Kopf geschossen. Ich glaube, da war schon Angst.

D.B.: Und hat sich Euer, Dein Einsatz eigentlich gelohnt?

D.E.: Zuerst waren wir eher verzweifelt und sicher, daß alles umsonst gewesen ist. Dadurch, daß man Chico und mich als Geiseln festgehalten hat, konnte die Polizei ja ohne Schwierigkeiten die Straße räumen. Es mußten den Leuten keinerlei Zugeständnisse gemacht werden. Es schien, als wäre wirklich alles sinnlos gewesen. Aber, Gott sei Dank, kam es dann doch anders. Was wir nicht gewußt hatten, es waren Journalisten da, darunter auch ein Fotoreporter, die Zeugen der ganzen Geschichte geworden sind. Keiner von uns hatte sie gesehen. Sie hatten sich hinter den Büschen versteckt und alles festgehalten, auch fotografisch. Es war wie ein Film.

Das kam am nächsten Tag groß heraus, in Belém, aber auch in Rio de Janeiro, in ganz Brasilien – auf den Titelseiten. Auch das Fernsehen hat darüber berichtet. Dadurch wurde schlagartig bekannt, wie man hier mit diesem armen Volk umgeht. Das hat dann doch etwas bewirkt: Sechs Tage später, am 7. Juni wurden die Leute dann ausbezahlt.

Es ist halt nur wirklich empörend, wenn man sieht, wie diese Leute monatelang gequält werden, wie man sie fast in den Hungertod, in die Verzweiflung treibt und dann, nur weil die Zeitungen berichten, die Öffentlichkeit alarmiert wird, ist plötzlich innerhalb weniger Tage das Geld da. Diese Willkür, diese Brutalität – das ist das Empörende. Die Leute haben ja nicht um Almosen gebettelt, sie haben nur das verlangt, was ihnen zusteht, was ihnen gehört – die Arbeit hatten sie ja geleistet, die Ernte abgeliefert. Das reißt einem System wie diesem schon die Maske vom Gesicht.

D.B.: Und wie war die Reaktion auf Deinen persönlichen Einsatz?

D.E.: Mir war ja schon etwas komisch zumute, als ich mir da aus allen möglichen Zeitungen entgegengeschaut habe. Meine Situation so aus einer ganz anderen Perspektive zu sehen, sozusagen von außen, das war schon recht merkwürdig. Und was die Reaktionen angeht, naja, im großen eigentlich sehr positiv, aber natürlich hat es auch Stimmen gegeben, die da meinten, ich hätte mich als Bischof nicht einmischen dürfen, es sei irgendwie unter meiner Würde gewesen – so sagte man. Sogar die Polizei hat gesagt, daß mir das alles nicht passiert wäre, wenn ich in Soutane gewesen wäre. Das ist natürlich eine Lüge, denn die haben ganz genau gewußt, wer ich bin. Aber sie behaupteten, es wäre mir nicht passiert, wenn ich mit Mitra und Stab aufgekreuzt wäre. Allerdings schwer vorstellbar so mitten unter dem Volk, im Staub der Straße in ›voller Montur‹ zu sitzen – mir wäre das wie eine Blasphemie vorgekommen.

Ich habe dann einen ausführlichen Brief geschrieben, den ich an die Bischofskonferenz und an die Nuntiatur geschickt habe. Die Bischofskonferenz hat äußerst positiv reagiert – Solidarität auf der ganzen Linie. Vom Nuntius allerdings – das war damals schon der neue – habe ich nur zwei Zeilen bekommen, in denen er den »Erhalt des Schreibens« bestätigte.

Das stärkste Echo kam natürlich aus den kleinen Gemeinden, und zwar wirklich aus ganz Brasilien. Ich habe heute noch ganze Ordner voll mit Briefen, Karten und Unterschriftslisten – sogar aus Rio Grande do Sul, aus dem südlichsten Bundesstaat.

Die meisten Bischöfe haben mir gesagt: »Du hast gar nicht anders handeln können. Als Bischof mußt du dort sein, wo deine Herde ist. Du kannst nicht in einer stillen Waldkapelle leeren Bänken das Evangelium verkünden, während deine Leute ihren Kopf hinhalten.« Ein älterer Amtsbruder war besonders lieb. Der hat mich an der Hand genommen und hat gesagt: »Bravo, ich bin stolz auf dich. In meinem Alter kann ich solche Sachen zwar nicht mehr machen, aber ihr Jungen müßt es denen zeigen, müßt durch Euer Leben bezeugen, auf welcher Seite Christus steht.« – Also da hatte ich wirklich die volle Unterstützung. Aber trotz allem kam mir in diesen Tagen und Wochen immer wieder jene Stelle aus dem Johannesevangelium in den Sinn, in der es heißt: »... und werde dich führen, wohin du nicht willst.« Denn ich hatte mich da ja wirklich nicht hineingedrängt. Ich konnte einfach nicht anders als bei meinen Leuten zu sein und zu ihnen zu stehen.

D.B.: Und wenn schon vom Nuntius keine Reaktion kam, der Papst hat Dir ja persönlich gesagt: »Machen Sie so weiter!«

D.E.: Ja, beim Ad-limina-Besuch hab ich dem Papst ausführlich von dieser ganzen komplexen und konfliktträchtigen Situation hier erzählt. Er fragte dann: »Und wie schaut in diesem Zusammenhang die kirchliche Arbeit aus?« – Ich sagte: »Wir versuchen, uns auf die Seite der Armen zu stellen und gemeinsam mit ihnen gegen die Armut und für ihre Rechte als Menschen zu kämpfen« und habe ihm an einigen Beispielen ganz deutlich gemacht, was das konkret heißt. Er hat aufmerksam zugehört und dann gesagt: »Ja, machen Sie so weiter, denn wenn die Kirche nicht auf der Seite der Armen steht, wer würde das sonst tun. Dies ist in Wahrheit unsere vornehmste Aufgabe.« – Das hat mir der Papst im Vatikan, in seiner Privatbibliothek, gesagt.

D.B.: Und was das Amt anlangt, so hat dieser dramatische Zwischenfall an der Transamazônica ja auch ziemlich direkte Konsequenzen gehabt.

D.E.: Ja, das war dann Ende Juli. Ich habe einen Telephonanruf vom CIMI, vom Indianermissionsrat bekommen, in dem sie mir mitgeteilt haben, daß sie mich gerne während der für Ende Juli anberaumten Generalversammlung als Kandidaten für die Präsidentschaft aufstellen würden. Ich hab gleich einmal energisch abgewunken, mit dem Hinweis auf die Ausmaße der Prälatur und meinem wirklich dichten Arbeitsprogramm. Die Antwort war klar und kühl: »Das kann jeder sagen.« – Mir ist einfach ein bißerl angst und bang gewordon.

Es ging dabei nicht um das Thema an sich, denn meine Beziehungen zur Indianerfrage waren immer sehr stark gewesen, auch schon durch meinen Onkel, auch durch meine Arbeit mit den Indianern in der Prälatur. Für das Problem war ich sehr offen, aber ich fühlte mich einfach überfordert. Ich kann ja nicht auf zwei Hochzeiten tanzen – hier die größte Prälatur Brasiliens und dort die Verantwortung für das Schicksal der Indianer auf nationaler Ebene.

Die Geschichte mit der Polizei hat da natürlich sicher auch eine gewisse Rolle gespielt. Vorher hat mich ja kein Mensch gekannt. Wer kennt schon einen Bischof, der irgendwo an der Peripherie, irgendwo hinter dem Wald tätig ist. Nach der Sache an der Transamazônica haben sie sich dann vermutlich gedacht, wenn der sich so für die Bauern einsetzt, dann wird er sich vielleicht auch für die Indianer einsetzen.

Ich habe dann noch mit einer Reihe von Kollegen geredet, vor allem mit Kardinal Aloisio Lorscheider, und der hat auch gemeint, daß das Argument mit der Arbeit nicht stichhaltig ist: »Arbeit hat jeder von uns, mehr als genug, das zieht nicht. Bisher hat die Kirche Brasiliens die Indianerfrage immer so als Wurmfortsatz behandelt, das ist irgendwie am Rande mitgelaufen. Das muß sich ändern, also mußt Du diesen Auftrag annehmen. Du hast keine Wahl.« – Also, was sollte ich tun. Sie haben mich gewählt.

Am Anfang hab ich mich sehr schwer getan. Es galt, sich in eine doch sehr komplexe und schwierige Materie einzuarbeiten. Gottlob hab ich ein äußerst effizientes und hilfreiches Team vorgefunden, das mich wirklich in allem unterstützt. Aber es brauchte natürlich seine Zeit, bis ich wirklich alle Zusammenhänge verstanden habe.

Es ist ja ein breites Spektrum. Immerhin gibt es in Brasilien heute noch mehr als 180 Indianervölker in nicht weniger als 70 Diözesen. Das geht also die ganze Kirche an. In Puebla damals ist ja klar herausgestellt worden, daß die Ärmsten der Armen die Indianer sind. Da kann die Kirche nicht einfach die Augen zumachen, sondern muß sich intensiv des Schicksals dieser Menschen annehmen.

D.B.: Noch dazu, wo sie ja durch die Jahrhunderte an diesen Menschen schuldig geworden ist.

D.E.: Genau. In dem Schiff, in dem die Eroberer angekommen sind, sind ja auch die Missionare gekommen, und die Kirche hat da immer ethnozentrisch gehandelt. Sie hat sofort versucht, den Leuten den europäisch geprägten christlichen Glauben überzustülpen und war da durchaus handelseins mit den Conquistadores: Wer sich nicht taufen läßt, ist kein Mensch.

D.B.: Und diese Haltung hat ja viele Millionen Opfer gekostet.

D.E.: In Brasilien hat es zur Zeit der sogenannten Entdeckung, also der Invasion durch die Portugiesen, geschätzte sieben bis zehn Millionen Indianer gegeben. Heute sind es nicht einmal mehr 300.000. Diese Zahlen sprechen für sich. Die Kirche ist da mitschuldig geworden, auch wenn es immer wieder einzelne Missionare gegeben hat, die versucht haben, sich auf die Seite der Indianer zu stellen und sie zu verteidigen – vor allem unter den Jesuiten und Dominikanern. Viele von ihnen wurden sogar verfolgt und auch des Landes verwiesen. Ich meine, auf diese Leute muß man schon auch immer wieder verweisen, wenn man der Kirche als ganzer berechtigterweise Schuld zuweist.

Die Worte aus der Epiphaniepredigt von Pater Antonio Vieira, die er kurz nach seiner Ausweisung aus Brasilien Ende des Jahres 1661 vor dem portugiesischen Hof gehalten hat, lassen uns zum Beispiel die innere Not eines Missionars spüren. Sie sind zugleich eine Anklage; eine Anklage, die bis heute Gültigkeit hat, wenn staatliche Stellen von Missionaren verlangen, einer völkermordenden Integrationspolitik zum Durchbruch zu verhelfen. Ich hab den Text jetzt nicht wörtlich im Kopf, aber ich glaube, ich hab ihn irgendwo in meiner Tasche. Warte einen Augenblick, ich schau schnell nach.

(Nach einigen Minuten kommt Dom Erwin mit einem Blatt Papier zurück.)

Ich les Dir das vor, ich glaube, das ist wichtig, weil es die Situation von damals, aber in gewissem Sinn auch von heute deutlich macht. Antonio Vieira sagte damals also unter anderem: »Man möchte, daß wir die Eingeborenen zum Glauben bringen und sie dann der Gier überlassen. Man möchte, daß wir die Schafe zur Herde bringen und sie dann dem Hackbeil überlassen. Man möchte, daß wir die Könige zu Christus bringen und sie dann Herodes überlassen. – Und da wir diese Sinnlosigkeit aufgedeckt haben, sind wir die Törichten. Da wir uns dieser Ungerechtigkeit widersetzen, sind wir die Ungerechten. Da wir uns gegen solcherlei Herzlosigkeit wehren, sind wir die Ruchlosen. Man möchte den Dienern des Evangeliums lediglich das Heil der Seelen anvertrauen und will, daß die Hörigkeit und Knechtschaft des Leibes Sache der Staatsdiener sei. Diese Wege und Sorgen zu trennen, heißt weder Sorgen noch Wege zu wollen. Die Seele vom Leib trennen, heißt töten und die beiden Sorgen auseinanderzureißen, heißt zerstören. Deshalb sind auch in so wenigen Jahren so viele Gegenden zerstört und entvölkert worden; und von so vielen Dörfern, von denen nur die Namen geblieben sind, sieht man heute nichts mehr als Ruinen und Friedhöfe.«

Vor diesem Hintergrund müssen wir unsere heutige Verpflichtung sehen, uns für die Indianer, für ihr Leben und ihre Kultur einzusetzen. Es wäre das Ziel, auch eine Kirche mit indianischem Antlitz entstehen zu lassen und es nicht bei der heutigen indianischen Kirche mit europäischen Zügen zu belassen.

Das sind ja wirklich marginalisierte Volksgruppen, und wie können wir uns heute auf das Zweite Vatikanische Konzil, auf Medellín und Puebla berufen, wenn wir uns als Kirche nicht auf die Seite dieser Völker stellen? Sie wären ja nicht arm, sie sind nur dort in die Armut, ins Elend getrieben, wo man ihnen ihre Art zu leben streitig macht, sie aus ihren angestammten Gebieten vertreibt. Heute sind sie durch die Großgrundbesitzer, durch die Holzfäller, durch die Bergbauunternehmer und die Goldgräber gleichermaßen gefährdet und jetzt noch durch die geplanten Dammbauten, durch die weite Gebiete überflutet würden, wenn sie tatsächlich gebaut werden.

Seit 1983 versuche ich, Kardinal Lorscheiders Auftrag zu erfüllen und die Indianerfrage aus ihrem Schattendasein herauszuholen und ins Licht einer öffentlichen Auseinandersetzung zu stellen. Es ist eine Frage, die die ganze Kirche Brasiliens betrifft.

D.B.: Da stellen sich mir zwei Fragen. Was könnt Ihr einerseits in der Seelsorge tun, um die Kultur der Indianer nicht noch weiter zu zerstören, und andererseits, was kann CIMI politisch erreichen?

D.E.: CIMI ist vor Ort. Das kennzeichnet unsere Organisation. Das sind nicht irgendwelche Missionare, die in einem Büro sitzen und Artikel schreiben, um auf die öffentliche Meinung Einfluß auszuüben. Im CIMI ist jeder Missionar vertreten, der mit den Indianern zusammenlebt, jeder Bischof, in dessen Diözese es Indianer gibt. Uns kann man wirklich nicht vorwerfen, daß wir die Indianer vom Schreibtisch aus verteidigen. Unsere Leute leben mit den Idianern, draußen in ihren Dörfern. Sie werden ja auch oft genug verfolgt und auch umgebracht. In den vergangenen Jahren haben wir mehrere Priester und Ordensleute verloren, die man umgebracht hat, weil sie den Indianern geholfen haben.

Für mich persönlich gibt es da auch noch die Dimension des Evangeliums. Was heißt Inkarnation: Gott ist Mensch geworden und hat unter uns seine Zelte aufgeschlagen. Er ist der Gott-mit-uns, also auch ein Gott-mit-unseren-indianischen-Brüdern und Schwestern. Das ist ganz klar.

Auf der anderen Seite wissen wir genau, daß die Indianer nur überleben können, wenn entsprechende politische Entscheidungen getroffen werden. Es muß jenen Gesetzen Geltung verschafft werden, die die Indianer nicht ausrotten, sondern ihr Überleben verteidigen. Darum haben wir uns in den vergangenen Jahren mit aller Kraft für die entsprechenden Passagen in der neuen Verfassung engagiert. Das hat uns ganz ordentliche Probleme gebracht. Wir wurden vor allem von den Bergbauunternehmen, den Großgrundbesitzern und gewissen politischen Gruppierungen angefeindet, die aus dem status quo ihre Gewinne ziehen.

Es hieß, so grotesk das klingen mag, daß wir unter dem Vorwand, die Indianer zu verteidigen, selber am Gold interessiert wären. Wir wurden sogar mit internationalen Kartellen in Verbindung gebracht. Zum Beispiel hat man mir persönlich den Vorwurf gemacht, daß ich durch Interventionen beim Bauxit-Kartell versucht hätte, den Zinnpreis zu manipulieren. – Ich meine, es ist ja wirklich grotesk und unglaublich, was denen alles einfällt. Manchmal konnten wir nur noch lachen, aber das Lachen ist uns dann immer wieder schnell vergangen.

Eine der größten und mächtigsten Zeitungen des Landes »O Estado de São Paulo« hat uns sogar eine ganze Serie gewidmet. In den Tagen vor der Abstimmung über die Verfassung zwischen dem 9. und dem 14. August haben sie täglich bis zu drei Seiten über uns geschrieben. Riesige Balkenlettern auf der Titelseite: »CIMI. – Die Brüder des Goldes«. Das kann man sich alles wirklich nicht vorstellen.

D.B.: Und warum das alles? Hatte man solche Angst vor Euch?

D.E.: Na ja, nicht Angst. Aber die wußten natürlich genau, daß die Verankerung der Indianergesetze in der Verfassung schon Folgen nach sich ziehen würde, vor allem eben für die Bergbauunternehmen, die dann ja nicht mehr einfach schürfen können, wo es ihnen paßt. Es ging um ihre Bewegungsfreiheit, denn wenn das Indianergebiet gesetzlich geschützt ist, können die Arbeitertrupps nicht mehr so einfach hinein, als ob es sich um Niemandsland handelte. Mit den Holzfällern ist es dasselbe. Die müßten in Hinkunft mit den Indianern verhandeln, wenn sie schlägern wollen. Jetzt geht ja faktisch jeder hin, wo er will, und setzt die Axt an. Auch die Großgrundbesitzer bangten um ihr zu Unrecht okkupiertes Land mit den riesigen Weideflächen. Es ging und geht ums Geld, um sonst nichts.

D.B.: Und haben die Leute diese Anschuldigungen geglaubt?

D.E.: Zum Teil schon. Aber letztlich hatten wir dann doch Glück. Es wurde aufgrund dieser Diffamierungskampagne eine parlamentarische Untersuchungskommission einberufen, die sich mit den gegen CIMI erhobenen Vorwürfen beschäftigen sollte. Da ist es rund gegangen. Unsere Gegner haben sich ganz schön demaskiert, aber wir konnten doch auch eine Reihe von Abgeordneten entdecken, von denen wir nicht gewußt hatten, daß sie eher auf unserer Seite stehen. Jedenfalls gab es wilde Debatten. Auch die Frage meiner Staatsbürgerschaft wurde wieder aufgerollt. Zuerst wurden einmal tagelang nur jene Leute angehört, die uns angeschwärzt hatten, und eine Weile schaute es so aus, als würden tatsächlich all diese Lügen geglaubt werden. Aber dann stellte sich mehr und mehr heraus, daß alle, aber auch wirklich alle Beweismittel, die sie vorgelegt hatten, gefälscht waren, und zwar so plump, daß es wirklich schon eine Frechheit war. Die mußten ihrer Sache sehr sicher gewesen sein, was ja wieder für das politische Klima in diesem Land ein Zeugnis ablegt, daß diese Herren nämlich glauben, wirklich mit jeder Anschuldigung, so fadenscheinig sie auch sein mag, durchzukommen, wenn es nur im Sinne der Reichen und Mächtigen ist. Die glauben, sie können sich wirklich alles erlauben.

Bei den vorgelegten ›Dokumenten‹ handelte es sich durchwegs um Kopien. Die Originale wären nicht aufzufinden gewesen, hieß es. Da wurden also irgendwelche Briefe geschrieben und die Unterschrift unseres Generalsekretärs einfach draufkopiert, wirklich primitiv. Angeblich wurde auch das Protokoll einer Sitzung gefunden – immerhin sieben eng beschriebene Seiten – nur diese Sitzung, von der da ausführlich berichtet wurde, hatte nie stattgefunden. Dabei war das ganze ›Protokoll‹ nur so gespickt mit angeblich wörtlichen Zitaten von uns allen. Da standen wirklich haarsträubende Dinge. Weiters wurde ein Dokument einer Vereinigung mit dem Namen »Rat der christlichen Kirchen« vorgelegt. Am Briefkopf war eine Genfer Adresse angegeben. Recherchen beim Magistrat in Genf haben dann natürlich ergeben, daß es dort zwar einen »Weltkirchenrat«, aber keinen »Rat der christlichen Kirchen« gibt. Ja, so ging das weiter, abenteuerlich kann ich nur sagen.

Irgendwann mußte die Kommission dann auch zugeben, daß das alles Fälschungen waren und daß die Anschuldigungen samt und sonders haltlos sind. Sie haben sich natürlich schwer getan, war ja auch eine eher peinliche Situation. Es wurde daher auch nie ein Kommuniqué veröffentlicht. Einige der uns gut gesinnten Abgeordneten haben sich dann zusammengetan und einen Brief publiziert, in dem sie den wahren Sachverhalt dargelegt und uns von allen Beschuldigungen freigesprochen haben. Der Schuß ist doch eher nach hinten losgegangen, und bei der Abstimmung über die Verfassung wurden die Indianergesetze mit einer erstaunlich großen Mehrheit in den Verfassungsrang erhoben. Jetzt steht das alles also wenigstens auf dem Papier.

All die Mühe, die wir auf uns genommen hatten, hatte doch einen Erfolg gebracht. Ich meine, wir waren wirklich pausenlos unterwegs gewesen, ständig Gespräche, Diskussionen und Verhandlungen. Im Parlament waren wir wie die Klinkenputzer unterwegs gewesen, von einem Abgeordneten zum anderen hatten wir versucht, auf die Problematik hinzuweisen. Den letzten Ausschlag dürfte dann aber trotzdem weniger unsere Aktivität gegeben haben, sondern die Anwesenheit von Indianern aus ganz Brasilien, die am Tag der Abstimmung in vollem Kriegsschmuck auf der Galerie des Kongresses unter den 140 anwesenden CIMI-Mitgliedern Platz genommen hatten. Das dürfte doch Eindruck gemacht haben.

Während ich in Wien bei brütender Hitze an diesem Manuskript schreibe, ist am 15. August 1989 übrigens die jüngste Generalversammlung des CIMI in Gaiânia zu Ende gegangen. 190 Mitglieder waren anwesend und haben das Schwerpunktprogramm neu diskutiert und in etlichen Bereichen weiterentwickelt. Das wichtigste ist und bleibt es, endlich der Verfassung zum Leben zu verhelfen, um Leben und Lebensart der Indianer zu schützen und ihnen immer wieder neuen Mut zu geben, ihre Probleme selber in die Hand zu nehmen. Trotz der guten Stimmung, von der Dom Erwin in einem Brief berichtet, ist auch wieder einmal deutlich geworden, daß die Gegner noch längst nicht aufgegeben haben. Wörtlich schreibt er:

Die letzten Tage wurde ich wieder einmal in der Zeitung ganz gemein angegriffen. Bestimmte Kreise können mich einfach nicht in Ruhe lassen, und wenn ich damals, während der Diffamierungskampagne gegen den CIMI auch schon eine etwas dicke Haut bekommen habe, so gehen mir diese Dinge dennoch immer wieder sehr nahe. Es handelt sich auch diesmal wieder um gemeine Verleumdungen. Ein längst als Fälschung entlarvtes Dokument einer Organisation, die gar nicht existiert, ist der Ausgangspunkt für Anschuldigungen gegen mich. Angeblich strebe ich die »Internationalisierung Amazoniens« an und mische kräftig mit. Das Indianertreffen in Altamira vom vergangenen Februar sei eine Protestaktion gegen den Staat Brasilien gewesen, und ich hätte diese »naiven und kulturlosen« Menschen zu dieser Demonstration verführt und würde Druck auf sie ausüben. Um mich der Verantwortung zu entziehen, hätte ich mich noch dazu gerade in diesem Augenblick nach Österreich abgesetzt, um dort Urlaub zu machen. – Na, wirklich miserables Geschwätz. Leider gibt es aber Leute, die das glauben oder denen zumindest Zweifel kommen.

Ich muß in den nächsten Tagen überlegen, was zu tun ist, um die Dinge wieder ins rechte Lot zu bringen. Du siehst, es fehlt hier nicht an Abwechslung. Es gibt ja verschiedene Formen von Leid und Schmerz, die man jemandem zufügen kann. Diese Verleumdungen gehören da sicherlich mit dazu. Aber, es ist nun einmal so, und ich hoffe immer auf die Kraft, die von oben kommt, um diese Dinge ertragen zu können. Manchmal ist man schon in Versuchung, mutlos zu werden.

Bei der Brutalität des Systems und seiner Handlanger ist das schon zu verstehen, daß zuweilen Phasen der Mutlosigkeit eintreten. Gottlob wirken in diesem Menschen und seinen Mitarbeitern starke Gegenkräfte, die das seelische Immunsystem immer wieder stärken und seinen Zusammenbruch verhindern.

*

Das neue brasilianische Gespenst der ›Internationalisierung‹ ist natürlich auch ein Thema unseres Gespräches am Fluß. Dom Erwin werden ja nicht erst seit heute immer wieder Vorwürfe in dieser Richtung gemacht. Was sich dahinter verbirgt, erklärt er so:

»Die Militärminister, und Brasilien leistet sich vier von dieser Gattung, schüren seit Jahren die Angst, daß durch ausländischen Einfluß, vor allem was die ökologischen Probleme angeht, die Souveränität des Staates gefährdet werden könnte. Es gibt natürlich in Europa und auch in Nordamerika massive Proteste gegen das Abholzen der Regenwälder, gegen die Brandrodung, gegen die Zerstörung des ökologischen Gleichgewichtes, das nicht nur für Brasilien schlimme Folgen haben könnte. Diese Proteste werden nun als Attacke auf die Souveränität gewertet. Das ist halt diese ›Mir-san-mir‹-Haltung, die ist ja auch in Österreich nicht ganz unbekannt: Das ist unser Wald, und was wir mit unserem Wald machen, geht niemanden was an.

Aber gerade diese Gelegenheits-Nationalisten sind es ja andererseits, die in den letzten Jahren die Schürfrechte über mehr als 40 % Amazoniens verkauft haben. Jetzt machen sie sich plötzlich Sorgen. Es wäre wichtiger, wenn sie die 40 % des Landes an die einheimische Bevölkerung zurückgeben würden. Das ganze steht natürlich, vor allem für die Militärs, in engem Zusammenhang mit der berüchtigten Doktrin der ›Nationalen Sicherheit‹, die schon genug Unglück über das Land gebracht hat.

Militärs denken ja immer in etwas eigenartigen Kategorien und eingefahrenen Geleisen. Sie müssen ja schließlich auch etwas zu tun haben. Wenn es keinen äußeren Feind gibt, dann muß eben ein innerer her oder – wie jetzt – die Verquickung der nationalen und internationalen Ökologiebewegung, die zum neuen Feind Brasiliens hochstilisiert wird.«

D.B.: Aber noch kurz zurück zur Indianerfrage. Das Papier ist da, wie soll es jetzt weitergehen?

D.E.: Nun, es gibt da einige Ansätze. Zum Beispiel sollen die diversen Grenzziehungen, die von dieser Regierung gemacht worden sind und den neuen Gesetzen widersprechen, rückgängig gemacht werden. Vor einigen Wochen ist eine Abordnung von Politikern gemeinsam mit Vertretern der Bischofskonferenz und einiger Indianerorganisationen nach Norden, in den Bundesstaat Roraima geflogen. Roraima wird noch von Überresten des Volkes der Yanomani bewohnt. Dort wurden die Leute durch Regierungsbeschluß in 19 Wald-Inseln eingekreist, die voneinander durch 530 Kilometer lange Korridore getrennt sind, untereinander also keinerlei Verbindung haben. Das wurde jetzt studiert.

Man ist endlich auf den Wahnsinn draufgekommen, und das muß revidiert werden. Um das zu erreichen, muß aber Druck ausgeübt werden, national und international, sonst läuft hier gar nichts. Ohne Druck kommen diese Gesetze nie zum Tragen.

D.B.: Aber lokal könnte es natürlich sogar zu einer Verschärfung der Situation kommen, wenn Grundbesitzer jetzt noch schnell versuchen, ihr Gebiet auf Kosten der Natur und der Indianer auszuweiten, bevor die Gesetze greifen.

D.E.: Ja natürlich, das passiert ja auch, aber ich glaube, wir können jetzt einfach nicht mehr zurück, weil ja langfristig die Indianer einen noch höheren Blutzoll zu bezahlen hätten. Die Morde, die immer wieder und immer noch passieren, sind ein Zeichen dafür, daß die Gesetze nicht respektiert werden. Wir können uns dadurch jetzt nicht erpressen lassen, sondern müssen durch Aufklärung und Aufdeckung solcher Verbrechen Druck auf Justiz und Regierung ausüben, damit den Gesetzen Geltung verschafft wird. Das, was da noch immer läuft, ist Verfassungsbruch, darauf müssen wir verstärkt hinweisen. Der Präsident hat auf diese neue, in seiner Amtszeit verabschiedete Verfassung seinen Eid geleistet, jetzt soll er endlich dafür sorgen, daß sie eingehalten wird.

Später am Abend, als wir nach einigen wirbeligen Stunden vom Gemeindehaus in Santa Bárbara aufs Schiff zurückkommen und noch eine Weile am Deck sitzen, um tief Luft zu holen, kommt Dom Erwin noch einmal auf das Thema Indianer zurück. Das ist ein Thema, das ihn wirklich tief zu bewegen scheint:

»Ich habe am Nachmittag vergessen, Dir einige Begebenheiten zu erzählen, die die ganze Brutalität in dieser Frage zeigen.

Natürlich werden Indianer heute nicht mehr dorfweise massakriert wie früher, obwohl das noch gar nicht so lange her ist. Ich war schon in Altamira, als diese Dinge geschehen sind. Im Mato Grosso hat man eine Gruppe von Indianern mit Pockenviren infiziert. Die sind alle elendiglich zugrundegegangen. Bei einer anderen Gruppe hat man sich ebenso erfolgreich der Masernerreger bedient. Diese in Europa an sich harmlose Kinderkrankheit wirkt bei den Indianern, die wie andere Naturvölker auch dagegen keine Abwehrkräfte haben, verheerend. Bei einer weiteren Aktion, ein Gebiet »indianerrein« zu machen – es war im Zuge der Vorbereitungen für die Transamazônica – flüchtete 1967 eine Gruppe des Volkes der Araras bis in die Nähe von Altamira. Dort griff man sie auf, und auch hier hatte man nicht die leiseste Absicht, diesen ausgehungerten und völlig verwirrten und erschöpften Menschen zu helfen. Man sperrte sie in eine enge Koppel, die mit Draht eingezäunt war und leitete Strom durch. Es muß furchtbar gewesen sein. Sie blieben an den Drähten picken und haben geschrien und geschrien.

Es ist unvorstellbar, zu welchen Grausamkeiten die Leute fähig sind. Heute läuft das vielleicht nicht mehr so brutal, da haben sie doch schon Angst, daß das herauskommen könnte, heute läuft es subtiler und zynischer.

Eine andere Geschichte habe ich erst vor kurzem erfahren. Sie ereignete sich in den Goldgräbergebieten in Roraima. Ein Indianerbub wollte einen Mutum, das ist ein relativ großer und sehr schmackhafter Vogel, schießen. Er legte seinen Pfeil auf die Sehne seines Bogens, spannte, zielte, schoß und verfehlte den Vogel, der mit großem Gekreische aufflog. Da es ja einige Arbeit bedeutet, einen guten Pfeil zu schnitzen, wollte der Junge seinen Pfeil wiederhaben und kletterte auf den Baum. Die Szene hatten zwei Garimpeiros, zwei Goldgräber aus der Nähe beobachtet. Kaum war der Bub auf dem Baum zu sehen, legte einer seine Flinte an und erschoß den Buben. – Großes Gelächter, großer Spaß, ›gemma Indianer schießen‹. – Die Geschichte ist bekannt geworden, aber nichts ist geschehen. Wer pfeift sich schon um einen toten Indianerbuben, sind ja nur Menschen zweiter Klasse, Untermenschen mit einer verachtenswerten Steinzeitkultur! – Heulen, heulen möchte man manchmal.«

Zum Thema »Indianer« siehe Anhang: Der Bericht Dom Erwin Kräutlers, des Präsidenten des Indianermissionsrates CIMI, vor der Bischofskonferenz in Itaici – São Paulo, am 11. April 1989 im Wortlaut.

XI

Der Auftrag, das Evangelium zu verkünden, erfordert heute den ungeteilten Einsatz für die volle Befreiung des Menschen.
Puebla Nr. 36

DAS LEID, ABER AUCH DER WIDERSTAND HAT WEIBLICHE ZÜGE

Im Gemeindezentrum von Santa Bárbara – es ist übrigens um einiges größer als in den bisher besuchten Gemeinden, da gibt es nicht nur den üblichen wackeligen Steg, sondern ein ganzes System von zum Teil sogar ganz neuen rotbraunen Holzstegen – beginnt es schon sehr früh zu summen und zu lärmen. Ist ja auch ein großer Tag, wenn der Bischof da ist. Heute wird er noch dazu 25 junge Leute firmen. Dom Erwin ist auch schon früh unterwegs, denn er will den Firmlingen noch die Beichte abnehmen, und dafür will er sich Zeit nehmen, Zeit zum Gespräch.

Während der Pastoralreisen ist die Ohrenbeichte normalerweise nicht möglich. An ihre Stelle tritt die Bußandacht mit Generalabsolution. Ich hab einmal nach dem Grund gefragt, und der leuchtet ein: »Ich habe für jeden dieser Sektoren, in denen sich ja oft bis an die zehn Gemeinden versammeln, nur einige Stunden Zeit, den Abend und den Vormittag. Wenn ich anfange, Beichte zu hören, dann kommen alle und es bleibt absolut keine Zeit mehr für das Gespräch mit den Leuten, ja nicht einmal mehr für eine Eucharistiefeier, die ja länger als gewöhnlich dauert, da sie von den Leuten selbst vorbereitet wird. Was bliebe vom Sakrament, wenn ich nur ein »Ego te absolvo« nach dem anderen heraussprudle, so wie am Fließband. Und die Leute hier sind ehrlich, auch sich selbst gegenüber. Wenn wir da am Beginn der Messe einen Bußritus machen und dann eine Stille halten und sie dann bei der Absolution die rechte Hand aufs Herz legen, dann weiß ich, daß sie ihre Sünden bereuen und Gottes Verzeihung im Sakrament erhalten. Dennoch, wenn Firmung ist, nehme ich gewöhnlich die Beichte einzeln ab.«

Und das ist heute der Fall. Also zieht er sich in ein Eck der kleinen Holzkirche zurück, die wie alle anderen auch hellblau und weiß gestrichen ist. Die jungen Leute gehen einer nach dem anderen hinein. Während hier die Stille und das intensive Gespräch von Mensch zu Mensch, von Mensch zu Gott diese Morgenstunde prägt, geht es drüben im Gemeindehaus schon recht lebhaft zu. Da wird diskutiert, ob man den Altartisch an der Schmal- oder an der Längsseite des Raumes aufstellen soll, da werden Bänke geschleppt und Girlanden gebunden. Kinder tollen herum. In einer Ecke des Raumes probt der kleine Chor noch ein paar Lieder, und draußen stehen die Männer und reden über Politik.

Um neun Uhr kommt Dom Erwin herüber, arrangiert die Bänke für die Firmlinge und die Paten noch einmal um, zeigt den Leuten, wie sie stehen sollen und daß der Pate oder die Patin jeweils ihrem Schützling die Hand auf die Schulter legen muß, während er das Sakrament spenden und die Kraft des Heiligen Geistes auf den einzelnen herabflehen wird. Alles ist ein bißchen hektisch, was sonst in diesen Breiten eher unüblich ist. Mit der Hektik, die bei uns in den Familien von Firmlingen schon Tage vorher herrscht, ist das allerdings nicht zu vergleichen. Es gibt hier weder die Sorgen mit dem Festgewand – wenn der Bischof kommt, hat man ohnehin das Beste an, was man besitzt – noch mit den Firmgeschenken, die es hier ganz einfach nicht gibt, noch mit dem Festmahl, denn sie werden später alle dasselbe essen, das, was da ist – Reis und Bohnen und vielleicht ein Stückchen Fisch oder Fleisch. Daß sie beisammen sind, daß sie miteinander reden, miteinander lachen, einander trösten und ermutigen können – das genügt, ist Fest genug.

Dom Erwin schlüpft in sein einfaches Meßgewand und legt heute, der Firmung wegen, eine rote Stola um. Ein Luxus – sie hat sogar goldene Fransen. Da gibt es kein würdevolles Schreiten, keinen Vespermantel, keine Mitra, keinen Stab – die Feierlichkeit tragen sie alle, der Hirte und seine Herde, weniger nach außen zur Schau; die tragen sie im Herzen. Vielleicht hat sie ihr Leben, ihre schwierige und bedrohte Situation eher begreifen gelehrt, was das zu sein hat, ein »Streiter Christi«, als das unseren jungen Leuten möglich ist, noch dazu bei dem allzufrühen Zeitpunkt, den man hierorts für dieses Sakrament wählt. Die jungen Männer und Frauen dort wissen, daß sie ihr Leben einzusetzen haben, wenn sie ihren Glauben in Solidarität miteinander leben wollen.

Es ist nun wirklich eine sehr feierliche Messe geworden, und als Dom Erwin dann vor jeden einzelnen und jede einzelne der Firmlinge hintritt und sie beim Namen nennt, ihre Stirn mit Chrisam salbt und ihnen die Hand auflegt, da erfüllt eine ernste Stille den Raum. Da hat man das Gefühl, daß es genau so ist, wie sie sagen, wenn sie auf die Worte des Priesters: »Der Herr sei mit euch« nicht wie bei uns: »Und mit Deinem Geiste« antworten, sondern: »Er ist in unserer Mitte«.

Ich weiß, daß nach der Messe nicht mehr viel Zeit bleiben wird. Wir müssen heute bald aufbrechen, die Strecke, die vor uns liegt, ist ziemlich lang. Aber eine Frage muß ich noch klären: die Frage nach dem kleinen Jungen mit dem verkrüppelten Bein, der mir schon gestern aufgefallen ist, nicht wegen seiner Behinderung, sondern wegen seines für dieses Umfeld hier ungewöhnlichen Gesichtes. In Kerala, in Südindien wäre er kaum aufgefallen, aber hier sticht dieses sehr dunkle, ebenmäßige Gesicht mit den dunklen Augen und dem schwarzen, leicht gewellten Haar heraus. Es gibt zwar die tollsten Mischungen hier, auch Menschen mit weißblondem oder auch rötlichblondem Haar, die dann aussehen, als wären sie aus einem florentinischen Rennaissancerahmen gestiegen. Aber das Gesicht dieses Buben ist außergewöhnlich. – Das ist es, was mir aufgefallen ist, aber nicht, was ich wissen möchte. Wissen möchte ich etwas über seine Behinderung und ob je versucht wurde, irgend etwas zu unternehmen, um den Buben von dem häßlichen Stock wegzubringen, mit dem er sich nur mühsam fortbewegen kann. Ich habe Terezinha ausgeschickt, für mich die Kundschafterin bei der Mutter zu spielen. Es stellt sich heraus, daß er das jüngste von zehn Kindern einer ganz armen Familie ist, der mit einem Jahr an Kinderlähmung erkrankt und seither verkrüppelt ist. Geschehen ist natürlich noch nichts. Womit auch Ärzte, Behandlungen, vielleicht eine Operation oder eine Prothese bezahlen?

Ich frage, ob es ihnen recht wäre, wenn man den Buben einmal untersuchen lassen und feststellen würde, was geschehen könnte. Das Geld dafür würde schon aufzutreiben sein. Wir vereinbaren, daß Rosivaldo – so heißt dieser dunkle Engel – im Herbst von Terezinha nach Belém, in die Hauptstadt des Bundesstaates Pará gebracht würde. Dort könnte er bei Verwandten wohnen, und der Arzt, der Dom Erwin so glänzend versorgt und behandelt hat, würde ihn sicherlich untersuchen, und dann würden wir gemeinsam beschließen, was zu geschehen hat. Ich umarme den Knirps, sehe ihn in meinen Träumen schon spielen, vorsichtig, aber immerhin, gehen, sehe ihn im Kanu zur Schule rudern ...

»Jetzt ist es aber Zeit!« Dom Erwins Stimme, die nach uns ruft, klingt schon recht energisch. Wir verlassen Sánta Barbara. Ein Strahl meiner Hoffnung bleibt zurück, und wir nehmen Kurs flußaufwärts.

Plötzlich steht vor uns eine dunkle, drohende Wand, nicht Wolken, sondern eine richtige, kaum beschreibbare Dunst-Nebelwand. Es ist merkwürdig: über uns ein klarer, blauer Himmel, eine stechende Sonne und vor uns da das Dunkel. Aber nachdem Antonio, neben dessen Führerhäuschen ich gerade lehne, keine Miene verzieht, denke ich mir: Wird schon alles gut sein. Und dann fahren wir in die Wand hinein, und da ist – eigentlich nichts. Es ist zwar etwas grauer als vorher, und in der Ferne sieht man dichte Regenschnüre, aber sonst nichts. Später schüttet es dann ordentlich, und mit einem Mal ist es kalt. 26 Grad und kalt? – Aber es ist plötzlich wirklich eher frisch. Man wird ganz schön verwöhnt.

Nach etwa drei Stunden biegen wir in einen breiten Nebenfluß ein. Hier bekommen wir es wieder einmal mit den Moskitos zu tun, von denen wir die letzte Zeit bis auf Santa Cruz eigentlich Ruhe hatten. Der Grund: Hinter einem Uferstreifen, der sozusagen als Vorhang, als Dekoration stehengeblieben ist oder weil man wegen des Wasserstandes nicht roden konnte, ist der Wald hier total niedergemäht. Alles nur noch Weideland. Die übliche Szenerie, nur schamhaft hinter Baum und Busch versteckt.

Es ist schon nach 20 Uhr und natürlich stockdunkel, als wir in Mararu ankommen. Wir können direkt am Steg ankern und tappen im Dunklen zu der nur mit ein paar kleinen Kerzen und Öllämpchen erhellten Gemeindehütte. Hier ist es wieder ganz klein und eng. Santa Bárbara dürfte wirklich die Ausnahme sein,

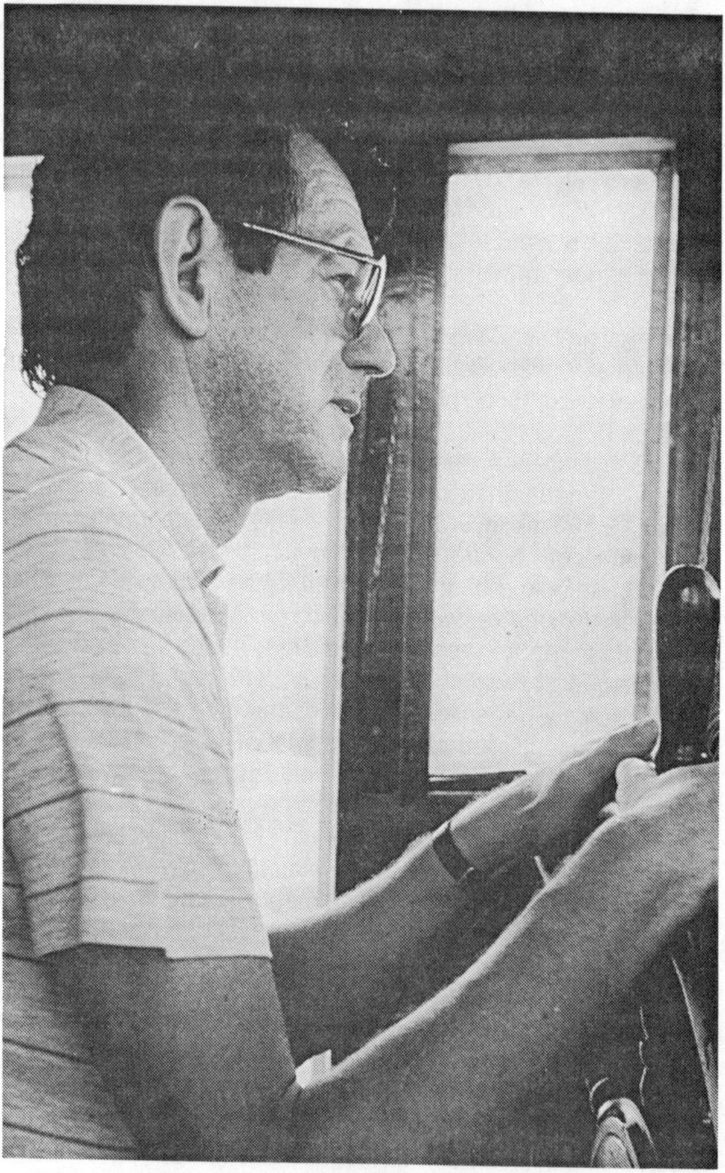

Dom Erwin am Steuer der »Livramento«

die die Regel bestätigt. Es sind hier neun Gemeinden versammelt, aber wirklich ganz kleine Gemeinden, vielleicht 70 Leute.

Die wie überall herzliche Begrüßung weicht während des abendlichen Gesprächs einer, wie mir scheint, bedrückten, etwas depressiven Stimmung. Wie ich später erfahre, ist das eine der ältesten Basisgemeinden. Der Beginn ist jetzt mehr als 20 Jahre her. Die Pioniere von damals sind alt und müde geworden. Sicher taucht da immer wieder die Frage auf: »Was haben wir denn eigentlich erreicht? – Was haben wir wirklich verändert? Geht es dem Volk denn besser?« Und die Antwort ist natürlich eher negativ. Der Einsatz wird immer höher und die Mechanismen der Ausbeutung immer raffinierter und brutaler. Da braucht dann nur einer kommen, der Druck ausübt und ihnen sagt, daß es ihnen ja viel besser gehen könnte, wenn sie sich nicht mehr wehren, nicht mehr auflehnen, sondern mit dem Patron besser ›zusammenarbeiten‹ würden. Und da kommen dann die Fragen nach Kirche und Kirchlichkeit, nach den verschiedenen Wegen, und die Fragezeichen werden immer größer, immer mächtiger.

Das Ganze bleibt irgendwie offen, und auch Dom Erwin ist trotz der brillianten, mitfühlenden und aufmunternden Rede, zu der er sich hat hinreißen lassen, eher unsicher und deprimiert.

Nach einer unruhigen Nacht – Dom Erwin quälen offensichtlich wieder seine Rückenschmerzen – und einem anstrengenden und doch etwas mühsamen Vormittag, an dem es trotz aller Bemühungen nicht ganz gelungen war, das Eis der Unsicherheit aufzutauen, steuern wir etwa um zwölf Uhr wieder flußabwärts. Die erste Stunde sitzen wir wie zerquetschte Fliegen herum. Die Luft ist schwer und drückend heiß. Nicht einmal der Fahrtwind bringt Kühlung. Dom Erwin brütet in seinem Plastiksessel in der Ecke der Kajüte vor sich hin. Man hat den Eindruck, als rollten die Gedanken schwer und dumpf durch seinen Kopf. Der sonst so klare und meist heitere, gelassene Ausdruck ist weg, und man spürt die Last der Sorgen, die ihn niederdrückt.

Hat es einen Sinn zu reden, ihn in ein Gespräch zu ziehen, auf andere Gedanken zu bringen? – Ich entscheide mich zu schweigen, gehe hinaus und setze mich in den schmalen Schatten des Führerhauses, um mit meinen Eintragungen fortzufahren. Es ist ja doch notwendig, sich wenigstens knappe Notizen zu machen, damit die Bilder sich für später nicht allzusehr überlagern. Der Eindrücke sind zu viele, als daß man sie alle behalten könnte.

Dank einer ziemlich starken Strömung geht die Fahrt flott voran, und in knapp drei Stunden biegen wir wieder in den Amazonas ein, fahren eine ziemlich lange Weile stromaufwärts, bis es dann in den nächsten Nebenfluß hineingeht. Es ist ein relativ breiter, stiller Fluß, dessen glatte Oberfläche nur manchmal von einem Wirbel gekräuselt wird. In sanften Biegungen windet er sich durch das Grün, das sich zitternd im Wasser spiegelt. Auch hier: die Fassade schön und friedvoll, als wäre die Urwaldwelt noch heil. Aber auch hier scheint das Licht durch den Uferwald und zeigt, daß gleich dahinter nichts mehr steht, daß die Sägen ihr Werk vollendet haben und die Rinder das Land beherrschen. Bischof Pedro Casaldáliga hat das aus seiner sehr ähnlichen Situation im Mato Grosso einmal so formuliert: »Rinder sollen hier die Menschen ersetzen, und wenn die Entwicklung so weitergeht, werde ich noch als Bischof von Kühen und Ochsen enden, weil keine Menschen mehr übrig sein werden.«

Links und rechts am Fluß sehe ich viele verfallene und schon wieder vom Busch überwucherte Häuser – ähnlich wie am Pucuruy – auch hier ein Zeichen für jene, die schon aufgegeben haben und irgendwo im Sumpf der Städte versickert sind. Jede leere Hütte ist eine verlorene Schlacht.

Langsam wird es etwas kühler, und der Fahrtwind setzt sich streckenweise gegen die lastende Hitze durch. Nach insgesamt sechs Stunden Fahrt kommen wir kurz nach 18 Uhr in Moju an, was sogar Dom Erwin den Satz entlockt: »Also jetzt sind wir wirklich am Ende der Welt. Hier war auch ich noch nie.«

Aber das Herz schlägt kräftig hier am Ende der Welt. Die Menschen, es müssen etwas über 100 sein, stehen dicht gedrängt am frisch ausgebesserten Steg – offensichtlich hatten sie Angst, der Bischof könnte durchbrechen – vor der grasgedeckten Hütte. Wir legen an, und ehe wir uns versehen, entert eine Gruppe von etwa 30 Frauen, Männern und Kindern die »Livramento«. Sie »zwingen« lächelnd den etwas ängstlich dreinschauenden Antonio – wenn nur dem Schiff nichts passiert bei so vielen Leuten! – eine kleine Rundfahrt zu machen. Lauthals singen sie ein Lied, das von der »Livramento«, ihrem Untergang und ihrer Bergung handelt und Gott dankbar preist, daß jetzt der Bischof wieder zu ihnen kommen kann. Die Freude der Menschen ist rührend, und Dom Erwin, jetzt wieder ganz und strahlend er selbst, steht mitten unter diesem, seinem Volk und wird umarmt.

Später erfahre ich dann den Grund für diesen überschwenglichen und exzeptionellen Empfang: Es waren gerade die Fischer von Moju, die ihre Erfahrung und ihr Können bei der Hebung der »Livramento« eingebracht und so ein Gutteil zur Rettung beigetragen haben. Sie haben also mit dieser Aktion »ihre Livramento« in Besitz genommen.

Die Leute haben schon vorher gegessen, und so werden wir in einen winzig kleinen Raum, zwischen dem Gemeinderaum und der Freiluft-Küche, gebeten und auf das liebevollste versorgt. Da bekommen die Bohnen und der Reis gleich einen ganz anderen Geschmack. Um uns drängt sich alles, was sich in das Kämmerchen hereinquetschen läßt. Es wird erzählt, gelacht und geblödelt. Dom Erwin ist ganz in seinem Element und erzählt Geschichten, daß die Leute sich vor Lachen biegen. Die Deprimiertheit der letzten Stunden ist wie weggeblasen. Das ist für mich persönlich eine der faszinierenden Erfahrungen dieser Reise: einmal mit einem Menschen unterwegs zu sein, der keine Masken trägt, sondern einfach so ist, wie ihm zumute ist. Das gibt es nicht allzu häufig.

Nach dem Essen versammeln sich wieder alle in dem großen, inzwischen dunklen Raum, da es nur zwei winzige Kerzen gibt. Aber das stört nicht. Die Vertreter der einzelnen Gemeinden berichten von ihrer Arbeit, ihrem Miteinander-Tun. Das ist hier nicht so perfekt wie anderswo, aber von einer erfrischenden Ursprünglichkeit, und Dom Erwin erzählt später, daß auch die Inhalte gut waren und vor allem die Offenheit bestechend war. Benedito, der Koordinator des Sektors hier, scheint einen guten Führungsstil zu haben, zum Unterschied von anderen, die halt auch zuweilen monomanisch oder ›g'schaftelhuberisch‹ werden. Er kann delegieren, animieren und motivieren. Er drängt sich nicht in den Vordergrund und ist imstande, den Leuten die richtigen Impulse zu geben. Beispielsweise kommen gerade hier in dieser weit abgelegenen Gemeinde die Frauen sehr stark zum Zug. Sie sind die eigentlich tragende Kraft der Gemeinden und verstehen es, sich sehr klar zu artikulieren.

Etwa um 22 Uhr geht der Abend mit freiem Gebet und einem

abschließenden gemeinsamen Vaterunser zuende. Wir gehen aufs Schiff, und Antonio fährt ein Stückchen um die nächste Biegung und geht dort vor Anker. Nach einem starken, kurzen Regen gehe ich noch mit meinem Aufnahmegerät ins Dunkel der Nacht hinaus, während Dom Erwin sich angeregt mit Antonio und Benedito, dem Bootsmann, und Schwester Terezinha unterhält. Ich gehe bis vor an den Bug, um die Geräusche der Nacht, vor allem die kräftig und stereophon quackenden Frösche aufs Band zu bekommen.

Am kommenden Morgen, der strahlend und rosenrot aufgeht und Wald und Fluß in ein märchenhaftes Licht taucht, feiern wir um neun Uhr gemeinsam die Heilige Messe. Da ist communio, wie sie dieser Gemeinde entspricht. Hier ist es wieder einmal zu spüren: Seht, wie sie einander lieben – das Zeichen wahrer christlicher Gemeinschaft, die so selten zu finden ist. Hier hat keiner mehr als der andere, hier helfen sie einander, stehen sie zusammen im Kampf ums Überleben. Hier ist der Geist spürbar, der einig macht, und eine starke, tiefe Frömmigkeit, die sie trägt.

Auch die Fragen, die sie später an den Bischof richten, sind klare und einfache Fragen, Fragen des Interesses, des Mitfühlens und Mitleidens, was Dom Erwins persönliches Schicksal angeht, aber auch was zum Beispiel das Schicksal der indianischen Bevölkerung in der Prälatur betrifft. Sie kennen sie ja nicht, weil hier in dieser Gegend schon lange keine Indianer mehr leben. – Einfache, gut geschnittene Gesichter – bei den Jungen wie bei den Alten – klare Augen und ein tiefes Wissen um das Leben.

Das sind gute Stunden, ich glaube für alle hier. Später führe ich noch ein Gespräch mit drei Frauen, die mir besonders aufgefallen sind, und da ist etwas ganz Eigenartiges passiert. Nach all meinen Fragen zu ihrem Leben, zu ihrer Arbeit in den Familien, für die Gemeinde und was da sonst noch alles ist, stelle ich – offensichtlich wieder einmal sehr europäisch determiniert – die Frage, welche Rolle sie denn nun in der Kirche spielen. Schweigen. Sie schauen mich, schauen einander fragend an, und dann kommt es beinahe unisono: »Was heißt hier Rolle in der Kirche? – Wir s i n d Kirche.« – Hierzulande wäre eine solche Antwort, vor allem in dieser Selbstverständlichkeit, wohl kaum zu bekommen. Vielleicht sollten wir Frauen darüber nachdenken, statt immer darüber zu jammern, wie diskriminiert wir uns doch fühlen müssen in dieser Kirche.

Heute haben wir keine so weite Strecke vor uns, also genügt es, wenn wir um 14 Uhr abfahren. Weiter unten am Fluß gibt es dann sogar ein wenig Zeit, um ohne Motorgebrumm unser Gespräch fortzusetzen.

D.B.: Wo liegt eigentlich das Hauptproblem, das zum Beispiel für die gedrückte Stimmung, für die Frustration in Mararu verantwortlich ist.

D.E.: Das Hauptproblem ist – und das ist nach fast 25 Jahren verständlich – schlicht auch ein Generationenproblem. Die Frage ist, wie kann die junge Generation in die Gemeindearbeit eingebunden werden, damit sie zeitgerecht lernt, Verantwortung zu übernehmen. Die Leute, die am Anfang da waren, die sozusagen die Mittagshitze ertragen haben, sind oft nicht oder nicht genug bereit, die Jungen hereinzulassen, die jetzt – sozusagen am Nachmittag – auch ihre Erfahrungen machen müssen. Das liegt oft auch – gerade wie in Mararu – an Einzelpersönlichkeiten, die nicht imstande sind zu delegieren. Man hat ja im Vergleich zu Moju den enormen Unterschied gemerkt. Da ist einer, der dominant und autoritär ist, und dort einer, der fähig ist, sich zurückzunehmen. Ich weise sie immer wieder, manchmal auch sehr energisch, darauf hin, daß eine Gemeinde nur dann lebendig bleibt, wenn die nächste Generation ganz natürlich in die Verantwortung hineinwachsen kann.

D.B.: Ich glaube, daß dann noch die Tatsache hinzukommt, daß die Probleme nicht gelöst werden konnten, was nicht die Schuld der Leute selber ist.

D.E.: Sicher spielt das eine Rolle und kann schon auch einmal Mutlosigkeit und Frustration bewirken, das ist nur zu verständlich. Außerdem haben die in Mararu das Problem mit einem wirklich schlimmen Typ von Patron. Einer der Leute vorgestern abend hat berichtet, daß sie eigentlich 19 Familien in der Gemeinde seien, aber zu den Zusammenkünften kämen meist nur elf. Ich hab ihn nach dem Grund gefragt, und da hat er gesagt:

»Die dürfen nicht.« Das heißt, der Patron verbietet es ihnen einfach. Der hat hier eine kleine Palmitofabrik aufgebaut und sich die Arbeiter aus anderen Regionen geholt und völlig abhängig gemacht. Wenn eine Lieferung Palmito kommt, dann müssen die Leute Tag und Nacht und auch Samstag und Sonntag arbeiten. Er läßt sie einfach nicht weg.

Ich hab dann die Leute gefragt: »Wie hat man das früher genannt, da gibt es einen Ausdruck dafür.« – Sie haben nicht geantwortet, und ich habe gesagt: »Früher hat man das Sklaverei genannt, und das ist auch heute noch so.« – Ich meine, wenn die Leute nicht einmal das Recht haben, zum Gottesdienst zu kommen, sich mit anderen Familien zu treffen, um miteinander zu reden, auch über ihre Probleme zu reden, miteinander zu beten und zu feiern, dann ist das nichts anderes als Sklaverei. Die Leute können sich ja nicht frei bewegen. Die können gar nicht weg. Der Patron zahlt ja nicht mit Geld. Die Leute hier kennen die Farbe des Geldes nicht einmal, weil sie nie eines in die Hand bekommen. Er zahlt mit Salz, Zucker, Öl, Seife, Reis, Bohnen und hie und da einem Stück Fleisch. Aus. Kein Geld für Diesel. Sie sind mehr oder weniger Gefangene und den Launen und Wünschen des Chefs hilflos ausgeliefert.

D.B.: Aber heute, in dieser Gemeinde, die wahrscheinlich überhaupt die ärmste ist, die ich hier gesehen habe, war da trotz allem etwas ganz anderes zu spüren, nämlich wirkliche Gemeinschaft, ein Gut-Sein miteinander. Aufgefallen ist mir auch die aktive Rolle, die die Frauen hier in Moju spielen.

D.E.: Ja, das ist wirklich interessant, daß gerade in den ärmsten Gemeinden – und Moju zählt da sicherlich dazu, da hat keiner mehr als der andere – daß gerade in solchen Gemeinden die Frauen eine so wichtige und prägende Rolle spielen. Sie tun sich da in einer Art Frauenbewegung zusammen und arbeiten gemeinsam – hier ist es auch so –, und das spürt man ja, daß die Männer das nicht mehr nur ›zulassen‹ sondern als völlig selbstverständlich akzeptiert haben. Ich meine, das muß man schon sagen, das ist fast wie ein Sieg. Wer die ganze Versammlung gestern Abend koordiniert und geleitet hat, war eine Frau, und sie hat das bestens gemacht. Wirklich sehr gut, mit einer Gelöstheit und andererseits auch sehr entschieden. Sie hat die Leute aufgerufen, hat die Themen gestellt, und eine andere hat doch dann ganz klar gesagt:

»Wir haben das Recht und die Pflicht, unser Frausein hier voll einzubringen. Es geht nicht darum, die Männer auszustechen, sondern darum, auch unsere Art und Weise zu denken und zu fühlen in der Gemeinde wirksam werden zu lassen. Wir wollen nicht nur das Recht, unsere Stimme abzugeben, sondern auch das Recht auf die Gelegenheit, voll und ganz mitzuarbeiten und mitzubestimmen.‹ – Das hat sie zweimal betont – voz e vez – also Stimme und Gelegenheit.

Vor einigen Jahren waren hier noch alle Gemeinden männlich dominiert, und die Frauen waren im Hintergrund. Jetzt werden die Gemeinden gemeinsam geführt, und es ist eigentlich erstaunlich zu sehen, daß es da kaum Rivalitäten gibt. Das ist schon etwas Neues, vor allem, wenn man bedenkt, daß das ja durch Jahrhunderte eben ganz anders gelaufen ist. Das Sagen hatte der Patron und in der Familie der Mann. Und jetzt stellen sich Männer und Frauen immer stärker dem Patron entgegen.

Dabei geht dieser Prozeß hier in der Region Gurupá eigentlich fast am langsamsten, weil hier die paternalistischen Strukturen noch sehr stark sind. Im Süden der Prälatur, am Oberlauf des Xingu, auch durch die starke Zuwanderung der letzten Jahre, ist das weibliche Element schon viel stärker wirksam, da hab auch ich, vielleicht nicht wie brasilienweit 80 %, aber doch etwa 70 % der Gemeinden, die von Frauen geleitet werden. Ich bin nämlich zunehmend überzeugt, daß die Frauen eine wesentlich größere Sensibilität für die Gemeindearbeit haben. Die Männer gehen, soweit sie die Chance dazu haben, ihrer Arbeit nach und leiten die Gemeinde so nebenher und von einem wesentlich niedrigeren Wissensstand aus, was die Probleme der Gemeinde, der einzelnen Leute angeht. Die Frauen wissen viel mehr über den Zustand der einzelnen Familien, kennen ihre Probleme viel besser, weil es ja auch ihre eigenen sind. Ich glaube also, und ich sage das wirklich aus Erfahrung, daß Frauen als Gemeindeleiter wesentlich besser geeignet sind als Männer, sie haben viel mehr Gespür dafür, auch die anderen miteinzubeziehen, weniger Tendenz zur Alleinherrschaft. Der größte Teil unserer Gemeinden, unserer Kirche, wäre ohne Frauen undenkbar, absolut undenkbar.

Frauen übernehmen nicht nur die Katechese, die Vorbereitung für die Erstkommunion, für die Taufe oder für die Firmung, Frauen übernehmen auch den Vorsitz beim Wortgottesdienst, bereiten Texte und Lesungen vor, meistens können sie besser lesen als die Männer, und legen die Texte auch aus, predigen – und das erstaunlich gut.

D.B.: Eines ist mir hier noch aufgefallen, nämlich daß die Familien nicht so für sich abgegrenzt sind, daß hier der bei uns oft so schmerzhafte Familienegoismus nicht spürbar ist, daß man viel offener miteinander umgeht, daß sich immer sofort irgendjemand um ein Kind kümmert, wenn es weint, und das Kind das auch annimmt und nicht sofort plärrend zur Mutter oder zum Vater rennt.

D.E.: Das ist richtig, das ist hier ganz normal, da kümmert sich eigentlich jeder um jeden und vor allem jeder um die Kinder, egal ob das nun seines, ihres ist oder nicht. Kinder haben hier einen anderen Stellenwert, und das wirkt sich auch dahingehend aus, daß die Kinder viel freier sind und nicht so ängstlich. Sie sind nicht nur in die Familie, sondern in die ganze Gemeinschaft eingebunden. Im Gottesdienst oder auch während der Abendgespräche sind die Kinder natürlich dabei. Wenn sie faul werden, legen sie sich einfach irgendwohin oder suchen sich irgendeinen guten Schoß und schlafen ein. Das ist ganz normal. Und wenn sie schreien, macht das auch nichts. Am Anfang empfindet unsereins das noch störend und denkt, wenn da zwei, drei Kinder schreien, hört mir ja niemand mehr zu. Keineswegs, die können da völlig abstrahieren. Bei uns (in Österreich) ist das so: ein Kind schreit, und schon hört man nicht mehr zu, was da einer oder eine sagt, hört nur noch auf das Schreien des Kindes.

D.B.: Weil ein Kind stört.

D.E.: Ja natürlich, weil ein Kind als störend empfunden wird. Also muß es raus. Ich hab das oft genug erlebt, wenn ein Kind in der Kirche zu schreien beginnt, haben sich alle umgedreht und ein böses Gesicht gemacht, und die Mutter mußte hinaus mit dem Balg, wie wenn das ein Verbrechen wäre, wenn ein Kind die heilige Ruhe stört. Ich habe das hier nie als störend empfunden. Wenn ich dann nachher frage: ›Hast du denn auch verstanden, was ich gesagt habe, dann erzählt er mir genau, was ich gesagt habe, obwohl neben ihm die ganze Zeit ein Kind geplärrt hat. Wir haben diese Fähigkeit wohl verloren. In den USA hab ich einmal gesehen, daß sie da in der Kirche einen eigenen Raum für Mütter mit Kleinkindern haben. Mittels Lautsprecher wird der Gottesdienst dort hinein übertragen, und da können die Kinder dann schreien und toben, aber draußen in der Gemeinde darf man nichts hören. Hier haben sie keine Probleme damit. Ein Kind wird nie als störend empfunden.

D.B.: Wieweit helfen diese Menschen einander, ich meine, wird diese Mitmenschlichkeit im Teilen auch tatsächlich gelebt?

D.E.: O ja, da gibt es wunderbare Erfahrungen. Da ist zum Beispiel ein Mann krank geworden, die Frau war hochschwanger, ist also auch ausgefallen, als die Zeit der Ernte gekommen ist. Da war es überhaupt keine Frage, daß die ganze Gemeinde zusammengeholfen hat, um auch sein Feld zur rechten Zeit abzuernten. Überhaupt, wenn es Krankheitsfälle gibt, da wird dieses »Seht, wie sie einander lieben« ganz besonders deutlich. Da kommt es vor, daß sie einen Kranken auch bei Nacht und Nebel bis ins Spital nach Gurupá bringen oder sonst alles Menschenmögliche für ihn tun, und auch wenn eine Mutter ins Spital muß und der Vater vielleicht gar nicht da ist, braucht die sich keine Sorgen um ihre Kinder machen, die werden bestens versorgt. Sie sind aufeinander angewiesen in dieser Situation der Einsamkeit. Solidarität wird hier wirklich gelebt.

Aber auch sonst. Es ist oft der Ausdruck ›mutirão‹ gefallen, und das bedeutet soviel wie gemeinsame Arbeit. Das kann zum Beispiel so gehen, daß zehn Familien, die in einer gewissen geographischen Nähe leben, also nicht nebeneinander, aber halt so im Umkreis einer halben Stunde, gemeinsam das Feld jeder einzelnen Familie bestellen. Die Männer machen gemeinsam die Feldarbeit, und die Frauen – jede bringt dazu etwas mit – kochen das Mittagessen für alle, das schafft natürlich eher Gemeinschaft, als wenn jeder für sich allein auf seinem Feld rackert. Und dann gibt es sehr oft ein Feld, das allen gehört, und mit dem Erlös von diesem Reis oder Maniokmehl oder von den Bohnen oder was immer sie da gepflanzt haben, finanzieren sie dann irgendein gemeinsames Projekt. Sie kaufen Medikamente ein für die gemeinsame kleine Apotheke oder bessern das Dach des Gemeindezentrums aus oder kaufen Dachziegel für die Kirche oder was immer. Alle Kapellen oder Gemeindezentren, die wir hier an den Flüssen sehen, sind auf diese Weise entstanden.

Gerade während ich dieses Gespräch über die Situation, aber vor allem auch über die Haltung, über die Rolle der Frau in dieser ländlichen Gesellschaft der Armut niederschreibe, Dom Erwin sein Hohelied über die Gemeinschaftlichkeit und Solidarität der Menschen hier am Fluß singen höre, beginnen meine Gedanken um ein ganz anderes Gespräch zu kreisen, das ich in São Paulo noch am Flugplatz mit der jungen Theologin Franziska Mair – es war schon die Rede von ihr – geführt habe. Das, was sie erzählt, ist schmerzhaft anders als das Bild, das sich im Norden bietet, ist aber auch Brasilien, die elende Seite der Medaille Armut.

Das, was ich da, mit Franziska durch die Favelas und Cortiços streunend, gesehen habe, veranlaßt mich zu sagen, daß es auch hier die Frauen sind, die die schwerste Last des Elends zu tragen haben, und Franziska bejaht dies und erzählt:

»In den Favelas besteht der Großteil der Bevölkerung aus alleinstehenden Müttern mit vielen Kindern. Diese Frauen haben die doppelte oder die dreifache Last zu tragen. Sie müssen alleine die Kinder erziehen, sie müssen arbeiten, um für sich und die Kinder den Lebensunterhalt zu verdienen, und sie werden, vor allem wenn sie schwarz sind, diskriminiert. Diese Frauen, die sozusagen ganz unten auf der sozialen Leiter stehen, haben es sehr schwer, überhaupt Arbeit zu finden, und können sich in vielen Fällen nur durch Prostitution über Wasser halten. Auch ist gerade bei den Frauen, vor allem wieder bei den schwarzen Frauen, die Analphabetenrate besonders hoch. Mädchen schickt man hier nicht zur Schule. Erstens braucht man sie zur Mithilfe im Haushalt, ihre Aufgabe ist es, auf die kleineren Geschwister zu schauen, und außerdem ist die Ansicht noch weit verbreitet, daß Frauen keine Schulbildung brauchen.

Aber trotz dieses Elends sind es auch hier die Frauen, die sich eher zusammenschließen, die eher zur Solidarität bereit sind. 80 % der Menschen, die sich hier in Basisgemeinden finden, sind Frauen, und auch der Prozentsatz der Frauen unter den Leitern der Basisgemeinden dürfte in etwa um die 80 % liegen. Sie machen alles: Sie putzen wie früher die Kirchen, aber heute koordinieren sie auch, gründen Gruppen und übernehmen die spirituelle Betreuung der Leute. – Kirche wäre hier ohne die Frauen überhaupt nicht mehr existenzfähig, und wenn man nur schaut, wieviele Ordensschwestern hier in Brasilien bereits

Pfarren führen, dann wird einem schon klar, was ein Auszug der Frauen aus der Kirche bedeuten könnte.

Aber es ist diese Arbeit auch für die Frauen selber wichtig. Ich habe oft bemerkt, daß Frauen, die beginnen, sich in kleinen Gemeinden zu engagieren, einen Befreiungsprozeß durchmachen, meist einen sehr leidvollen Befreiungsprozeß, der oft zu tiefen Einschnitten im Leben führt, sie aber letztendlich wieder an ihre menschliche Würde glauben läßt.

Man muß sich nur folgende Situation vorstellen: Ich habe eine Freundin, die als Krankenschwester in einer Favela arbeitet. Wenn sie mit einer neuen Gruppe zu arbeiten beginnt – es geht dabei immer um eine Basisausbildung in Hygiene, Ernährung, einfacher Gesundheitserziehung und ähnliches –, versucht sie, die Frauen einmal etwas aus sich herauszulocken, denn wenn sie kommen, sind sie unglaublich verängstigt, eingeschüchtert und verschlossen. Sie bittet sie, einfach ein wenig von sich zu erzählen, wie sie heißen, wo sie leben, wieviel Kinder sie haben und so. Und einmal ist es ihr in einer solchen Gruppe passiert, daß eine Frau sagte: ›Ich habe 28 Kinder zur Welt gebracht‹. – Es waren übrigens 26 Geburten, also zweimal Zwillinge, und 16 Kinder hat sie selber großgezogen. Und da hat meine Freundin Barbara sie gefragt, wie sie denn das habe aushalten können, und sie sagte: ›Gott sei Dank ist mein Mann gestorben.‹ – Sie hat mit zwölf Jahren geheiratet und war kurz darauf zum ersten Mal schwanger geworden. Sie hat in ihrem ganzen Leben vielleicht sechsmal menstruiert. Sie hat geboren und zwei Monate später war sie wieder schwanger. Also eine Frau, die ihr Leben lang wirklich nur ein Lustobjekt ihres Mannes war. – Da gibt es Geschichten, die zum Heulen sind. Mädchen, die regelrecht verkauft werden. Eine wurde von ihrem Vater an einen Mann verkauft, da war sie elf Jahre alt. Wenige Tage später war sie vergewaltigt und auch schon schwanger.

Die Frauen wurden und werden noch immer dazu erzogen, passiv zu bleiben. Sie müssen einfach alles aushalten. Und wenn eine Frau dann plötzlich entdeckt, daß sie selber einen Wert hat, daß sie auch ein Mensch ist, der als solcher anerkannt wird, dann kommt es natürlich zu Konflikten, aber ich glaube, daß das Konflikte sind, die einfach notwendig sind, wenn diese brutale Macho-Gesellschaft sich jemals ändern soll. Mich selber hat die Situation der Frauen hier radikalisiert. Ich kann nicht mehr zuschauen, wie Frauen behandelt werden, wie Mädchen in Ehen oder sonstige Beziehungen gezwungen und vergewaltigt werden, Kinder bekommen, ohne zu wissen, was mit ihrem Körper passiert. Sie sind nur sexuelle Objekte, sowohl innerhalb der Ehe als auch auf der Straße. Mädchen werden sogar in den Schulen vergewaltigt, in den Toiletten, in den Gängen, hinter den Häusern – das passiert tagtäglich. Frauen werden oft behandelt wie Tiere oder schlechter.

Es ist manchmal sehr schwer, mit diesen Frauen zu arbeiten, mit Frauen, die sich selber aufgegeben haben, die alles nur willenlos mit sich geschehen lassen. Das ist oft entsetzlich deprimierend, weil du dir einfach nicht mehr zu helfen weißt und trotzdem immer wieder versuchst, ihnen zu sagen, daß sie Menschen sind, Menschen mit einer unantastbaren Würde als Kinder Gottes. Hie und da, selten genug, gelingt es dann doch – und das ist wunderschön, wenn du siehst, wie sich innerlich und auch äußerlich ein Mensch verändern kann, der seinen eigenen Wert entdeckt. Da werden aus menschlichen Wracks, aus häßlichen, verkommenen Geschöpfen schöne, stolze Wesen. Aber das sind lange und mühevolle Prozesse, all das Zerbrochene und Zerschlagene wieder zu heilen.«

Ja, dort in den Favelas wird das täglich erlitten. Unter der schlimmsten Diskriminierung in der Gesellschaft Brasiliens leiden schwarze und indianische Frauen, weil sie Frauen sind, weil sie arm sind und weil sie dazu noch eine dunkle Hautfarbe haben. Wenn wir davon überzeugt sind, daß Golgotha überall ist, dann trägt unser leidender Herr in Brasilien stark weibliche Züge – aber an der Basis, in den Wäldern, an den Flüssen, in den Dörfern und langsam auch in den Städten wächst der Widerstand des Volkes, und auch dieser Widerstand hat weibliche Züge.

XII

Heute erst beginnen wir zu lernen, daß die Mißachtung der außermenschlichen Natur auf den Menschen zurückschlägt. Weil er die Würde der Natur nicht in sich selbst achtet, vergeht er sich auch gegen die eigenen Lebensgrundlagen. Weil er die Natur als bloßes Mittel seinen Zwecken unterwirft, verfehlt er auch seine eigenen Zwecke.

Wolfgang Huber

WO PROFIT DAS LEBEN KOSTET

»Flexinha« – »Kleiner Pfeil« heißt die Gemeinde, auf die wir jetzt zusteuern. Sie liegt nicht, wie die meisten anderen Gemeinden hier, direkt im Wasser, sondern das Gemeindehaus und die kleine Kapelle stehen sozusagen auf zwei Stufen einer sanften Anhöhe. Unten am Strand steht eine Gruppe von Kindern. Die Knirpse singen aus voller Kehle ein Begrüßungslied für ihren Bischof. Der steigt aus dem flachen Kanu, in dem Benedito uns wieder herübergerudert hat, und bedankt sich. Auf ein Zeichen gehen wir weiter – hier haben wir offensichtlich einem genauen Regiekonzept zu folgen. Ein paar Schritte höher, auf einem kleinen Plateau hat sich die Jugend versammelt, und auch sie schmettert ein Lied in die rötlich dunstige Abenddämmerung. Auch hier wieder Begrüßung und Dank. Und noch ein paar Schritte zu der kleinen Kapelle – da warten die Erwachsenen im Halbdunkel, und jetzt geht die Begrüßungstour erst richtig los, denn man kennt sich ja schon seit so vielen Jahren. Zwei der Gemeindeleiterinnen, die hier versammelt sind, waren Schülerinnen von Dom Erwin.

Nach einem etwa halbstündigen, herzlichen Gespräch und Erfahrungsaustausch turnen wir wieder hinunter zum Gemeindehaus. Es ist im Dunklen gar nicht so leicht, da alles noch von den nachmittäglichen Regenfällen ziemlich glitschig ist. Das Haus riecht noch ganz neu, frisch verarbeitetes Holz hat hier einen Geruch nach Maische. Auch die Tische, an denen wir zum Abendessen sitzen, sind ebenso neu wie die Bänke. Da scheint man sich also in letzter Zeit besonders angestrengt zu haben, was lobend vermerkt wird. Das übliche Menü ist hier durch Schildkrötenfleisch angereichert, auf das ich aber dankend verzichte, erstens prinzipiell, weil ich ja inzwischen weiß, auf welch grausame Weise diese sympathischen Wesen vom Leben zum Tode gebracht werden, und außerdem ist mir das Zeug schlicht zu fett. Das Wasser, das auf dem Tisch steht, sieht zwar nicht gerade einladend aus, ein gewaltiger Unterschied zu den Nebenflüssen, aber was soll's, der Durst ist stark, und etwas anderes gibt es nicht.

Das Essen ist wie immer von lebhaften Gesprächen begleitet, und dann geht es wieder hinauf in die Kapelle. So lebhaft die Gespräche waren, so stockend kommen jetzt die Berichte. Es ist wirklich jeden Tag und an jedem Ort anders. Nachdem das Programm für den nächsten Morgen festgelegt ist – neun Uhr Messe mit Firmung und dann Fragen an den Bischof zu einer ganzen Liste von Themen – beschließt Dom Erwin, sich der sieben Firmlinge doch jetzt noch beichthörend anzunehmen. Für nachher wird noch ein Abendgebet vereinbart. Ich gehe inzwischen mit Schwester Terezinha an die Luft, wo sich bald eine plaudernde Runde von Leuten um uns schart. So vergeht die Stunde schnell.

Offenbar hat Dom Erwin aus den abendlichen Gesprächen und Berichten und jetzt an den Beichtgesprächen gemerkt, daß es hier mit dem religiösen Wissen etwas hapert. Er nützt den Vorschlag der Leute, den schmerzhaften Rosenkranz als Einstimmung für die morgige Firmung zu beten, zu einer eher meditativen Ad-hoc-Religionsstunde:

»Seht Ihr, es geht um Jesus, um Jesus, der beschimpft, geschmäht, verhöhnt, zerschlagen, gefoltert worden ist, der das Kreuz auf seinen Schultern aus der Stadt getragen hat, bis ein Fremder, bis Simon von Cyrene hinzugetreten ist und ihm geholfen hat, das Kreuz zu tragen. Auch wir müssen anderen helfen, ihr Kreuz zu tragen. Manchmal sagen wir: Damit hab ich nichts zu tun. Das geht mich nichts an. Aber als Christen sind wir verpflichtet, den anderen zu helfen, denn der Apostel Paulus sagt: ›Einer trage des anderen Last.‹

Erinnert ihr euch an die Worte Jesu: ›Ich war hungrig und ihr habt mir zu essen gegeben, ich war durstig und ihr habt mir zu trinken gegeben‹ und so weiter. Und die anderen haben ihn gefragt: ›Wo, Herr, wann, Herr, haben wir dir zu essen und zu trinken gegeben?‹, denn sie konnten sich an nichts erinnern. Er aber sagt: ›Was ihr dem geringsten meiner Brüder getan habt, das habt ihr mir getan.‹ Und er fuhr fort, um ihnen auch die andere Haltung von Menschen zu verdeutlichen: ›Ich war hungrig und ihr habt mir nicht zu essen gegeben‹ – und all das andere, was er da aufgezählt hat, und sie fragten wieder: ›Rabbi, wann, Rabbi, wo?‹ und jetzt sagte er: ›Was ihr dem geringsten meiner Brüder verweigert habt, das habt ihr mir verweigert.‹ – Ihr seht also, Jesus will uns sagen, daß er in jedem ist, der unsere Hilfe braucht, daß er sich mit den Kleinen, mit den Hilflosen, mit den Geringsten identifiziert. Was wir diesem kranken Mädchen tun, das tun wir Jesus, was wir diesem Bruder tun, dessen Ernte vernichtet worden ist, das tun wir Jesus. Das ist die Frohe Botschaft: Das Gute tun, das Gute wollen, anderen helfen, andere lieben, wie Jesus uns geliebt hat und liebt.

Und dann kamen sie auf den Hügel, der Golgotha hieß und kreuzigten ihn, als wäre er ein Verbrecher. Zwischen zwei Dieben und Räubern wurde er gekreuzigt. Hände und Füße wurden von Nägeln durchbohrt. Was ist, gibt es diesen gekreuzigten Jesus noch heute oder gab es ihn nur vor 2000 Jahren?

Ihr nickt, ihr sagt, es gibt ihn auch heute, aber ich frage euch, wo ist er? – Er wird immer wieder ans Kreuz geschlagen, in Tausenden und Abertausenden Menschen, in Frauen und Männern, in den Armen und Elenden, in den Gefolterten und Ermordeten von heute. Aber wer sind die Armen? – Ist es der Landarbeiter, der nach Gurupá kommt, sich vor Schmerzen windet, aber kein Geld hat, um Medikamente zu kaufen? Ist es die Witwe, die kein Geld hat, um ihre Kinder in die Schule zu schicken? Arm ist der Schwarze, der Indianer, der weder einen Platz noch einen Wert hat in dieser Gesellschaft. Arm ist die Frau, tausendfach gekreuzigt ist die Frau, die an den Rand gedrängt ist und der es nicht einmal erlaubt ist, zu sprechen. Arm ist der Arbeiter, der Tag um Tag schuftet und sich müht und dessen Leistung nicht gerecht entlohnt wird. – In all diesen Menschen wird Christus immer wieder gekreuzigt. Es ist zu einfach, nur an den Jesus von damals zu denken. Ach armer Jesus, Sohn unserer Jungfrau Maria, der für uns gelitten, der für uns Blut vergossen hat. Laßt uns an Jesus denken, der heute wie damals gekreuzigt wird!

Er wird auch in denen gekreuzigt, die wir moralisch gerne verdammen: in den Prostituierten. Wir sagen ›Hure‹ und fragen nicht, warum sie dahin gekommen ist. Wir sind hart, Jesus aber hat der Sünderin verziehen.

Die Gekreuzigten von heute – ich erinnere mich an eine Frau, die mit einem toten Kind im Bauch nach Altamira gekommen ist. Sie kam aus Porto do Moz zwölf Stunden auf dem Schiff bis Vitória, zwei Stunden von Vitória nach Altamira mit dem Bus. Sie war fast am Sterben, als sie beim Krankenhaus ankam. Man hat sie nicht hineingelassen, weil sie das Geld nicht hatte, und sie ist gestorben, direkt vor der Türe des Krankenhauses. Seht ihr da nicht unseren gekreuzigten Herrn? – Dieses ganze Volk, verwahrlost, mißhandelt, an den Rand gedrängt, unterdrückt, geschlagen, gekreuzigt. Wenn wir einander nicht helfen, ist das Kreuz unerträglich.

Hier will ich für heute Schluß machen, und morgen, morgen werden wir über die Auferstehung reden, denn das Kreuz, meine Freunde, das Kreuz ist nicht das Ende, es ist der Anfang.

Laßt uns beten. Drei Ave-Maria und das Vaterunser.«

*

Es ist außergewöhnlich früh, als wir übersetzen. Wir bleiben noch eine Weile in der Kajüte sitzen, denn draußen tanzen heute abend die Moskitos etwas zu intensiv und trinken unsere abendliche »Medizin«, wie Benedito sein Gebräu aus Limonen, Zitronen und Eis mit einem Schuß Zuckerrohrschnaps nennt. Schmeckt übrigens köstlich und erfrischend und soll einem auch vor einigem Unbill bewahren.

Dom Erwin behauptet plötzlich, es sei ihm kalt, was bei der Schwüle nur auf mildes Lächeln stößt. Aber plötzlich beginnt es ihn ganz ordentlich zu schütteln. Also wird der Beschluß gefaßt:

In die Hängematte mit ihm. Und tatsächlich, er macht sich ohne Widerstand an die abendlichen Rituale. Kein gutes Zeichen.

Da man auf so engem Raum aber nicht verschiedenen Programmen folgen kann, tun wir das gleiche, und zehn Minuten später baumeln alle an ihrem Platz. Noch ein paar Blödelsätze, daß das kein gutes Ende nehmen könne, mit einer Crew, die bereits um zehn Uhr schlafen geht; dann ist es ruhig. Es sollte allerdings nicht lange so bleiben, sondern eine äußerst turbulente Nacht werden. Dom Erwin hat Schüttelfrost, hohes Fieber, und die Intervalle zwischen den polternden Wegen zur Toilette werden auch immer kürzer. Ich versuche, ihm einiges aus meiner Reiseapotheke anzubieten. Ohne Erfolg. »Das wird schon wieder. Ich brauch nichts.« Das Fieber steigt offensichtlich weiter an, er wirft sich in seiner Hängematte wild hin und her, beginnt zu stöhnen und zu phantasieren. Ich stehe auf, lege den Handrücken vorsichtig an seine Wange. Er glüht. Terezinha und mir wird angst und bang, und auch Benedito steht ratlos herum. Wir überlegen, ob es nicht doch sinnvoll wäre, sofort nach Gurupá zu fahren, zum Glück sind wir nur etwa eine Stunde von dem Städtchen entfernt, und dort gibt es einen Arzt. Wäre das in irgendeiner der anderen Gemeinden passiert, hätten wir diese Chance nicht gehabt. Die beiden gehen hinaus, um sich mit Antonio zu beraten, der die Überlegung für richtig hält. Benedito springt ins Boot, um den Leuten in Flexinha zu erzählen, was los ist und daß es nicht sicher ist, ob der Bischof zeitgerecht wieder da ist, ja ob er morgen überhaupt wiederkommt.

Benedito kommt zurück und wir dampfen ab. Tatsächlich, nach einer bangen Stunde – Dom Erwins Zustand ist eher besorgniserregend – landen wir in Gurupá, das schlafend oben auf dem Hügel liegt.

Ich springe mit Schwester Terezinha ins Beiboot und wir laufen schnell zum Gemeindehaus, um Padre Julio zu wecken. Es ist nicht leicht, aber es gelingt. Ich bemerke, daß ich vor lauter Eile sogar vergessen habe, meine Sandalen anzuziehen. Macht auch nichts, das ist jetzt nicht wichtig. Während ich Padre Julio berichte, was geschehen ist, läuft Terezinha, um den Doktor aus den Federn zuholen. Inzwischen bringen Benedito und Antonio Dom Erwin, der nicht gerade sehr fröhlich dreinschaut, aber immerhin versucht, alleine aufrecht zu gehen, und einen etwas besseren Eindruck macht. Er fühlt sich auch nicht mehr so heiß an. Tatsächlich stellt sich wenig später heraus, daß das Fieber weg ist. Der Arzt verpaßt ihm zwei Injektionen und irgendwelche Tabletten und meint, daß das bald wieder in Ordnung sein werde. Eine akute Infektion, aber die Medikamente würden in ein bis zwei Stunden schon ihre Wirkung tun. Wir würden gegen sieben Uhr wieder losfahren können, nur sollten wir darauf achten, daß er auch noch in den nächsten Tagen pünktlich die Tabletten nimmt.

Um nicht während der paar Stunden das frisch überzogene Bett benützen zu müssen, macht mir Padre Julio eine Hängematte in dem Zimmer auf, das ich vor etlichen Tagen verlassen hatte, und ich schlafe zwei Stunden wie eine Tote. Ist doch nicht gut, wenn man zu früh schlafen geht, dann ist man erst recht müde.

Lockeren, sportlichen Schrittes steigt Dom Erwin tatsächlich um sieben Uhr pünktlich die Stufen zum Boot hinunter. Antonio schleppt einen großen Korb voll mit frischen Kokosnüssen, damit wir nicht noch einmal auf die »glänzende Idee« kommen, Amazonaswasser zu trinken. »Tu ich doch immer«, grinst Dom Erwin aus einem noch etwas grünlichen Gesicht«, aber das Tolle ist, daß es nicht Dich erwischt hat, wie ich die ganze Zeit befürchtet habe, sondern ausgerechnet mich, wo mir das an sich nie etwas macht, ich es doch schon gewohnt sein müßte. Na, aber Ausnahmen muß es halt auch einmal geben.« – Die Frage: »Wie geht es Dir?« höre ich in den kommenden Tagen des öfteren, bemerke auch so manchen scharf beobachtenden Blick, ob sich nicht doch auch bei mir irgendwelche Anzeichen erkennen lassen. Bei mir grammelt es zwar ein wenig herum, aber ohne besondere Wirkungen. Was ich natürlich nicht wissen kann, ist, daß es mich zwei Wochen später in Brasilia mit voller Wucht erwischen würde.

Was keiner von uns noch vor ein paar Stunden geglaubt hätte, Punkt neun schlüpft Dom Erwin in sein Meßgewand, legt die rote Stola um, hält mit etwas wackeligen Knien und ein wenig eingebremstem Schwung die Heilige Messe, predigt und spendet den jungen Leuten das Sakrament der Firmung. Ich muß, übernächtigt wie ich bin, manchmal ganz genau hinschauen, um mich zu vergewissern, daß das kein Traum ist. Naja, 25 Jahre verschärftes Überlebenstraining unter erschwerenden Umständen wie hier, das macht manche Leute wirklich zäh. Andere gehen daran zugrunde. Dom Erwin wird noch gebraucht!

Die einzige Konzession an den Wackelknie: die ›Fragen an den Bischof‹ fallen heute aus. Die Leute hier sind weder beleidigt noch enttäuscht, sondern zutiefst dankbar, daß diese Krise so schnell beigelegt werden konnte und ihr Bischof wiedergekommen ist. Hier werden wir noch weiter mit einem Korb voll Kokosnüssen versorgt – das Wasser im Innern der Frucht, die sogenannte Kokosmilch schmeckt hervorragend und ist herrlich kühl und erfrischend. Also jetzt kann nichts mehr schiefgehen. Ganz zum Schluß, Antonio hat schon die Anker gelichtet, kommt noch ein Mann angerudert, der uns fünf Fische bringt. So sind sie: Auch wenn sie selbst fast nichts haben, sind sie bereit, noch das Letzte zu teilen.

Wir überqueren den Amazonas, legen am Ufer eine kleine, von allen sehr begrüßte Ruhepause ein. Später, ich sitze angelehnt an die Kajüte an Deck und bin in mein Brevier vertieft, denn dazu ließ mir der hektische Morgen keine Zeit, steht Dom Erwin neben mir und sagt: »Wenn Du willst, wir können ruhig weitermachen. Mir geht es gut. Es ist, als wäre nichts gewesen.« Also erklimmen wir unseren Redeplatz vorne am Bug – Band läuft!

D.B.: Wir haben neulich von der Situation im Süden der Prälatur gesprochen und von der starken Einwanderungswelle, die dort die Städte und Siedlungen wie Pilze aus dem Boden schießen läßt. Was ist der Grund für diese rasante Entwicklung?

D.E.: Der erste Grund dafür ist, daß die Leute aus dem Süden heraufkommen, weil es dort wirklich kein Land mehr gibt. Der Großgrundbesitz hat sich dort so ausgedehnt, daß für den kleinen Bauern nichts mehr übriggeblieben ist. Ein Teil der Leute ist auch aus dem Nordosten gekommen, nach den furchtbaren Dürreperioden und natürlich auch nach dem Flopp der Transamazônica. Die Leute kommen und wollen einfach ein Stück Land, das sie bebauen können. Das ist das erste, und das zweite ist die Tatsache, daß dort große Bodenschätze sind, vor allem Gold. Die Goldgräber kommen wie die Ameisen, zu Tausenden.

Das ist auch eines der großen Probleme, die wir hier in der Prälatur haben. Das sind Burschen und Männer, meist ohne Familie, die aus allen Staaten kommen – einfach ungeheuerlich. Man kann sich gar nicht vorstellen, was sich da abspielt. Was man im Film aus dem ›Wilden Westen‹ kennt, ist nur ein sanfter Abklatsch von dem, was sich da im südlichen Teil der Prälatur tut. Ich hab das selber immer wieder erlebt.

Wenn man das nicht gesehen hat, kann man sich nicht vorstellen, was das für Zustände sind, in den Garimpos. Das sind so kleine Ansiedlungen, in denen die Männer hausen. Die arbeiten wie besessen, Tag und Nacht. Ungeheuer die Faszination, die das Gold ausüben muß. Die glauben ja alle, daß sie von heute auf morgen reich sein werden. Einzelne gibt es ja, die wirklich reich werden, aber die meisten gehen leer aus, oder sie verspielen und versaufen alles wieder, was sie unter unerhörten Mühen und Gefahren erarbeitet haben. Das einzige, was sie dort mit Sicherheit finden, ist die Malaria.

Wie die leben, das ist nicht menschenwürdig. Da gibt es keine Häuser, nicht einmal Hütten. Sie hausen in irgendwelchen Verschlägen. Jeder hat seine paar Quadratmeter, auf denen er buddelt. Das heißt, da ist einer, der sich zeitgerecht das Land gesichert hat, keiner weiß, ob zu Recht oder zu Unrecht, oft stehen auch Konzerne dahinter. Der rechtmäßige oder unrechtmäßige Eigentümer oder dessen Beauftragter teilt das Land dann nach Quadratmeter zu und kassiert schon einmal entsprechend. Die Männer graben und graben, wie die Verrückten. Das Geröll, das sie zutage fördern, wird dann gewaschen, dabei wird Quecksilber verwendet. Der Ausbeute an Gold steht jedesmal eine große Menge Quecksilber gegenüber, und das Quecksilber kommt in die Flüsse, aber nicht nur in die Flüsse, sondern auch in das Grundwasser, in die Böden. Sie verseuchen aber auch sich selber. Die Prostitution blüht. Die Geschlechtskrankheiten bis hin zu Aids haben in diesen Gebieten ein nahezu epidemisches Ausmaß erreicht.

Bis auf einzelne sind das alles wirklich arme Teufel, die nicht merken, daß auch sie nur ausgebeutet werden. Verdienen tun die, denen der Grund gehört, die Besitzer der Spielsäle und Schnapsbuden und natürlich am meisten die Händler, die Schmuggler.«

Ergänzend zu diesen Erzählungen Bischof Kräutlers habe ich am 2. Juli im »Correiro Braziliense«, einer in Brasilia erscheinenden Tageszeitung, einen Artikel zum Thema Gold gefunden, der sich allerdings mit einer anderen Gegend beschäftigt, mit dem Bundesstaat Roraima im äußersten Nordwesen des Landes. Dieser Bericht über den Besuch einer gemischten Kontrollkommission in Boa Vista, der Hauptstadt von Roraima, zeigt ziemlich deutlich, wie Goldgeschäft und Politik ineinandergreifen. Der Sonderkorrespondent von »Correiro Brasiliense«, Antonio Carlos Silva, schreibt einleitend:

Letzten Mittwoch wurde in Boa Vista angekündigt, daß die Regierung nicht daran denke, die Militärpolizei einzusetzen, um die 50.000 in einem Indianerreservat schürfenden Goldgräber zu vertreiben, wie dies von verschiedenen Seiten gefordert worden ist. Gouverneur Romero Jucá Filho, der bereits auf die bevorstehenden Wahlen zum Landesparlament schielt, hat sich damit eindeutig auf die Seite der Goldsucher gestellt. Vermutlich haben ihn die Drohungen des berüchtigten »Goldsucherkönigs« José Altino Machado: »Keinem Gouverneur wird es gelingen, Roraima gegen den Willen der Goldsucher zu regieren« – eingeschüchtert und ihm gezeigt, auf welcher Seite die Macht steht.

Offensichtlich hat Jucá vergessen, daß er bis vor kurzem Präsident der staatlichen Indianerschutzorganisation FUNAI gewesen ist und eigentlich die grausame Wirklichkeit der Yanomani-Indianer kennen müßte, die in den betroffenen Gebieten leben. Inzwischen gibt es in diesem Gebiet 86 illegal angelegte Pisten, auf denen in Fünf-Minuten-Intervallen Kleinflugzeuge und Helikopter starten und landen.

Gouverneur Jucá ließ anklingen, daß er versuchen werde, diesen Konflikt noch bis zum Ende der Amtszeit von Präsident Sarney warm zu halten, damit die ›abacaxi‹ (übersetzt: Ananas, bei uns wohl der ›heiße Erdapfel‹) *dem nächsten Bundespräsidenten in die Hände fällt. Er, Jucá, wolle nämlich versuchen, die Goldgräberei unter die Kontrolle des Staates zu stellen, um Ordnung zu machen.*

Dieser Wunsch ist verständlich, wenn man weiß, daß bis zu 85 % des in Brasilien geschürften Goldes auf direktestem Weg ins Ausland geschmuggelt werden und dem Staat so immense Summen verlorengehen.

Allerdings, und das erzählt einem jeder gerne, habe weder die politische Führung noch die Exekutive je ernsthafte Versuche unternommen, diesen Schmuggel zu unterbinden oder auch nur einzudämmen. Das riecht nach Korruption.

Was die Goldgräberei in diesen entlegenen Regionen für die Indianer und den Regenwald bedeutet, kann man sich dann ausmalen, wenn man erfährt, daß sich von der letzten Volkszählung im Jahre 1980 bis heute die Bevölkerungszahl fast verdreifacht hat, in der Stadt Boa Vista von 65.000 auf 130.000 und im Staat Roraima von 130.000 auf 300.000.

D.B.: Zum Teil werden diese Männer in den Goldschürfgebieten doch auch irgendwo Familien haben?

D.E.: Ja, zum Teil haben sie Familien, aber das ist wieder ein Problem für sich, das mit dem Verlust des eigenen Landes, des eigenen Grundes und Bodens zu tun hat. Zum Beispiel gibt es viele Leute, die ursprünglich an der Transamazônica angesiedelt und dann vertrieben worden sind, wie ich ja schon erzählt habe. Die einen wandern in die Städte ab, die Chancen sind bekannt. Das Geld, das sie vielleicht noch gehabt haben, ist bald verbraucht, von der Inflation gefressen – 1000 % waren es im vergangenen Jahr. Das Leben der Familien wird unerträglich, Hunger zum täglichen Gast, und das halten viele Männer nicht aus, gehen weg, werden Garimpeiros und hoffen auf das Glück. Was zurückbleibt, ist eine unversorgte Familie, Frauen, die oft zu schwerer, erniedrigender Arbeit oder gar zur Prostitution gezwungen sind – Goldwitwen nennt man sie – und Goldwaisen, die Kinder, die betteln oder stehlen müssen oder sich irgendwo in Rio, São Paulo oder sonstwo Jugendbanden anschließen, in den Drogenhandel geraten und kaum Chancen haben, älter als 18 Jahre zu werden.

D.B.: Und das, was dort in den Goldgräbergebieten passiert, hat ja nun, abgesehen von den Menschen und ihrem furchtbaren Schicksal, auch vor Ort dramatische Folgen. Erstens ökologische, denn man muß den Wald ja roden, um ans Gold zu kommen, und zweitens ethnische, weil ja die Indianer immer weiter vertrieben oder korumpiert werden.

D.E.: Das sind genau die Punkte, die es anzusprechen gilt. Der Wald muß sterben, aber auch die Flüsse. Denn das Quecksilber, das bei der Gewinnung des Goldes gebraucht wird, geht direkt ins Wasser und verseucht die Flüsse bis zum Unterlauf. Den Rio Fresco zum Beispiel, ein großer Nebenfluß des Xingu, den habe ich noch gekannt mit kristallklarem Wasser, wie ein Bergbach in den Alpen. Heute ist er total verseucht, verschlammt, eine gelbbraune Brühe. Er fließt an Indianerdörfern vorbei. Die Fische sterben, die Leute werden krank. Es ist ein Jammer. Und wenn man sich vorstellt, daß wirklich im großen Stil abgebaut wird, dann ist es klar, daß da eine Kraterlandschaft zurückbleiben muß. Ich habe das selber gesehen, da steht kein Baum mehr, da ist alles aufgewühlt, alles umgedreht, eine Mondlandschaft. Da ist nichts mehr da und das wächst auch nie mehr wieder zu, das geht über Kilometer und Kilometer, weil das ja von einem Platz zum nächsten weitergeht, wie eine Dampfwalze, von einem Fundort zum nächsten. Mit dem Flugzeug fliegt man minutenlang über dieses wachsende Ödland, auf dem kein Leben mehr ist. Minutenlang. Das ist schauerlich. Aber da weint kein Präsident.

D.B.: Ja apropos, was sagt die hohe Politik zu dieser Entwicklung, die müßten es doch auch langsam mit der Angst zu tun bekommen?

D.E.: Die sagen einfach, sie seien machtlos. Das sei ein soziales Problem, denn wenn man den Abbau verbieten würde und die Leute in die Städte zurückfluten würden, führte das zu einer sozialen Katastrophe, vielleicht sogar zu einer Revolution. Statt Lösungen zu suchen, schickt man die Leute in den Wald und macht die Augen zu. Nein, da kümmert sich keiner. Außerdem schneiden auch in den oberen Regionen der Machthierarchie sicherlich einige Herren kräftig mit.

Aber der andere wichtige Punkt sind natürlich die Indianer, in deren Gebieten die Goldgräber wüten, ist ja klar, die schrecken vor nichts zurück. Und da gibt es zwei Möglichkeiten: Entweder die Indianer werden vertrieben oder sie machen mit ihnen Verträge. Sie geben ihnen irgendwelche Prozente, und dabei geht natürlich die dörfliche und die ökonomische Struktur zugrunde. Wenn die Indianer merken, daß sie Geld bekommen und plötzlich Dinge kaufen können, die sie früher angepflanzt haben, dann veröden binnen kurzem ihre Kulturen. Dann sitzen sie einfach da, werden sogar zu einer Art Aufseher über das Gold, ohne jemals irgendeine Beziehung zu Geld und Geldeswert entwickelt zu haben. – Sie werden korrumpiert. Das Geld macht sie kaputt. Man sprach früher von Genocid, von Ethnocid und auch von Terricid, wenn man ihnen das Land genommen und so ihr Leben unmöglich gemacht hat. Heute sprechen wir von Auricid. Durch das Gold werden die Indianer in ihrer sozialen Struktur, in ihrer Organisation, in ihren Bräuchen, in ihrem So-Sein einfach umgebracht.

D.B.: Das ist sicherlich ein Nebeneffekt, der der Regierung nur recht sein kann.

D.E.: Natürlich erledigt sich dadurch manches von selber, denn wenn die Indianer nicht mehr Indianer sind, dann kann man ja auch das Land beschlagnahmen. Ein Volk, das noch als Volk auf dem Lande lebt, ist ja theoretisch von der Verfassung geschützt. Theoretisch, aber immerhin. Aber diese neuen Wirklichkeiten sind schlimm. Da hat ein Indianerhäuptling plötzlich ein Flugzeug. Er kann in die nächste Stadt fliegen und einkaufen. Die unsinnigsten Dinge kaufen sie da zusammen. Überall liegen dann die Keksschachteln und Coca Cola-Dosen herum. In einer Hütte findest du ein sündteures Stereogerät. Da es keinen Strom gibt, werden die Boxen als Hocker benutzt, und in der Ecke sitzt ein meterhoher Porzellanhund. Es ist wirklich arg. Diese Leute sind kaputt. Da wird ein Volk total pervertiert, und dann lachen sie hämisch – schaut, wie blöd die sind!

D.B.: Was kann Deine Antwort als Kirche, als Bischof sein, um diesen ineinander verzahnten Problemen zu begegnen?

D.E.: Wir haben von der Prälatur aus ein Team zusammengestellt, ein Team, bestehend aus Priestern, Ordensschwestern und Laien, das sich ganz speziell der Indianerproblematik annimmt, Grundfragen überdenkt. Was wir aber alle immer wieder spüren, ist ein tiefes Gefühl der Ohnmacht, einer Ohnmacht gegenüber diesen Giganten.

Eines der wichtigsten Dinge ist es, die Indianer auf ihre Rechte hinzuweisen, ihnen ihre Möglichkeiten aufzuzeigen und ihnen den Rücken zu stärken. Wenn der Indianer selber erkennt, daß er sich mit solch falschem Konsumverhalten das Grab schaufelt, dann haben wir gemeinsam gewonnen.

Von einem wichtigen Beispiel habe ich ja schon erzählt: Es war das berühmt gewordene Treffen der Indianervölker hier in Altamira. Das war für mich ein eindeutiger Beweis dafür, daß diese Menschen dabei sind aufzuwachen und daß sie durchaus imstande sein werden, ihr Schicksal in die Hand zu nehmen. Dieses Treffen war ihre Idee, ihr Wunsch und Wille, und ich kann mich noch sehr gut erinnern, daß ich im Gespräch mit einigen Häuptlingen davor gewarnt habe, die Dinge zu überstürzen. Ich habe ihnen gesagt, ich hielte es für sinnvoll, alles noch einmal zu überdenken und noch gründlicher zu planen und vorzubereiten und das Treffen nicht von heute auf morgen anzusetzen. Aber da hatte ich keine Chance, die haben das für Februar geplant, und so ist es auch gekommen. Sie waren also sogar imstande, sich gegen mich durchzusetzen, obwohl sie wissen, daß ich ihr Freund bin und auf ihrer Seite stehe. Sie hatten das untereinander beschlossen und so ist es auch geschehen. Ich meine, wir konnten das nur akzeptieren und unterstützen. Natürlich haben wir dann die ganze Infrastruktur der Prälatur in den Dienst dieser Sache gestellt und geholfen, wo wir konnten.

D.B.: Was war eigentlich der konkrete Anlaß für dieses Treffen?

D.E.: Es ging – und da sieht man wieder die Vernetzung der Probleme – vor allem um ökologische Fragen, um den Schutz ihrer Lebenswelt und natürlich um das Damoklesschwert, das über uns allen hängt, die geplante Errichtung des Staudammes an der großen Biegung des Xingu. Wenn dieser Staudamm und das dazugehörige Kraftwerk tatsächlich gebaut werden, versinkt halb Altamira im Wasser. Die große Insel vor Altamira verschwindet, und riesige Indianergebiete werden überflutet. Und sie haben bei diesem Treffen in Altamira das alles sehr deutlich gemacht und fanden damit ja wirklich ein weltweites Echo.

D.B.: Und hat das etwas bewirkt, zu einem Umdenken geführt?

D.E.: Umdenken? – Nun, das weiß ich nicht, aber bewirkt hat es etwas in zweierlei Hinsicht: Erstens wurde die öffentliche Meinung durch Presse, Radio und Fernsehen doch so wachgerüttelt, daß die Leute endlich merkten, daß da etwas geschehen soll, was brasilienweit, vielleicht sogar weltweit negative Folgen haben wird. Zweitens wurde in der Verfassung festgelegt, daß solche großen und folgenschweren Projekte nur noch gebaut werden dürfen, wenn der gesamte Kongreß zustimmt, und ich kann mir einfach nicht mehr vorstellen, daß die Abgeordneten es heute noch wagen, zuzustimmen. Außerdem kann ja überhaupt nicht gebaut werden, wenn nicht die Weltbank einsteigt, und die Herrschaften dort sind auch schon sensibler geworden und werden nicht mehr so leicht gigantische Summen in ein ökologisch so zweifelhaftes Projekt investieren. Der Druck der Weltöffentlichkeit ist einfach schon zu groß geworden, und das ist gut so.

Ich meine, der Eingriff in das so sensibel gewordenen Ökosystem Regenwald wäre beachtlich und bedrohlich. Wenn wir bereits heute, nach all diesen Abholzungen und Brandrodungen, eindeutige Klimaveränderungen spüren, und das spüre nicht nur ich, der ich immerhin auch schon 25 Jahre hier lebe, sondern vor allem ältere Leute behaupten, daß es bereits gewaltige Veränderungen gibt. Man kann der Energiegewinnung einfach nicht mehr alles opfern. Außerdem, und das kommt für die Leute hier natürlich noch erschwerend dazu: die Energie, die hier gewonnen werden soll, ist ja nicht für die Stromversorgung der Transamazônica gedacht, sondern würde über riesige Hochspannungsleitungen, die ja noch einmal problematisch sind, in die Zentren des Südens geleitet werden.

Die Einstellung derer, die sich hier einen Profit ausrechnen, die durch den Bau viel verdienen würden, ist natürlich ganz anders. Ein Bauingenieur sagte mir kürzlich: »Das einzige Recht, das ihr hier in Altamira habt, ist, den Bau des Staudamms schlecht zu finden. Das könnt ihr, aber sonst schon gar nichts.« Und ein Unternehmer, der auf Bauaufträge hofft, meinte zu meinen Bedenken: »Ich will hier bauen und Geld verdienen. Und die Probleme, die ihr dann haben werdet, sind mir ziemlich egal, denn ich habe dann mein Geld und kann woanders neu anfangen.« – Ja, man glaubt es nicht, aber mit einem solchen Zynismus argumentieren diese Herrschaften. – Die Armen müssen bleiben, die können nicht einfach anderswo hingehen, wenn das Leben hier noch unerträglicher wird. Und die Armen – das ist die überwiegende Mehrheit hier – haben Angst, weil sie schon jetzt spüren, wie Regen- und Trockenzeit sich verschieben. Früher war es klar, wann angebaut werden mußte und wann geerntet werden konnte. Aber heute – im Juni zum Beispiel dürfte es längst nicht mehr regnen, und du erlebst es ja selber, daß es jeden Tag mehrmals schüttet, als wären wir im Februar. Die Angst der Leute vor der Zukunft ist mehr als berechtigt.

Wir können das Leben der Menschen nicht von der Natur trennen. Es geht nicht um eine anonyme Umwelt. Es geht um Mitwelt, um den natürlichen Lebensraum dieser Menschen, und er kann nur als Ganzes erhalten, gerettet oder eben vernichtet werden. Und wie es um die Mitwelt der Menschen in und um Altamira geht, so geht es auch um die Mitwelt der Indianer, um ihre Heimat, die nun einmal der Wald ist. Vom Wald haben sie gelebt, und wenn der abgebrannt und überflutet wird, dann haben sie keine Überlebenschancen mehr. Wir können das nicht trennen und sagen, das sind zwei Problemkreise. Es ist e i n Problem. Es geht um die Schöpfung, und Teil dieser Schöpfung ist der Mensch. Das ist ja eines der Grundübel, eine möglicherweise tödliche Krankheit unserer Gesellschaft, daß die Beziehung Schöpfung-Mensch zerrissen ist, wodurch der Mensch vom Bewahrer zum Zerstörer der Schöpfung geworden ist. Er hat keinen Bezug mehr zu dem, was Gott für uns als Mitwelt, als Heimat geschaffen hat. – Der Indianer ist uns da sicherlich voraus, denn bei ihm ist diese Beziehung nicht zerrissen, er hängt an seinem Land, weil das Land seine Mutter ist. Also sollten wir auf ihn hören.

Und, schauen wir uns das einmal an, wie kommt denn so ein Projekt zustande? – Das Projekt wird irgendwo von irgendeinem Gremium beschlossen, egal ob von der Elektro-Bras oder einem internationalen Kreditinstitut. Es wird jedenfalls dort entschieden, wo das Geld ist. Und dann beginnt man, so ein Projekt in Etappen in Angriff zu nehmen. Die erste Etappe ist einmal, das Umfeld zu studieren, und dann kommt man drauf, daß da Menschen sind, in diesem Fall Indianer. Also müssen diese Menschen einer Lösung zugeführt werden. Das Projekt ist unantastbar, quasi Schicksal, hier sagt man ›destino‹, es ist gleichsam vom Himmel gefallen und wird überhaupt nicht in Frage gestellt. Weil da zufällig ein paar Indianer sind, die man nicht einfach umbringen kann, weil das international zuviel Staub aufwirbeln würde, muß eine Lösung gefunden werden. In der Regel heißt diese Lösung Zwangsumsiedlung. Die Indianer werden aus ihrer angestammten Mitwelt herausgerissen und in einer anderen, meist unwirtlichen Gegend angesiedelt. Das ist immer ein

Aderlaß. Die Indianer ertragen solche Zwangsumsiedlungen schlecht. Die Hälfte stirbt, wird krank – wir haben das hier oft genug erlebt. – Das Subjekt ist nicht mehr der Mensch; er wird zum Objekt. Das neue Subjekt ist das Projekt, der Staudamm, das Elektrizitätswerk. Der Mensch, der Indianer, der Gummisammler, der Bewohner des Ufers – wird einer Lösung zugeführt, und bei den Indianern ist das sehr oft die End-Lösung.

D.B.: Kannst Du Dir vorstellen, daß das Beispiel dieses Treffens von Altamira unter den Indianern Schule macht?

D.E.: Es macht schon Schule. Hier in Altamira sind verschiedene Indianervölker zusammengekommen, aber im Nordwesten, im Bundesstaat Acre, hat letzten Monat ein Treffen von Indianern und Siedlern stattgefunden. Siedler, das sind die kleinen Bauern und die Gummisammler. Die gehen jetzt auch zusammen. Für uns im Indianermissionsrat ist das schon lange ein Ziel – die Bildung übergeordneter Koalitionen. Die Indianer als Einzelmenschen oder auch als einzelnes Volk werden nicht überleben, werden zugrundegehen vor dieser Übermacht, diesem Goliath des internationalen Kapitals. Aber wenn sich die Indianer untereinander und mit anderen Gruppen aus der Gesellschaft verbünden, die genauso wie sie unterdrückt und marginalisiert sind, dann gibt es eine gewisse gemeinsame Überlebenschance. Acre war ja eigentlich d e r große Sieg des Chico Mendes. Auch am Oberen Rio Negro und in Roraima gibt es ähnliche Initiativen der Indianer und Gummisammler, die sich zusammentun, um gegen die Vernichtung ihrer Lebensgrundlagen anzukämpfen. Ich glaube, das ist nicht mehr aufzuhalten.

Lange haben wir die Stimmen der Warner nicht gehört, oder wenn wir sie schon gehört haben, haben wir sie nicht ernstgenommen. Dabei sind sie schon ziemlich lang zu hören. Während eines Kongresses in Lima im Jahre 1973 sagte der deutsche Wissenschaftler Harald Stoli unter anderem: »Wenn das Undenkbare geschieht und der Dschungel wird großteils gerodet und abgebrannt, um den Rinderherden Platz zu machen, dann werden um 10% mehr Kohlendioxyd in die Atmosphäre gelangen, die Temperaturen werden ansteigen, der Meeresspiegel wird sich heben, was globale Folgen schlimmsten Ausmaßes haben wird.« – Das ist 16 Jahre her.

Camilo Martin Vianna, damals Präsident der Brasilianischen Gemeinschaft zur Erhaltung der natürlichen Reichtümer, erklärte Mitte der Siebzigerjahre, daß das Undenkbare für ihn durchaus denkbar sei, da die brasilianische Regierung und die multinationalen Konzerne keinerlei Einsehen zeigten: »Wenn der derzeitige Raubbau ungehindert weitergeht, wird der Urwald in nur 40 Jahren zur Wüste geworden sein. Es wird eine Katastrophe sein, die von ignoranten Technokraten und einer profitgierigen Wirtschaft heraufbeschworen worden ist.«

Dazu einige Daten aus einer amerikanischen Studie, die ebenfalls bereits vor 15 Jahren publiziert worden ist:

Im Gebiet der Nord-Kayapo-Indianer hat VW 287.000 acres Urwald gerodet, um Rinderfarmen anzulegen. VW wird verdächtigt, in einem Jahr 7,5 Millionen Bäume in einem Gebiet von 23.400 acres abgebrannt zu haben. Dies wurde von Skylab bestätigt. 1976 brannten sie unter Berufung auf einen gültigen Vertrag, den sie mit SUDAM abgeschlossen hatten, noch einmal 172.500 acres Wald ab.

*

Die italienische Firma Liquigas rodete 1,4 Millionen acres Urwald im Herzen der Gebiete der Xyvante-Indianer. 60 Menschen wurden getötet, als das Militär sie vertreiben sollte. – Auch die Italiener produzieren Rindfleisch nur für den Export. Die Ware wird in Supermarktqualität direkt ausgeflogen. Die Preisetiketten auf der abgepackten Ware sind bereits in Lira ausgezeichnet.

*

Die Leute des Daniel Keith Ludwig-Imperiums rodeten riesige Urwaldflächen mit Hilfe des berüchtigten Gases »Agent orange«.

*

Die Liste solcher Schauergeschichten ließe sich ins Uferlose fortsetzen. Ich will damit nur zeigen, daß uns nicht nur die Horrormeldungen von heute aufschrecken müssen, sondern daß wir schon damals hätten aufwachen sollen. Wissen hätten wir es schon lange können. Aber auch heute, wo täglich neue Meldungen über ausgestorbene Pflanzen- und Tierarten über die Fernschreiber tickern, wo man bereits hochrechnen kann, wann wie-

viele Arten ausgestorben sein werden, denn die Natur reagiert eskalierend mit Sterben vor der Zeit, selbst heute werden die Mahner, die Propheten scheel angeschaut, abgewimmelt, wirtschaftlich vernichtet oder auch mit dem Tod bedroht, ja umgebracht, wie Chico Mendes und viele andere. Auch den inzwischen weltbekannten brasilianischen Ökologen José Lutzenberger versucht man in Brasilien nach wie vor zu verleumden, der Lächerlichkeit preiszugeben. Hand an ihn zu legen wagt man wohl nur deshalb nicht mehr, weil sein internationales Renommee schon zu groß ist. In Österreich war er im Juli 1989 in einer »Club 2«-Diskussion zum Thema »Regenwald« zu hören, aber auch am »Deutschen Kirchentag« in Berlin hat er einen vielbeachteten Vortrag gehalten. Ich glaube, es ist nützlich, hier einige der wichtigsten Passagen zu zitieren, denn er ist die authentische Stimme jener brasilianischen Minderheit, die weiß, warum Angst nicht nur berechtigt ist, sondern nottut:
Vor einigen Tagen, genau vor drei Tagen war ich im deutschen Bundestag zu einer Anhörung über die Zerstörung der Regenwälder, nicht nur in Südamerika, sondern der Regenwälder der ganzen Welt. Es wurde tagelang diskutiert, warum heute überall in der Welt die letzten Urwälder vernichtet werden und was die Erste Welt dazu tun könnte, um dies zu verhindern. Es wurde auch darüber diskutiert, wieviel Geld wir brauchen, um noch etwas zu retten.

Aber immer, wenn ich – und das kam ganz selten vor – auf die wahren Gründe dieser Vernichtung hinwies, auf die Schuld der Ersten Welt, wurde das ignoriert. Wenn vom Geld die Rede war oder von technischen Problemen, kamen immer eine Reihe von Rückfragen. Aber bei der Schuldfrage – da war eine Mauer des Schweigens.

Wir erleben heute weltweit einen biologischen Holocaust – und ich verwende diesen schrecklichen Begriff bewußt, denn er bedeutet: totale Verbrennung, Vernichtung. Wir erleben einen biologischen Holocaust, wie es ihn in der Geschichte des Lebens – und die reicht immerhin 3,5 Milliarden Jahre zurück – nie gegeben hat. Es hat nie eine solche Zerstörung gegeben, einen systematischen Abbau aller lebenden und lebenserhaltenden Systeme, wie heute. Die moderne Industriegesellschaft hat sich zu einem selbstmörderischen Prozeß entwickelt, der nicht nur selbst in den Abgrund läuft, sondern das Leben an sich mitzureißen droht.

Momentan werden im Süden des brasilianischen Amazonasgebietes, in der Region Carajas, ganze Bergketten abgebaut, um hierher und in andere Länder der Ersten Welt Eisenerz und Aluminium zu exportieren, damit man hier mit dicken Autos protzen kann, damit man hier aus Aluminiumdosen, die einmal benutzt und dann weggeworfen werden, Coca Cola und Bier trinken kann.

Nicht nur ganze Berge werden abgebaut, Riesenstaudämme werden errichtet, 2000 Hektar Urwald wurden überflutet mit einem einzigen Staudamm, das gerade diese Erzabbauprojekte mit billigem, subventioniertem Strom beliefert. In diesen 2000 Hektar Urwald, der überflutet wurde, sind zwei Indianerstämme vernichtet worden, Tausende von Gummisammlern, die auch in Harmonie mit dem Regenwald lebten, haben ihre Heimat verloren. Und das alles, damit wir so sinnlose, so obszöne Sachen machen können wie Autos, die mit 200 Stundenkilometern über die Autobahnen rasen, wie Aluminiumdosen für einmaligen Gebrauch und vieles andere mehr.

Diese Einstellung zur Schöpfung hat die Arbeitshypothese der modernen Wirtschaft hervorgebracht, ist ein Ausfluß unseres anthropozentrischen Weltbildes. Aus unserer Vergangenheit haben wir die Vorstellung, daß wir Menschen die einzige Art sind, auf die es hier auf diesem Planeten ankommt. Es gibt zwar – noch – schätzungsweise über 30 Millionen Arten von Tieren, Pflanzen, Algen, Urtierchen, Pilzen, Bakterien und Viren, wir aber glauben, daß das alles nur für uns da ist, daß wir die einzige Gattung sind, die ein Recht hat zu entscheiden, was auf diesem Planeten zu geschehen hat. Wenn uns irgendeine andere Art im Wege steht, dann glauben wir, sie ausrotten zu dürfen.

Wenn wir einen ganzen Urwald vernichten, um Viehweiden anzulegen, dann sehen wir diesen Urwald trotz seiner unglaublichen Komplexität nur als ein Hindernis für unseren sogenannten ›Fortschritt.‹.

Wir sehen in der Natur nur ein Objekt, ein Ding, eine Sache, Ressourcen, bestenfalls eine Bühne, auf der wir uns austoben können. Die Natur ist für uns nur Manipulationsobjekt. Selbst unter Biologen findet man heute diese Einstellung. Die meisten Biologen sind übrigens, würde ich sagen, keine Bio-logen, *sondern Nekro-logen. Sie beschäftigen sich lieber mit toten Sachen oder mit Leben, das sie zuerst zerstört haben, damit sie es besser studieren können. Es gibt heute viele Biologen, aber kaum das, was man im Englischen Naturalisten nennt. Leider gibt es dafür im Deutschen keinen Ausdruck. Ein Naturalist ist jener, der versucht, mit der Natur einen intensiven und aufrichtigen Dialog zu führen, diszipliniert wissenschaftlich, aber mit Ehrfurcht, mit Liebe mit Verständnis. Ein Naturalist ist einer, der ein religiöses Verhältnis zur Natur hat. Solche Menschen sind sehr rar geworden.*

Das wirtschaftlich-wissenschaftlich-technische Establishement von heute pflegt eine infame Lüge, eine Zwecklüge, die Lüge von der Wertfreiheit der Wissenschaft. Außerdem verwechseln wir ununterbrochen Wissenschaft mit Technik und bemerken gar nicht mehr, daß das, was sich heute Wissenschaft nennt, ohnehin meist nicht mehr als Technik ist. Ich würde sagen, weit über 90% derjenigen, die sich heute Wissenschaftler nennen, sind längst keine Wissenschaftler im philosophischen Sinn mehr, sie sind Entwicklungstechniker, die Instrumente entwickeln.

Wenn wir aber Wissenschaft mit Technik verwechseln und davon ausgehen, daß Wissenschaft wertfrei ist, dann kann natürlich auch derjenige, der Atombomben entwickelt, sagen, was ich mache, ist wertfrei, ich habe ein gutes Gewissen. Damit deckt er aber nur sein schlechtes Gewissen zu, denn im Grund weiß er ganz genau, daß er sich prostituiert.

Nach einer eher philosophischen Passage über die verlorene Ethik in Wissenschaft und Technik formuliert José Lutzenberger abschließend die Anfragen der Dritten Welt an Europa:

Die Verwüstung der Natur, die Destruktion aller noch organisch gewachsenen Gesellschaftsformen, die wir heute erleben, ist von Europa ausgegangen, ist westlichem Geist entsprungen. Auch wenn dieser Geist großartige Leistungen hervorgebracht hat, geniale Leistungen in der Wissenschaft, in der Technik, in der Kultur, so ist ihm auch so etwas wie die teuflische Religion der Machbarkeit und des Konsumzwanges entsprungen, im Sinne des Immer-mehr-haben-Müssens, um ein vollwertiges Mitglied der Gesellschaft zu sein. Und wenn heute in der Dritten Welt die Mächtigen genau dasselbe tun, dann sind sie nur fanatische Konvertiten dieser Religion.

Wenn unsere brasilianischen Wirtschaftsbosse, Regierenden und Militärs glauben, es sei ihre heilige Pflicht, das Amazonasgebiet zu entwickeln, denn man kann doch riesige Urwaldflächen nicht einfach so lassen wie sie sind, man kann doch die Menschen, die darin wohnen, nicht einfach ungeschoren, ›unbekehrt‹ lassen, dann gehen sie genau von dieser Weltsicht aus. Die Genesung kann also nur von hier kommen. Nur in dem Maße, wie die Erste Welt bereit ist, neu zu lernen, umzudenken, wird ein Heilungsprozeß in anderen Weltteilen möglich sein. Nur dann wird es möglich sein, das Wirtschaftssystem in Einklang mit uns selbst und mit der Natur zu bringen, nur dann werden wir eine Zukunft haben.

Albert Schweitzer hat doch versucht, uns eine allumfassende, eine wirklich ökologische Ethik wiederzugeben. Er wurde nie verstanden. Wir müssen umdenken, und nur wenn hier umgedacht wird, wenn wir uns bewußt werden, was wir angerichtet haben und in welch selbstmörderischem Rennen wir sind, werden auch unsere Kinder noch ein Recht auf Kinder und Enkel haben.

Ich möchte mit Worten von Chico Mendes enden, der drei Tage bevor er ermordet worden ist, in Curitiba ein Interview gegeben und unter anderem gesagt hat: »Als wir vor zehn Jahren mit unserem Kampf gegen die großen Facendeiros, gegen die großen Viehzüchter begonnen haben, die unseren Wald vernichten, haben wir für unsere Gummibäume gekämpft, für unsere Paranußbäume, für die Erhaltung des Lebens im Urwald. Dann wurde uns klar, daß wir eigentlich für ganz Amazonien kämpfen. Heute aber weiß ich, daß wir für die Menschheit kämpfen.« Ich bin sicher, wenn Chico Mendes nicht ermordet worden wäre, wenn er noch einige Jahre hätte weiterleben können, hätte er Folgendes hinzugefügt: »Heute weiß ich, daß wir nicht nur für die Menschheit kämpfen. Wir kämpfen für Gaia, für die lebendige Erde, für das Leben an sich, für unseren lebendigen Planeten, für die Schöpfung. Wir kämpfen mit Albert Schweitzer für das Grundprinzip von der Ehrfurcht vor dem Leben, vor allen Formen und Erscheinungen des Lebens an sich.«

XIII

Ein Brandopfer von unrechtem Gut ist eine befleckte Gabe, Opfer der Bösen gefallen Gott nicht. Kein Gefallen hat der Höchste an den Gaben der Sünder, auch für eine Menge Brandopfer vergibt er die Sünden nicht. Man schlachtet den Sohn vor den Augen des Vaters, wenn man ein Opfer darbringt vom Gut der Armen. Kärgliches Brot ist der Lebensunterhalt der Armen, wer es ihnen vorenthält, ist ein Blutsauger.
Den Nächsten mordet, wer ihm den Unterhalt nimmt, Blut vergießt, wer dem Arbeiter den Lohn vorenthält.

Jesus Sirach 34,21-27

PETRUS, SOHN DES SIMON, LIEBST DU MICH?

Man sollte wirklich öfter und tiefer in das Buch der Bücher schauen, dann bräuchte man weniger theologische Spitzfindigkeit, um sich aus der Verantwortung für die brennenden Anliegen Gottes auf dieser Welt herauszuschwindeln und die Schäflein des eigenen Wohlergehens, des personalen wie des kirchlichen Gruppenegoismus ins Trockene zu bringen. Steht ja ohnehin alles klar geschrieben ... daß den Nächsten mordet, wer ihm den Unterhalt nimmt; ... daß Blut vergießt, wer dem Arbeiter den gerechten Lohn vorenthält. Aber wenn Laien, wenn Priester und Ordensfrauen, wenn Bischöfe und Kardinäle in Brasilien oder anderswo vom ›gerechten Lohn‹ reden, der der Mehrheit des Volkes verweigert wird, dann nennt man sie subversiv, nennt man sie Marxisten.

Das wird mir gerade in der Trostlosigkeit der Gemeinde Cujuba, an einem breiten und trägen Nebenfluß des Amazonas mit aller Deutlichkeit bewußt, und ich verhehle nicht, daß mir manchmal Zorn hochsteigt in diesen Stunden. Da ist erst einmal die Trostlosigkeit der Landschaft. Von hier bis hinauf an die Mündung des Tucuruy werden wir keinen Baum mehr sehen – und das ist noch weit. Hier in Cujuba steht das Gemeindehaus und die kleine, ziemlich verkommene Kapelle in stinkendem Schlamm. Weiter hinten, dort wo die Koppeln für die Mutter- und Jungtiere beginnen, sieht man einen Hauch von Grün, schäbiges Elefantengras. Die Tiere stehen zum Teil bis zum Bauch im Morast. Wenn ich mich erinnere, wie aufgeregt mich Dom Erwin unter die Dusche geschickt hat, als ich vor Santa Bárbara bis an die Hüften im Uferschlamm versunken bin – ich hatte nicht geahnt, daß die vermeintliche Sandbank mich nicht tragen würde – dann kann ich mir nicht vorstellen, daß das für die Tiere hier besonders gesund sein kann. Und diese Rinder stehen da den ganzen Tag drinnen.

Die Kirche von Cujuba

Die Stimmung der Menschen entspricht der trostlosen Landschaft. Das Gespräch läuft nur mühsam an, aber mit der Zeit kommen ein paar Dinge heraus, die das alles verständlich machen. Alle Männer hier sind Vaqueiros, Rinderhirten. Keiner hat mehr eigenes Land. Sie und ihre Familien sind total von den neuen Herren und dem grausamen Verwalter abhängig. Das ganze Land rundum und noch weit den Fluß hinauf ist von dem alten Besitzer an eine ausländische Gesellschaft verkauft worden, die die Rodungen der letzten Jahre noch intensiviert hat. Der Verwalter, der dem alten Besitzer schon so gute Dienste geleistet hatte, ist geblieben. Er saugt die Leute aus bis aufs Blut. Für 50 Cruzados – das sind knapp 20 US $ – schuften sie sechs Tage die Woche und oft auch am Sonntag. Mit dem Geld sind sie gezwungen, im Laden des Verwalters einzukaufen, der natürlich seine eigenen Preise machen kann, weil es weit und breit keine Konkurrenz gibt. Die einzige Vergünstigung: die Familien können die Milch behalten und Käse daraus machen und den dann verkaufen. Das bringt aber auch nicht viel. Wie diese Menschen da überhaupt leben können, fragt man sich.

Aber neben den rein wirtschaftlichen Problemen macht ihnen noch etwas anderes Sorgen. Dom Erwin ist gleich beim Kommen aufgefallen, daß sich erstaunlich wenig Leute eingefunden haben. Die Erklärung kommt: Die Familien der fehlenden fünf Gemeinden am Flusse Ipixuna hat man gewaltsam von ihrem Land vertrieben und an den Oberlauf des Flusses gejagt. Um hierher zu kommen, müßten sie einen Tag für die Her- und einen Tag für die Hinfahrt rechnen, und das ist weder zeitlich noch finanziell möglich.

Nach einer langen, lastenden Zeit des Schweigens kommt dann noch eine Geschichte, die einem die Gänsehaut über den Rücken jagt:

Ein junger Mann, der vor etwa zwei Jahren aus seiner verzweifelten Situation hier ausgebrochen ist, ist auf furchtbare Weise umgekommen. Erst vor kurzem hätten sie diese Nachricht bekommen, erzählen die Leute. Sie haben nie mehr etwas von ihm gehört, bis jetzt. Folgendes ist geschehen: Nach einigen fehlgeschlagenen Versuchen, irgendwo anders ein ordentliches Auskommen zu finden, hat er sich auch vom Gold verlocken lassen und ist in das Goldgräbergebiet im Süden gegangen. Was dazwischen geschehen ist, ob er fündig geworden ist oder nicht, das alles wüßten sie nicht, sie hätten nur von seinem Ende erfahren. Jedenfalls habe er einem seiner Kumpel Gold gestohlen, das der irgendwo in seinem Verschlag versteckt hatte. Und dann dürfte er Angst bekommen haben, daß der Diebstahl entdeckt und der Verdacht auf ihn fallen würde, und so hat er den Mann in der nächsten Nacht erschlagen und irgendwo vergraben. Das Gold hat er versteckt. Irgendwie ist die Sache dann ein paar Tage später ruchbar geworden. Da haben ihn dann ein paar andere Garimpeiros gepackt und gezwungen, die Leiche wieder auszugraben und auf den Mund zu küssen. Kann man sich vorstellen, nach Tagen in der glühenden Hitze. Dann haben sie ihn gezwungen, die Grube tiefer und breiter zu graben, und während er da buddelte, haben sie sich laut darüber unterhalten, auf welche Weise sie ihn umbringen würden. »Erschießen? – Nein, den Schuß muß einer abgeben, und der ist dann der Täter und kann belangt werden. – Erhängen? – Nein, auch das nicht, denn einer muß ihm den Stein unter den Füßen wegziehen, auch da gibt es also dann einen Täter. Erschlagen? – Ja, das ist es. Jeder hat einen Schlag frei, und niemand wird wissen, welcher der Schläge tödlich gewesen ist.« – So geschah es dann auch. Sie haben ihn erschlagen, furchtbar zugerichtet.

Jeder, der hier am Leben verzweifelt ist, hat sicherlich auch schon mehr als einmal überlegt, aufzugeben, wegzugehen. Jeder also könnte in ein solches Schicksal rennen, denn keiner weiß, wozu er letztlich fähig ist in einer brutalen Gesellschaft, in der jeder Mensch verroht, seine Menschlichkeit verliert. Ich schaue in die Runde, in sehr verfinsterte, leere Gesichter. Das hat sie alle ungeheuer mitgenommen.

Die Messe am nächsten Morgen ist natürlich auch von dieser Situation, den letzten Entwicklungen und Geschehnissen geprägt, aber trotz allem ist durch das Dunkle hindurch doch die Kraft ihres Glaubens spürbar: »Aus der Tiefe rufe ich, Herr, zu dir. Herr höre meine Stimme! Wende dein Ohr mir zu, achte auf mein lautes Flehen!« – Sie haben den Psalm 130 zwar nicht gesungen, aber irgendwie steht er als Motto über diesem Morgen, über ihren Kyrierufen und Fürbitten. Und ihrem Bischof ist es anzusehen, daß es nicht leere Worte sind, mit denen er ihnen Trost zuzusprechen sucht, sondern daß er wirklich aus tiefster Seele mit ihnen leidet.

Die Strecke, die heute noch vor uns liegt, wird etwa sechs bis sieben Stunden in Anspruch nehmen. Wir müssen diesen Fluß hinunter bis zum Amazonas, dann den Amazonas hinauf bis zur Xingu-Mündung und dann noch den Xingu hinauf bis Porto do Moz, eine kleine alte Kolonialstadt, die wie soviele andere auch auf den Ruinen einer großen Indianersiedlung aufgebaut worden ist.

Also bleibt wieder etwas Zeit, unser Gespräch fortzusetzen, wenn auch mit dem Begleitgeräusch der »Livramento«, denn für eine Pause während der Fahrt ist keine Zeit. Irgendwie bestimmen natürlich die vergangenen Stunden diesen Teil unseres Gespräches.

D.B.: Dom Erwin, Jesus hat Petrus dreimal die Frage gestellt: Liebst du mich? Wenn ich Dich heute, im Angesicht dieser Menschen, deren Schicksal Dich bewegt, für die Du Dich einsetzt, weil Christus sich mit ihnen identifiziert, die Frage stelle: Liebst Du dieses Volk? – wie ist Deine Antwort?

D.E.: Das kommt zwar jetzt sehr überraschend, aber ich glaube, da kann ich ganz ohne Abstriche JA sagen. Sonst wäre ich sicher nicht hier, sonst könnte ich das alles gar nicht aushalten und hätte mich längst um eine ›ruhigere Kugel‹ umgeschaut. Nein – ich liebe dieses Volk und ich glaube, das beruht auch auf Gegenseitigkeit. Ich bin mit diesen Menschen richtig zusammengewachsen, gerade mit diesen armen, geknechteten Leuten. Ich sehe meine vornehmste Aufgabe darin, diesem Volk und in diesem Volk Gott zu dienen.

Wenn ich diese Frauen und Männer sehe, mit ihren ausgemergelten Gesichtern, wie sie arbeiten und schuften und nicht weiterkommen, da brauche ich kein anderes Bild von Christus mehr, da schaut er mit ihren Augen in mein Herz.

Wenn Jesus mir die Frage stellen würde: Liebst du mich mehr als diese?, würde auch ich wohl sagen: Herr, Du weißt alles, Du kennst mich und auch alle meine Schwächen, aber ich liebe Dich in diesem Deinen Volk. – Und hier liegt ja auch der Grund, warum ich mir den Wahlspruch SERVUS CHRISTI JESU ausgesucht habe, in dem Sinn nämlich, daß Jesus sich mit diesem Volk identifiziert, dem ich mit meinem ganzen Leben und meiner ganzen Kraft dienen will.

Natürlich hat man nicht immer den nötigen Elan, die nötige Einsatzfreude, man wird müde, und diese Müdigkeit spüre auch ich oft. Eine solche Liebesbeziehung ist ja anstrengend, wie jede andere auch, auf die man sich ganz einläßt. Da gibt es nicht nur Höhenflüge, sondern auch tiefe Schluchten, lange Durststrecken oder wie Ernesto Cardenal es einmal (in Anspielung auf ein Gedicht Bert Brechts) genannt hat: die Mühen der Ebene. – Oft fehlt einem auch die Anerkennung, der Erfolg. Wir wollen doch alle nicht nur säen, sondern auch ernten, und gerade in der pastoralen Arbeit sind die Erfolge dünn gesät, dauert es oft lange, bis das Weizenkorn einwurzelt, der Sonne entgegenwächst und Frucht trägt. Da läßt man schon einmal den Kopf hängen. Aber ich glaube, daß das ganz normal ist und daß man halt immer wieder versuchen muß, durchzukommen, durchzuhalten, trotz allem Scheitern, trotz der Müdigkeiten, egal ob sie psychisch oder physisch sind.

D.B.: Du bist ja auch zum Lehrer dieses Volkes geworden, und ich stelle mir das oft sehr schwierig vor, sie so zu lehren, daß sie es auch verstehen können. Da braucht es ein großes Einfühlungsvermögen, viel an liebender Zuwendung.

D.E.: Das stimmt, das ist oft wirklich nicht leicht. – Wir haben unsere Begriffe, unsere Definitionen. Die können diese Leute hier gar nicht verstehen, weil sie ihnen fremd sind, weil sie einem ganz anderen Denken und Fühlen entstammen. Sie haben auch einen ganz kleinen Wortschatz, der nur im Zusammenhang mit ihrem täglichen Leben steht. Man muß also diesen Alltag gut kennen und verstehen, damit man mit ihnen in ihrer Sprache reden kann. – Ich bin ja nicht hier aufgewachsen, mußte vieles also in mühsamer Kleinarbeit lernen, mußte hinhören und immer wieder fragen, wie sie dies oder jenes ausdrücken.

Es müssen einem auch immer wieder konkrete Beispiele, konkrete Bilder einfallen, um sich verständlich zu machen, um ihnen Glaubensinhalte nahebringen zu können. Jesus hat das auch getan. Auch er hat keine Definitionen gegeben. Was heißt Nächstenliebe? – Er hat nicht gesagt: »Nächstenliebe ist, Doppelpunkt...«, sondern er hat ihnen eine Geschichte erzählt: »Ein

Mann ging von Jerusalem nach Jericho und fiel unter die Räuber...« – Er hat in Parabeln, in Gleichnissen gesprochen und sich damit seinem Volk verständlich gemacht. Aber um so ein Gleichnis zu finden, das den Leuten unter die Haut geht, muß man erst lange hinhören, ihre Welt gut kennen und verstehen lernen.

D.B.: Bei dem intensiven Leben, das Du jetzt seit 25 Jahren führst, wo bleibt da eigentlich der Mensch Erwin Kräutler. Welche Einsamkeiten sind da durchzutragen?

D.E.: Damals nach meiner Bischofsweihe haben meine Mitbrüder zu mir gesagt: »Du kannst mit uns rechnen« – und das war und ist auch so. Aber dahinter ist man als Bischof doch sehr allein. Es gibt immer wieder Fragen und Bereiche, wo sie mir bei aller Bereitschaft zur Mitverantwortung sagen: »Das ist Deine Sache, da mußt Du die Entscheidung fällen.« Und dann, bei aller Liebe, bei aller Freundschaft, die uns hier am Xingu verbindet – man ist eben doch der Bischof. Irgendeine Distanz ist trotz allem spürbar. Das ist der Grund für dieses Alleinsein, für diese Einsamkeit, die natürlich oft schwer zu ertragen ist und manchmal auch schmerzt.

Mit den Amtsbrüdern, den anderen Bischöfen – und ich bin eigentlich mit vielen von ihnen sehr gut befreundet – ist das halt so, daß erstens die Entfernungen riesig sind – der nächste ist über 500 Kilometer von hier entfernt –, und dann hat jeder selber genug Sorgen und Probleme. Natürlich sprechen wir während der Sitzungsperioden über dieses und jenes, aber das Bischofsamt bringt einfach eine gewisse Dosis Alleinsein, einen gewissen Grad an Einsamkeit mit sich. Das ist schon so.

D.B.: Es geht ja nicht nur um die Lösung von Problemen, es geht nicht nur um Tagesfragen, Grundsatzfragen, Glaubensfragen, es geht auch um den ganz personalen Menschen, der manchmal jemanden bräuchte, der ihm zuhört, der bereit ist, sich – wie Du es immer wieder sagst – »heiser zu hören«.

D.E.: Die Dimension, in der ein Mensch immer allein ist, bleibt trotz aller Gesprächsmöglichkeiten bestehen. Das, was einem dann offensteht, ist die Meditation, ist das Gebet, ist die kontemplative Dimension, das Gespräch mit Gott. Die lebenserhaltende Bedeutung dieses Bereiches hab ich eigentlich auch erst als Bischof wirklich erkannt und erfahren. Wenn du das ausschließt, wirst du leer, verlierst du den mystischen Wurzelgrund, aus dem einzig die Kraft kommen kann, die Kraft zum Leben.

D.B.: Du erinnerst Dich an Karl Rahner, der gesagt hat, daß der Christ der Zukunft ein Mystiker oder aber nicht mehr sein wird und daß erst diese mystische Dimension ein echtes politisches Engagement möglich mache.

D.E.: Mystik und Politik sind überhaupt, aber vor allem im lateinamerikanischen Kontext nicht voneinander zu trennen. Ich glaube, hier ist die prophetische Dimension der Kirche anzusprechen. Die Kirche hat einerseits die Pflicht, all diese Umstände und Zustände, die ein Volk immer mehr marginalisieren, in die Enge treiben, anzuprangern, aber andererseits auch das Leben zu verkünden. Es geht um die Verkündigung des Lebens, des Reiches Gottes, des Traumes Jesu. Es geht um das ganz bewußte Aufzeigen von Situationen, die mit dem Evangelium nicht vereinbar sind. Und wenn wir die Propheten des Alten Testaments anschauen, dann waren das allesamt politisch engagierte Menschen, die aber aus einer tiefen Gotteserfahrung heraus politisch tätig geworden sind. Wenn wir Elias anschauen oder Jeremias, dann spürt man dieses Wissen um die Berufung: »Gott hat mich berufen und gesandt«. Es sind immer diese beiden Elemente. Ich kann hier nicht politisch tätig sein, wenn ich mich nicht von Gott berufen und gesandt weiß. Politisch tätig sein, heißt hier – für das Leben eintreten, wo andere den Tod säen. Ohne diese Basis politisch zu arbeiten, birgt, wie wir alle wissen, die Versuchung der Macht in sich.

Die Verbindung von Mystik und Politik sehe ich sowohl in der persönlichen wie in der gemeinschaftlichen Gotteserfahrung.

D.B.: Natürlich muß man diesen Menschen Mut machen und ihnen zeigen, daß sie die Auserwählten des Evangeliums sind oder wie Gustavo Gutiérrez es einmal formuliert hat: ›Die Perspektive der Armen zu übernehmen bedeutet, die Dinge aus dem Blickwinkel der Privilegierten des Reiches Gottes zu betrachten – es bedeutet, zu denken, indem wir Jesus in den Mittelpunkt unseres Lebens stellen.« Das ist alles richtig, nur besteht da nicht doch die Gefahr, daß diese Leute dann in einen gewissen Fatalismus fallen und sich sagen: »Wir sind die Auserwählten, also wozu sich noch anstrengen«?

D.E.: Ich sehe diese Gefahr nicht. Mut machen heißt ja vor allem, ihnen zu zeigen, wo sie diese Kraft, diesen Mut finden können. Und da weise ich immer darauf hin, daß sie diese Quelle im Wort Gottes zur Verfügung haben, in das sie sich nur betend und meditierend einzubringen brauchen, um ihren Weg gestärkt fortsetzen zu können. Was sie dort finden, ist kein billiger Trost, kein seelisches Dopping, sondern eine ziemlich anstrengende Handlungsanweisung. Wer sich vom Wort Gottes in der Tiefe betreffen läßt, der ist nicht mehr in Gefahr, sich bequem zurückzulehnen.

Du hast dies hier ja überall gesehen. Diese Gemeinden sind ja nicht Orte, an denen nur politisch etwas über die Bühne geht, sondern an denen das Gebet und die Schriftmeditation einen zentralen Platz einnehmen. Die Feier der Eucharistie, auf die gerade diese Menschen hier einen so großen Wert legen, erkennen sie als Zentrum unseres Glaubens, aus dem sie die nötige Lebenskraft schöpfen können.

Eucharistie heißt ja nicht, daß die Leute als Brüder und Schwestern zusammenkommen und sich religiös berieseln lassen, sondern sie wird hier als Feier des Gedächtnisses an das Leiden und die Auferstehung Jesu erkannt, als Demonstration für das Leben, als Protest gegen alles Todbringende. Das verstehen die Menschen hier sehr gut, daß sie aufgerufen sind, in seiner Nachfolge auch ihr Leben für ihre Freunde einzusetzen. Die Mystik, die unserem politischen und sozialen Engagement zugrundeliegt, ist eine eucharistische Mystik.

D.B.: Dom Erwin, gerade damit, mit der Betonung der Bedeutung der Eucharistie triffst Du ins Schwarze eines der zentralen Probleme unserer Kirche. Hier begeht die Kirche eine ebensolche Ungerechtigkeit wie die säkulare Gesellschaft. Während im Norden, während bei uns in Europa Eucharistie nahezu inflationär zur Verfügung steht – du kannst es dir aussuchen, wo und wann du sonntags oder auch an Wochentagen zur Messe gehen möchtest – während wir also auch darin im Überfluß leben, wird es diesen Menschen, die dieses mystische Zentrum unseres Glaubens mindestens so nötig haben wie wir, vorenthalten, ja über weite Strecken verweigert. Der Priester kommt höchstens alle vier Monate, der Bischof alle zwei, drei Jahre. Unsere Kirche, allen voran der Papst, wettert gegen die wirtschaftliche Ungerechtigkeit, gegen die Verweigerung des Brotes für die Mehrheit der Menschen und handelt durch die Verweigerung des Brotes des Lebens um kein Jota besser.

D.E.: Ja, Du hast recht, das tut weh. Und diese Frage wird mir auch immer wieder gestellt. Trotz all der drängenden Überlebensprobleme steht oft und oft die Frage im Mittelpunkt von Gesprächen und Diskussionen: Warum haben wir kein Recht auf einen Sonntag mit Eucharistie? – Glaub mir, ich leide darunter, daß ich den Menschen hier keine rechte Antwort geben kann, warum ihnen die Kirche aufgrund irgendwelcher kirchlicher und historisch bedingter Gesetze das Zentrum des Glaubens verweigert. Ihnen für ein paar Wochen einen Vorrat an konsekrierten Hostien zu hinterlassen, damit sie in ihren Gottesdiensten noch ein paarmal wenigstens kommunizieren können, ist wahrlich nicht das Mahl, wie es unser Herr am Abend vor seinem Leiden eingesetzt hat.

Es wäre hoch an der Zeit, daß dieses Problem auf eine neue Weise gelöst wird. Wieso kann ein Katechist, der Jahre hindurch der Gemeinde vorsteht, nicht auch der Eucharistiefeier vorstehen? – Wir taufen die Leute und verweigern ihnen die Eucharistie, während es in anderen, ohnehin privilegierten Teilen der Welt Möglichkeiten im Überfluß gibt. Da müßte bald etwas geschehen, denn, Du hast ganz recht, das ist eine himmelschreiende Ungerechtigkeit.

Das Volk Gottes hat ein Recht auf die Feier der Eucharistie. Dieses Recht können wir als Kirche diesem Volk nicht vorenthalten. Und wenn es Gesetze und Bestimmungen gibt, die diese Situation verursachen, dann sind diese Gesetze und Bestimmungen falsch und ungerecht und müssen geändert werden.

XIV

Im Licht des Evangeliums können wir auf eine zärtliche und geschwisterliche Welt hoffen, Frucht des Geschenkes Gottes und zugleich Werk von allen Menschen, die Unterdrückung bekämpfen, die Unterdrückten lieben und gemeinsam mit ihnen für Veränderungen einstehen.

Leonardo Boff

GOTT HAT NUR UNSERE HÄNDE

Sie ist lang, die Zielgerade nach Altamira, auf der wir uns jetzt befinden, und sie ist scheußlich. Die Strecke, die wir am Anfang der Reise in der Nacht hinter uns gebracht haben, sehe ich nun bei Tageslicht. Was ich bisher nur aus Erzählungen wußte, jetzt sehe ich es: Kilometer um Kilometer, Stunde um Stunde dieses deprimierende Bild des niedergemähten Waldes mit den einzelnen, traurigen Strünken. Natürlich, ich habe diese Szenerie an der Transamazônica gesehen, und auch unten an einzelnen Flüssen, aber hier – durch die Dauer wird einem das Ausmaß der Zerstörung bewußt, legt es sich einem auf die Seele.

Vielleicht sollte das wirklich jeder einmal gesehen haben. Vielleicht sollte man Brasilientouristen dazu zwingen, sich nach dem Vergnügen an der Copacabana, nach dem Trubel des Karnevals, nach Safaris in den letzten Paradiesen, einmal das hier anzuschauen, sie einen schweigenden Tag hier entlangführen. Vielleicht würden sie den Mahagonisarg für die ›Pepi-Tant‹ dann doch nicht kaufen, bei der Wandtäfelung im neuen Haus doch zu anderen Holzarten greifen oder einmal wirklich scharf protestieren, wenn unsere Abgeordneten noch Zollerleichterungen für den Import von Edelhölzern beschließen, nur weil keiner sich die

Mühe gemacht hat, die Akten ordentlich zu studieren. Es genügt einfach nicht mehr, während einer TV-Dokumentation über den brennenden Regenwald: ›Schlimm, schlimm!‹ zu sagen und sich dann gemütlich zurückzulehnen.

In Porto do Moz, der kleinen, ganz hübschen Hafenstadt mit der alten Kirche, gibt es wiederum ein Patrozinium. Diesmal kommt der Heilige Blasius, São Braz, zu Ehren, wird mit einer Kyrie-Prozession vom Hafen zur Kirche und mit einem Festgottesdienst gefeiert. Am Nachmittag wälzen sich dann Tausende von Menschen zweieinhalb Stunden durch die Straßen und Gäßchen des Städtchens. Wie in Gurupá der Heilige Antonius, so wackelt hier ein Kitsch-Blasius auf den Schultern von sechs Männern. Neben ihnen würdige, ältere Damen mit breiten roten Bändern um die Schultern, an denen eine große Herz-Jesu-Medaille baumelt. Viele von ihnen sind barfuß, Zeichen eines Versprechens oder Ausdruck des Dankes. Es wird gebetet und ge-

Porto do Moz – hinter der Fassade

sungen, und bei neun Stationen werden die Ergebnisse der vorangegangenen Novene verlesen. Hier geht es um ihre ganz konkreten Probleme, die sie an neun Abenden diskutiert und im Gebet aufgearbeitet haben. Es geht um die in den letzten Monaten ermordeten Bauern und wie es gelingen könnte, den Großgrundbesitzern und ihren Pistoleiros, ihren Killertrupps beizukommen. Es geht um die Jugend, die auch hier keine Zukunftschance hat. Es geht um das Land, das man ihnen raubt, um die Fische, die man ihnen vor der Nase wegschnappt, es geht ihnen um das Holz, um die Versorgung, um die Erziehung, um die Krankheiten, die nicht behandelt werden, es geht um ihr Leben.

In Porto do Moz gibt es nämlich keine öffentliche Gesundheitsversorgung, obwohl es ein monatliches Budget von 7000 Cruzados gibt, das auch regelmäßig abgerechnet wird. Es gibt einen Briefkopf für ein kleines Spital und einen Briefkopf für eine Apotheke und es gibt die Abrechnungen mit der Unterschrift des Bürgermeisters, obwohl weder das Spital noch die Apotheke existieren. Das Geld, das wissen alle und reden auch darüber, wie das Beispiel zeigt, wandert in die Tasche des Bürgermeisters. Ein anderer Gemeinderat hat nun, dem hohen Beispiel folgend, dieses lukrative Spielchen mit einer nicht existierenden Schule begonnen.

Bisher hat es keiner gewagt, diese korrupte Partie höheren Orts anzuzeigen, oder vielleicht wissen die Leute längst, daß das keinen Sinn hat, weil eine Krähe der anderen kein Auge aushackt und die Korruption sich in Brasiliens politischer Hierarchie nach oben nur noch verdichtet.

*

Wenn man einmal Brasilia gesehen hat, wundert einen das auch gar nicht mehr. Da liegt auf einer kargen, steinigen, etwas hügeligen Hochebene im Herzen des riesigen Landes die vor nunmehr fast 30 Jahren geplante und gebaute neue Hauptstadt. Ich sage Stadt, nein, Stadt ist das keine, es ist ein u r b a n o i d e s K o n s t r u k t aus Machtwahn und Gigantomanie, die architektonische Erbschaft Hitlers, Mussolinis und Stalins zusammengenommen.

Entlang eines Höhenrückens die ›Prachtbauten‹ des damaligen Regimes, eine einzige Huldigung an den Baustoff Beton: die Kathedrale, alle Ministerien, Gerichtsgebäude, Amtssilos bis hin zum Gebäude des Kongresses und einem riesigen Monument. Schon die Architekten der Antike wußten, daß konkave und konvexe Körper bei gleicher Größe optisch unterschiedlich wirken. Den modernen Planern dürfte diese Binsenweisheit jedoch entgangen sein, und so wirkt die Schale auf dem Flachdach des Parlamentsgebäudes riesig, während die gleichgroße Kuppel auf dem Gebäude des Senats wie ein kleiner Gugelhupf ausschaut. Die Kathedrale, außen von schwungvoller, mutiger Linie, ist innen als alles Mögliche zu verwenden, nur nicht als Gotteshaus. Kein Wunder, wenn ein erklärter Atheist eine Kirche baut.

Brasilia ist ein Ort für Autos, nicht für Menschen. Riesige Schnellstraßen durchschneiden die Stadt mehrfach. Fußgänger werden gehetzt wie die Hasen. »Ein Bewohner Brasilias hat einen Kopf, zwei Arme und vier Räder«, witzeln die Leute. Das Ganze besteht also aus zahllosen voneinander getrennten Ghettos, Arbeitsghettos, Hotelghettos, Wohnghettos und Einkaufsghettos. Diese sind so intelligent geplant, daß man in einer Einkaufsstraße im Grunde nur Elektrogeschäfte, in einer anderen, etwa zehn Autominuten entfernt, nur Drogerien und Apotheken, in der nächsten nur Textilhändler findet. Das Ganze ist absurd. Wenn man dann erfährt, daß der berühmte und weltweit gefeierte Architekt Oscar Niemeyer von seiner Profession her eigentlich Innenarchitekt war und der Stadtplaner Lucio Costa kein Flugzeug besteigt und daher nie in Brasilia gewesen ist und beide auf den Tod verfeindet sind, ist das alles nicht mehr weiter erstaunlich. Aber beide wollten dasselbe, den Bruch mit der mittelalterlichen Stadt, die Wohnmaschine für den modernen Menschen. Niemeyers Programm klingt ja dann auch sehr verheißungsvoll: »Ich erwarte, daß Brasilia eine Stadt glücklicher Menschen wird; Menschen, die das Leben in seiner Vielfalt erfahren; Menschen, die den Wert einfacher und klarer Dinge kennen.« – Nun, ich habe diese glücklichen Menschen dort nicht gefunden. Die, die es sich leisten können, kommen hierher nur zur Arbeit, und das heißt frühestens am Dienstag mit der Morgenmaschine, und sind spätestens Donnerstag nachmittag wieder im Flugzeug. Das riecht nicht nach Glück, nicht nach

Leben in aller Vielfalt. Und die, die sich diese aufwendige Flucht nicht leisten können und auch das Wochenende hier vor sich hinöden müssen, die fahren dann, wenn ihnen die Decke ihrer Villa oder ihrer Wohnzelle im Hochhaus auf den Kopf zu fallen droht, Sonntag nachmittag zum Flughafen: Menschen schauen.

Im Umkreis von etwa 60 bis 80 Kilometern wachsen die Satellitenstädte für die Arbeiter und Angestellten schon in die Millionen, und an ihren Rändern und auch dazwischen wuchern Favelas, die man hier ›Invasões‹ nennt. Vor dem Kongreßgebäude stehen drei riesige eiserne Männergestalten, das Denkmal für die Arbeiter, die diese Stadt gebaut haben. Nach getaner Arbeit, so wünschte man es, sollten sie wieder gehen, woher sie gekommen waren. Aber sie gingen nicht, weil sie nicht wußten, wohin. Sie blieben und gründeten die ersten ›Invasões‹, in denen ebenso Armut und Not herrschen wie in den Großstädten im Süden. Nur die Luft ist hier besser.

Der deutsche Diplomat und Publizist Carl D. Goerdeler wurde am 5. August 1989 in der Tageszeitung »Die Presse« zitiert: *Heute ist Brasilia ein Schreibtisch in der Steppe.* (Damit ist die Hochebene Planalto Central gemeint) *559 Abgeordnete, 12.000 Parlamentsangestellte und 180.000 Staatsbedienstete arbeiten hier mit ihrem ganzen Dienstleistungsanhang. Der einzige output der Stadt ist somit Müll und beschriebenes Papier. Ihr größtes Problem ist die soziale Isolation und Abkapselung der Politiker und Beamten in ihren Ministerien und Freizeitclubs, die sie die ungeheuren sozialen, ökonomischen aber auch ökologischen Probleme Brasiliens verdrängen läßt.*

Ich bin froh, dieses Zitat gefunden zu haben, denn es bestätigt mir das, was ich nach einigen Tagen auf dieser Insel des Hochmuts und des Machtdünkels in mein Notizbuch geschrieben habe: »Hier versteht man diese Politik der Nichteinmischung in innere Angelegenheiten mit Ausnahme des Geschäfts und der Profitmaximierung. Wenn man hier eine Weile steril, aber angenehm lebt, sich an die Leblosigkeit dieses Ghettos gewöhnt hat, muß man jeden Bezug zur Realität des Lebens in diesem gepeinigten Land, vor allem draußen an den Rändern, verlieren. Alles sauber, geordnet, bequem, klimatisiert, fern jeder Wirklichkeit – wie soll man da noch ein Ohr für den Schrei des Volkes haben. Der verhallt ungehört über die Hochfläche, und – vielleicht ist das bezeichnend – im Garten des Präsidenten am Ufer des stinkenden, künstlichen Sees, hält man sich Straußenvögel, Emus. Der Strauß als Wappenvogel der heutigen Politik, der es wie kein anderer versteht, den Kopf in den Sand politischer Wunschträume zu stecken. – Arme Indianer, arme Campesinos, armes Volk! Ihr werdet noch lauter schreien oder ihnen die Köpfe aus dem Sand reißen müssen, ihnen den Sand aus den Ohren, aus den Augen und vor allem aus den Herzen schütteln müssen, wenn ihr leben wollt!

Es heißt hier, daß der Heilige Don Bosco eine Vision hatte, daß die Hauptstadt Brasiliens in der Mitte des Landes liegen müsse, wenn dieses Land Zukunft haben soll. Vielleicht hat der Heilige eher gemeint, inmitten des Volkes und nicht inmitten eines Ödlandes, das sich 250 Kilometer im Umkreis dieser Stadt erstreckt.«

Und weil es sich da oben so schön träumt, können Hunderte Flugpisten illegal in den Urwald geschlagen werden, können die Reichen und die Starken den Schwachen das Land wegnehmen, kann man Indianer und Straßenkinder, Obdachlose und Favelados ungestraft killen, um die Gesellschaft zu säubern, kann man jede Minute Wald in der Größe von 21 Hektar roden, kann man die Flüsse verseuchen und kann man natürlich auch ein Spital und eine Apotheke abrechnen, die es gar nicht gibt. Wenn kümmert es, hauptsächlich die eigene Rechnung stimmt.

*

Während des einfachen Abendessens im Gemeindehaus von Porto do Moz gibt es eine lange und heftige Diskussion, ob der Bischof später, während des Festes, das den Tag des Heiligen Blasius krönen wird, dem Bürgermeister die Hand geben soll oder nicht. Padre Nicola, ein feuriger Süditaliener aus Lecce, schüttelt immer wieder seinen wuscheligen Lockenkopf und sagt NEIN, einem solchen Verbrecher könne man einfach nicht mehr die Hand geben, ohne sich selber schmutzig zu machen. Dom Erwin versucht, ihn zu beruhigen, und meint, es wäre einfach nicht christlich, ihm den Gruß zu verweigern, er könne sich dem nicht entziehen, wenngleich er durchaus eher versuchen würde, die Gelegenheit zu meiden, denn er wisse ja, wie das mißbraucht werden könne. Auf meine Frage, wie er denn das meine, daß so ein Handschlag mißbraucht werden könne, erzählt er eine bezeichnende Geschichte, die sich vor einigen Jahren in Vitória ereignet hat:

»Da gab es auch so einen korrupten Bürgermeister, Prefeito nennt man sie hier, und es gab auch ein Kirchenfest. Der Bürgermeister ging mir aus dem Weg, denn er war bös auf mich, weil ich einige seiner Schandtaten kurz vorher publik gemacht hatte. Aber dann später, es war schon dunkel und ich unterhielt mich vor der Kirche noch mit ein paar Leuten, löste sich ein Schatten aus dem Dunkel, sprang auf mich zu, und ehe ich mich wehren konnte, umarmte mich der Bürgermeister und schon blitzte ein Photoapparat auf. Der Herr Bürgermeister wollte also ein Dokument, wie gut er denn mit mir sei und daß meine Anschuldigungen ja doch nur ein Irrtum gewesen sein könnten. Pech war nur, das Bild in der Polaroidkamera blieb weiß, es dachte nicht daran, Farbe anzunehmen. Es war absolut nichts zu sehen. – Also solche Dinge werden dann schon oft mißbraucht von diesen Leuten. Da muß man schon aufpassen, das ist richtig.«

Nach einer eher lauten Nacht mit all ihren Knallkörpern und dem Feuerwerk sind wir um sieben Uhr auf dem Schiff. Vor uns etwa sieben Stunden Fahrt bis Souzel. Dom Erwin war Pfarrer von Souzel, als er zum Bischof berufen worden ist, also ein besonderer Ort für ihn.

Es ist noch angenehm kühl im Fahrtwind. Nach der Laudes trinken wir gemütlich Beneditos köstlichen, heißen, dampfenden und süßen Kaffee. Zu Hause trinke ich nie gesüßten Kaffe, aber hier schmeckt er mir. Dom Erwin beginnt, angesichts der kahlen Landschaft, der schon stark sichtbaren Zeichen von Erosion an den am rechten Ufer jetzt steil abfallenden Böschungen, wieder einmal von ›seinem‹ Xingu zu schwärmen, von dem Fluß, der ihm zur Heimat geworden ist, den er unzählige Male in beiden Richtungen, zu allen Jahreszeiten, an sonnigen Tagen und in sturmgepeitschten Nächten befahren hat. Man sieht es seinem Gesicht an, daß ihn der Vergleich der Bilder von damals und heute schmerzt, weil er weiß, daß dieses wunderschöne friedvolle Land den Menschen zur Hölle geworden ist, täglich zur Hölle wird.

»Manchmal frage ich mich«, sinniert er, »woher die Menschen hier diese Geduld, diese Leidensfähigkeit nehmen. Sie könnten sich bewaffnen. Natürlich wäre das sinnlos, aber sie denken gar nicht daran, sie arbeiten, dulden und versuchen, einen Fuß vor den anderen zu setzen. Gewalt ist keine Lösung, aber weißt Du, daß man sich als Europäer das hier manchmal unter Zuhilfenahme der ganzen Glaubenskraft bewußtmachen muß? Ich kann den Mann verstehen, der vom Feld zurückkommt, sieht, daß seine Hütte niedergebrannt ist, daß seine Frau in ihrem Blut liegt und die Kinder schreiend bei der stöhnenden Mutter stehen, und der dann sein Jagdgewehr von der Schulter nimmt, ganz ruhig durchlädt und schießt, wissend, daß das das Ende ist. Ich kann ihn verstehen.« – Seine Gedanken schweifen weiter und offensichtlich bleiben sie an der Geschichte des jungen Goldgräbers hängen, der zum Mörder geworden, selber so grausam ermordet worden ist, denn plötzlich sagt er: »Weißt Du, sie sind die fleischgewordene Gier. Sie haben alle den gleichen Gesichtsausdruck: Mißtrauen und Stumpfheit. Sie sind gleichzeitig wach wie die Füchse und stumpf wie Steine. Auch die Polizei geht dort nicht hin. In einem Zustand der totalen Gesetzlosigkeit herrscht nur das Gesetz der Gewalt – grausam und unmenschlich. Es ist ein Verbrechen, Menschen in solche Situationen zu bringen, wo sogar diese geduldigen, starken Menschen, die wir hier überall sehen, zu reißenden Bestien werden.«

Souzel ist auch einer dieser kleinen Holzhäfen, wo sich die großen, braunen Stämme zu Bergen türmen. Das Städtchen liegt an einer weiten Bucht des Xingu, recht hübsch und auch geprägt vom Stil der portugiesischen Kolonialherren. Eine kleine, schon ziemlich baufällige Kirche, deren Kuppelhelm nur noch aus lieber Gewohnheit hält. Terezinha und ich werden bei den Schwestern untergebracht. Dom Erwin bezieht ein Zimmerchen über der Sakristei, in dem sonst der Pfarrer wohnt. Er ist gerade irgendwo auf Reisen in seinem riesigen Gebiet.

Es wird uns gleich erzählt, daß es seit einem halben Jahr einen neuen Bürgermeister gibt, der sich tatsächlich um die Gemeinde, um die Menschen kümmert. Eine echte Sensation. Wir lernen ihn später kennen, als uns die Leute das nagelneue, noch nicht bezogene Spital zeigen. Ein sympathischer, noch relativ junger Mann. Ein Gespräch entwickelt sich. Er erzählt von seinen

Plänen und führt uns dann den Hügel hinauf zu einer neuen Siedlung, die dort oben im Entstehen begriffen ist, denn es wird Platz, es wird Wohnraum, Lebensraum gebraucht für all die Zuwanderer von der Transamazônica, die hier ziemlich nahe vorbeiführt. Er hat einem der Großgrundbesitzer 3000 Hektar enteignet. »Das geht?« – »Ja, das geht«, sagt er fest, »man muß sich nur trauen.« Er hat dieses Land zum Teil schon parzelliert, und die Gemeinde hilft nun den Leuten dabei, sich Holzhäuschen zu bauen. Er will es in etwa so machen, wie Pater Fritz Tschol in Altamira. Das habe ihm sehr imponiert, sagt er. Außerdem sollen die Leute dann einen Teil des Landes bewirtschaften können, so hätten sie Arbeit, könnten sich selber und den lokalen Markt versorgen, was die Ernährungssituation der Bevö!kerung wesentlich verbessern könnte.

Am Abend kommt er mit seiner Frau und seinem kleinen Buben zur Messe und nachher sogar in den Jugendclub, wo gleich drei Geburtstage von Mitgliedern der hier ziemlich starken Pfarrjugend gefeiert werden. Es gibt Limonade und kleine Kuchen, viel Gelächter und viele Lieder.

Auf dem Nachhauseweg sagt eine der Schwestern: »Das wäre ein guter Mann, könnte ein Segen für diese Stadt sein. Er ist mutig, er hat sogar den Fischereikonzernen das Fischen hier verboten. Das hat sich bisher noch keiner getraut. Die Frage ist nur, wielange wir ihn noch haben, wielange die Herren hier herum ihn werden ungestört arbeiten lassen. Wenn hier einer den Großgrundbesitzern nicht paßt, wird er nicht abgewählt oder sonst irgendwie aus dem Amt entfernt, hier geht es so einem gleich an den Kragen. Killer gibt es genug, und auch ein Unfall ist leicht passiert.«

D.B.: Wieder früher Morgen über dem Xingu. Es ist die letzte Strecke, die die »Livramento« auf ihrer zweiten Jungfernfahrt bis Vitória, unserem Ausgangspunkt zurücklegt. Auch Deine Pastoralreise, Dom Erwin, geht zuende. Was bleibt unterm Strich?

D.E.: Eine der Pastoralreisen geht zuende, ja. Alles in allem war es glaube ich, positiv. Ich glaube, es ist mir trotz aller Probleme doch da und dort gelungen, den Leuten wieder Mut zu machen. Was bleibt, ist halt immer wieder dieses Gefühl der Ohnmacht, nicht mehr tun, nicht besser helfen zu können. Das bedrückt mich immer. Ich fahre weg und weiß nie, wielange es dauert, bis ich wiederkomme. Wir alle tun, was wir können, und trotzdem bleibt immer dieses Gefühl der Unzulänglichkeit unserer Arbeit. Wir sind einfach zu wenige.

Auf der anderen Seite spürt man den guten Willen der Leute, die aber eine viel stärkere Unterstützung bräuchten und auch verdienen würden, um gegen die ungerechten Strukturen zu kämpfen, unter denen sie leiden. Es ist immer eine Mischung, einerseits die Freude über den Einsatz der Leute, über ihren guten Willen, für das Reich Gottes zu arbeiten, und auf der anderen Seite die Verzweiflung über die Ohnmacht, daß das Unrecht stärker ist, daß die Großen eben größer sind – und dabei schaust du immer wieder auf deine gebundenen Hände, die viel mehr tun möchten, als sie können.

Aber Gott ist immer noch größer, aber so oft fehlt mir einfach die Geduld. Trotzdem hoffen wir, daß wir doch weiterkommen in unserer Arbeit, daß es mit Gottes Hilfe einmal mehr Gerechtigkeit geben wird, und das heißt für diese Menschen hier, daß sie unter menschenwürdigen Bedingungen werden leben können, hier und überall in diesem schönen und so reich gesegneten Land. Wir dürfen diese Hoffnung nie verlieren und schon gar nicht aufgeben.

Wenn ich 20 Jahre zurückschaue, damals gab es das alles nicht. Es gab diese Gemeinden nicht, es war kein christliches Leben. Da ist doch einiges gewachsen in diesen winzigen Gruppen und Gemeinden an den Flüssen vom Oberlauf bis zur Mündung. Da hat das Leben doch andere Konturen bekommen.

D.B.: Du sprichst zu diesen Menschen, du hörst ihnen aber auch über weite Strecken zu. Ziehst Du Lehren aus all diesen Begegnungen, kommst Du mit neuen Forderungen an Dich und Dein Team, an die brasilianische Gesellschaft und letztlich auch an uns zurück? Was könnten wir tun, um unsere Solidarität mit diesem Volk stärker zum Ausdruck, zu einem hilfreichen Ausdruck zu bringen?

D.E.: Die Erkenntnis, die sich bei mir diesmal verstärkt hat, ist, daß wir noch viel mehr für die Ausbildung der Leute werden tun müssen, wir müssen ihnen das Rüstzeug nicht nur für die Gemeindearbeit geben, sondern auch für ihr politisches Engagement. Sie müssen lernen, die Zusammenhänge zu sehen, auch die Zusammenhänge in der großen Politik. Sie müssen lernen, mit diesen Dingen umzugehen, müssen argumentieren lernen, sachkundig sein, sonst sind alle die Chancen, die sie sich bis jetzt mühsam erkämpft haben, wieder vertan. Das ist, glaube ich, die größte Herausforderung für unser Team, die ich mit nach Hause bringe.

Was Europa, was Österreich anlangt, nun, diese Frage »Was können wir tun?« wird mir immer wieder gestellt, wenn ich drüben bin. Hier erscheinen mir zwei Dinge wichtig zu sein: Erstens ist es wichtig, daß wir nicht auf diese Leute herunterschauen, sondern daß wir uns von der Art, wie hier Kirche gelebt wird, inspirieren lassen. Ich könnte mir vorstellen, daß es auch in Österreich, auch in Europa zu einem neuen kirchlichen Frühling kommen könnte, wenn wir uns von diesem mitgestaltenden Umgang leiten ließen, wenn wir den Gläubigen mehr Verantwortung übertragen, ihnen mehr vertrauen, sie mehr fordern würden. Diese Verantwortung ist ja in ihrer Taufe und Firmung schon begründet.

Es gibt ja schon viele Initiativen, die helfen, vor allem finanziell. Das brauchen wir auch, wie Du weißt. Ich könnte diese Pastoralreise gar nicht machen, wenn es diese Hilfe nicht gäbe. Vielleicht könnte solche Hilfe auch für pastorale Kursprogramme geleistet werden. Das wäre eine wichtige Investition in die Zukunft. Eine andere wichtige Sache wäre es, unsere Bauern zu unterstützen. Nachdem die Landfrage immer prekärer wird und die Ernährungslage immer schlimmer, durch den weitgehenden Ausfall von Jagd und Fischerei, müssen wir den Leuten helfen, andere Feldfrüchte anzubauen, damit sie von der zunehmenden Einseitigkeit der Ernährung wegkommen. Das heißt, wir bräuchten ein paar Fachleute, die sich das anschauen und untersuchen, was hier am besten anzubauen wäre und welche Art der Landwirtschaft den Leuten helfen könnte.

Auch die Frage der Rechtshilfe für die Bauern wäre wichtig, das hast Du ja immer wieder gehört, daß sie sich den Großgrundbesitzern gegenüber hilflos und ausgeliefert vorkommen. Beim Indianermissionsrat haben wir ja schon die Erfahrung gemacht, daß wir ohne unsere Anwälte überhaupt nicht weiterkommen würden. Es ist halt gerade hier im Bundesstaat Pará nicht so einfach, weil es gefährlich ist, auf der Seite des Rechtes zu stehen. Ich weiß nicht, wieviele Anwälte in den letzten Jahren wegen ihres Einsatzes für die Armen umgebracht worden sind. Es ist also schwierig, gute Leute zu finden, die bereit sind, ein solches Risiko auf sich zu nehmen. Aber dieses Problem müssen wir zu lösen suchen, und das wird natürlich auch nicht billig.

Da werden wir auch auf die Hilfe aus Europa angewiesen sein, denn ein guter Anwalt kostet einiges, und mit einem ist es nicht getan. Man müßte ein Team haben, das sich zuarbeitet und in dem auch einer den anderen stützt. Außerdem müßten sie beweglich sein, das Gebiet ist riesig, und ich kann nicht einen Anwalt nach Altamira oder Gurupá setzen, denn einmal brennt es hier und einmal dort. Das ist ein wirklich großes Projekt, das genau überlegt sein will. Wir werden uns an die Arbeit machen müssen.

Ja, da wäre viel zu tun, mitzudenken, mitzufühlen, mitzureden, mitzutun, und wenn ich dann sehe, wieviel freie Kapazitäten es in einem Land wie dem unseren gibt, freie Kapazitäten an Zeit, an Energie, an Können, an Fachkompetenz und auch an finanziellen Mitteln, dann frage ich mich oft, warum das nicht sinnvoll aktiviert wird, statt daß Menschen frustriert, isoliert, nörgelnd und raunzend herumsitzen. Der volle Einsatz für eine solche oder auch eine andere Sache in Solidarität mit anderen würde Unmengen von Psychopharmaka und anderen Medikamenten einsparen und so manchen Psychiater entlasten.

In diesem Zusammenhang hat mir ein Aufsatz des holländischen Theologen Edward Schillebeeckx zu denken gegeben, den ich während der Reise in einem Sammelband unter dem Titel »Mystik und Politik« gefunden habe. In seinem Beitrag »Ethik der Entrüstung« schreibt der Autor unter anderem:

Was wir als Wirklichkeit erfahren, was wir auch täglich mittels Fernsehen und anderer Massenmedien von dieser Wirklichkeit erfahren, ist offensichtlich nicht in Ordnung, es ist etwas gründ-

lich verkehrt. Diese Wirklichkeit ist voller Widersprüche. So ist unsere Welt – wenn wir sie nicht blind durchlaufen – erpicht auf Konsum, Vergnügen und Vergessen oder ... Macht.

Zweifellos gibt es auch viel Gutes und Schönes, vieles, über das man sich freuen kann in dieser Welt. Es scheint sogar bei den Unterdrückten mehr Freude und Gesang zu geben als bei den Unterdrückern. Aber all diese Fragmente von Güte, Schönheit und Sinn werden immer wieder durchkreuzt und zunichte gemacht durch Bosheit und Haß, durch offenkundiges und verborgenes Leid, durch Machtmißbrauch und Terror. Dieser für unsere Welt so offensichtliche Widerspruch scheint sowohl das Böse wie das Gute gegenseitig ›unschädlich‹ zu machen. Zyniker sehen es auch so. Für Nichtzyniker ist diese Haltung allenfalls ein Zeichen von Dekadenz, die nichts mehr der Mühe, dafür zu leben oder zu sterben, wert findet.

Ein positives Element in dieser fundamentalen Kontrasterfahrung ist jedoch die nicht kleinzukriegende menschliche Entrüstung. Darin steckt Ethik, vielleicht sogar noch mehr. Dieses Verhalten des Menschen, daß er sich mit dieser Situation nicht abzufinden vermag, bietet eine erhellende Perspektive. Es enthüllt eine Offenheit auf eine andere Situation hin, die durchaus Anspruch auf unser JA hat. Man kann es als Konsens mit dem Unbekannten, mit dem inhaltlich nicht einmal positiv Bestimmbaren, bezeichnen: einer besseren, anderen Welt, die in Wirklichkeit noch nirgendwo gegeben ist. Oder noch anders: mit der bloßen Annahme der Möglichkeit, unsere Welt besser zu machen; offen zu sein für das Unbekannte und Bessere.

Das grundlegende Veto des Menschen gegen das Böse erschließt daher ein nicht-festgelegtes und somit offenes JA, das genauso unverrückbar ist wie das menschliche NEIN; eigentlich sogar noch stärker, weil das offene JA diesen Widerstand gerade fundiert und möglich macht. Das ist auch eine verfügbare Basis für Solidarität aller mit allen und für einen gemeinsamen Einsatz für eine bessere Welt mit einem menschlicheren Antlitz.

Wir sind längst in den stillen, wunderschönen, n o c h waldgesäumten Tucuruy eingebogen. Wir werden bald da sein, und uns von Antonio, Benedito und den Flüssen verabschieden müssen. Da fällt mir ein, daß ich vergessen habe, Dom Erwin zu fragen, was es mit seinem Rosenkranz für eine Bewandtnis hat, den er in einer der Gemeinden einmal aus der Hosentasche gezogen hat. Er hat damals den Leuten etwas erklärt, was ich nicht ganz verstanden habe. Auf meine Frage erzählt er mir, versonnen an der Reling stehend, diese Geschichte: »Das war damals, als ich im Krankenhaus gelegen bin. Ich habe die Schwestern gebeten, mir den Rosenkranz zu geben. Ich konnte mich ja nicht bewegen, konnte nicht Brevier beten, und auch sonst fiel es mir schwer, mich auf irgendetwas zu konzentrieren. Außerdem ist mir der Rosenkranz mit seinen Geheimnissen seit meiner Kindheit wichtig. Sie haben ihn mir gebracht, und da habe ich gesehen, daß das Kreuz, es ist aus Holz, zerbrochen war. Nur der Längsbalken mit dem Corpus war noch intakt. Arme und Hände waren abgeschlagen. Das ist mir zum Zeichen geworden und das habe ich den Leuten zu erklären versucht, nämlich daß es unsere Aufgabe ist, Arme und Hände des Gekreuzigten zu sein. Wie es in diesem uralten Gebet heißt: Wir sollen die Hände, die Füße Gottes sein, damit er mit unseren Füßen zu den Leidenden gehen, damit er mit unseren Händen die Weinenden trösten kann.«

XV

Was sucht ihr den Lebenden bei den Toten?

Lk 24,5

IN DEN KLEINEN SCHRITTEN LIEGT DIE KRAFT

Nach einer diesmal etwas problemloseren Fahrt, weil es Tag und die Straße trocken ist, kommen wir gegen Mittag in Altamira an. Ich beziehe wieder das alt-bischöfliche Zimmer, ordne meine Sachen, die Kassetten, die Papiere, die Wäsche, die Bücher, und gönne mir eine herrliche kühle Dusche. Beim Mittagessen gibt es dann viel zu erzählen. Dom Erwin berichtet kurz von der Reise, die anderen erzählen, was inzwischen hier alles vorgefallen ist. Ein dichtes Programm beginnt sich für die nächsten zwei Tage abzuzeichnen, denn übermorgen muß Dom Erwin wie auch ich nach Belém; ich um meine Weiterreise in den Süden, nach Brasilia, Rio und São Paulo anzutreten, er um an einer Sitzung der regionalen Bischofskonferenz teilzunehmen.

Trotz der Hektik, die ihn gleich wieder gefangennimmt, findet Dom Erwin dann am frühen Abend doch noch ein Stündchen Zeit zu einem abschließenden Gespräch, um das ich ihn gebeten habe. Wir setzen uns auf den Balkon über der Uferstraße, schaffen einen Polster der Stille, indem wir einmal eine Weile in das ruhige Fließen des Xingu schauen, um unsere Gedanken zu ordnen, den Tag hinter uns zu lassen.

D.B.: Dom Erwin, 25 Jahre – genau die Hälfte Deines bisherigen Lebens – lebst Du hier in der Prälatur do Xingu. Mit welchem Gottesbild bist du eigentlich damals hierher gekommen, mit welchem Gottesbild lebst und arbeitest du heute?

D.E.: Mein Gottesbild damals war sicher ein zu theologisches, zu philosophisches, ein zu theoretisches. Natürlich hat man gesagt, Gott ist die Liebe, aber man hat vor allem viel von der Allmacht Gottes geredet. Mir ist eigentlich erst hier zum Bewußtsein gekommen, daß es um den Gott geht, der die Armen hört, wie es im Kapitel drei des Buches Exodus heißt: »Ich hörte den Schrei meines Volkes und sah sein Leiden.« – Das habe ich wirklich erst hier verstanden, daß Gott nicht ein Gott in weiter Ferne ist, zu dem man hin und wieder aufschaut und betet, sondern daß Gott herabgestiegen ist und sein Volk hört, sein Leiden, seine Schmerzen sieht, Menschen anruft, be-ruft, um seinem Volk die Frohe Botschaft zu bringen, die Botschaft des Lebens. Es ist ein Gott, der mit seinem Volk auf dem Weg ist, um es aus der Sklaverei herauszuführen in das gelobte Land. Das war nicht irgendwann einmal in der Geschichte, das ist jeden Tag. Dieser Weg in das gelobte Land, in das Land der Gerechtigkeit, der Liebe, des Verständnisses, der gegenseitigen Achtung, der gegenseitigen Hilfe, das ist ein Weg, der auch heute und hier unter Leiden und Schmerzen, aber getragen von einer starken Hoffnung, gegangen wird. Das kam mir immer mehr zum Bewußtsein: dieser Gott hört uns, sieht uns, nicht als mahnender und drohender Richter, sondern als ein Liebender. Unser Ziel ist sein Reich, das Reich Gottes. Aber dieses Reich wird nicht von ihm allein geschaffen, sondern er will, daß wir daran mitbauen. Er will, daß wir etwas tun, daß wir zusammenrücken, daß wir einander helfen, damit dieses, sein Reich, Wirklichkeit werden kann. Ich sehe diesen Gott, als den Vater, den Schöpfer, der den Menschen Heimat ist und sie nicht in ein Chaos, sondern in eine gute Mitwelt hineingestellt hat. Es ist ein liebender Gott, der trotz all unserer Schwächen und Unzulänglichkeiten auf unserer Seite steht.

Ich spüre ihn auch so in meinem Beten. Ich spüre, daß Gott mit uns geht, daß er auch während dieser Pastoralreise mit uns war, und wenn die Leute antworten: »Er ist in unserer Mitte« – dann drückt das genau das aus, was ich empfinde, was ich tief in mir weiß.

D.B.: Ja, Dom Erwin, wir lesen es auch immer wieder in der Schrift, daß Gott auf der Seite der Schwachen steht, daß er das Starke durch das Schwache überwinden wird, aber im Angesicht des Leidens, dessen Zeuge Du hier tagtäglich, stündlich wirst, hast du dann da nicht doch manchmal Zweifel?

D.E.: Nein. Die Ohnmacht gegenüber denen, die das Volk unterdrücken, tut weh, ja, sehr weh. Wenn man weiß, daß hier in Brasilien 85% der Bevölkerung das, was sie zu einem menschenwürdigen Leben bräuchten und was uns allen selbstverständlich erscheint, nicht haben, dann ist dieses Gefühl der Ohnmacht oft quälend, erdrückend. Es ist ja so, daß sich die Situation nicht zu ändern, ja sich noch zu verschärfen scheint. Auf der anderen Seite, ich habe das immer betont und sage es auch jetzt noch einmal, weil ich zutiefst davon überzeugt bin, ist unsere Hoffnung dort berechtigt, wo sich diese Menschen im Namen Gottes, im Namen des Evangeliums zusammentun und initiativ werden. Vor 20 Jahren hätt' sich auch keiner vorstellen können, daß die Indianer aufstehen und beginnen würden, Widerstand zu leisten. Wenn es auch kleine Schritte sind, aber Schritte in die richtige Richtung, dann müssen sie eines Tages ans Ziel kommen.

In diesen kleinen Schritten liegt auch die Kraft, aus der wir den Mut schöpfen, trotz aller Schwierigkeiten, trotz aller Rückschläge, trotz all dieses täglichen Scheiterns, einander stützend weiterzugehen. Und da ist noch etwas: Diese Menschen in ihrer Not, in ihrer immer bedrängter erscheinenden Lebenssituation, geben die Freude nicht auf. Sie haben immer noch Kraft und Lust zu feiern. Und diese Feier kommt aus dem Herzen, ist nicht irgendetwas Kaltes, was man halt tut, weil es sich so gehört. Sie haben die Kraft und den Mut, trotz allem die Gegenwart Gottes, oft durch Tränen, Schmerzen und Verzweiflung hindurch, mit einem befreiten Lächeln auf den Lippen zu feiern.

Ich glaube trotz all dieser Todesmechanismen an das Leben. Ich kann es nicht rational erklären, aber es ist wohl diese Sicherheit, die aus dem Evangelium kommt und uns das Wissen schenkt, daß das Leben stärker ist als der Tod. Ich meine, das letzte Wort wurde ja nicht am Kreuz gesprochen. Das letzte Wort war nicht: »Gott, mein Gott, warum hast du mich verlassen!?« – Das letzte Wort wurde von Gott am Ostermorgen gesprochen, als er seinen Sohn vom Tod erweckte. Gott hat damit sein unwiderrufliches JA zum Leben gesprochen, wie Dietrich Bonhoeffer das formuliert hat. Das ist uns Christen geschenkt, daß wir diese Hoffnung gegen alle Hoffnungen als Wissen unserem Leben zugrundelegen dürfen.

Das klingt jetzt vielleicht unrealistisch und wirklichkeitsfremd, aber wir dürfen es immer wieder erfahren. Ich meine, die Indianer wurden 500 Jahre lang verfolgt, massakriert und ausgebeutet. Trotzdem leben diese Völker und haben sogar, wie wir in den letzten Jahren zunehmend bemerken, neue Lebenskraft entwikkelt. Sie bekommen wieder mehr Kinder, sie sind wieder stolz darauf, Indianer zu sein. Über lange Zeit schämten sie sich ihrer Identität, ihres Indianer-Seins, und hätten alles gegeben, um wie die »Weißen« zu sein. Ihr Selbstbewußtsein nimmt zu, sie wagen es, sich den Mächtigen entgegenzustellen. Und die Armen, sie mögen noch so elend sein, sind nicht mehr bereit zu glauben, daß ihre Armut gottgewollt ist, sondern daß es Möglichkeiten gibt, aus der Misere herauszukommen. Das sind doch Ansätze, die man nicht nur irgendwie soziologisch erklären kann. Ihr Ansatzpunkt ist ein anderer: Sie glauben an Gott, der ihr Vater ist und der das Gute will, der gegenwärtig ist und den Schrei hört, nicht nur passiv hört, sondern mit ihnen auf dem Weg ist, sie immer neu ermuntert, im Namen des Lebens weiterzugehen und nach Auswegen und Möglichkeiten zu suchen.

D.B.: Sicherlich, das Selbstbewußtsein der Menschen hier ist gewachsen, nicht zuletzt dank Eurer Hilfe. Was wäre nun, wenn Du, wenn Ihr alle eines Tages den Mut verlieren, weggehen oder auch weggeschickt werden würdet? Was würde mit diesem Volk passieren?

D.E.: Es würde sicher einen Rückschlag geben. Mein Gott, ich kann mir gar nicht vorstellen, daß es eine solche Möglichkeit geben könnte, aber Du hast schon recht, man muß heute bereit sein, auch das Undenkbare zu denken. – Natürlich würde das Volk darunter leiden. Andererseits bin ich davon überzeugt, daß dieser neue Weg, der von der Kirche seit Jahren gegangen wird, unwiderruflich ist, nicht einfach gestoppt werden kann. Ich glaube, das ist im Bewußtsein der Menschen schon so fest verankert, daß diese Kirche, daß diese Gemeinden nicht zusammenbrechen würden, wenn man ihnen den Bischof oder die Priester wegnehmen würde. Unsere Leute sind Kirche und als Kirche selbständig lebensfähig. Den Heiligen Geist haben ja nicht wir Priester und Bischöfe gepachtet, der wirkt in diesem Volk Gottes, gibt ihm Ansporn und die Freude, den Mut weiterzugehen.

D.B.: Was ist eigentlich Deine persönliche Vision von der Zukunft?

D.E.: Das ist nicht einfach zu sagen, aber ich glaube an eine menschenwürdigere Zukunft. Es muß ein Umbruch kommen. Ich hoffe und bete zu Gott, daß es nicht eine blutige Revolution sein wird. Gewaltsamer Tod ist in jedem Fall eine Tragödie. Der Tod nimmt jedem Menschen die Möglichkeit, sich zu bekehren, einen anderen Weg einzuschlagen. Ich hoffe doch, daß von der Basis her eine neue, gemeinschaftlichere Gesellschaftsordnung entstehen wird, in der Solidarität das neue Wort für Liebe ist und Entwicklung einen neuen Stellenwert bekommt. Und diese Solidarität wird eine Kettenreaktion auslösen, über alle sozialen Schichten, alle Nationen und Grenzen hinweg. Daran glaube ich. Dafür arbeite ich. Dafür investiere ich viel Zeit, um auch in Europa darüber zu reden, Bewußtsein zu schaffen, daß das, was hier und anderswo im Süden geschieht, einfach nicht mehr länger hingenommen werden darf. Solidarität heißt nicht nur in die Geldtasche greifen. Solidarität heißt, daß man mit diesen Menschen fühlt, ihr Leid spürt und daher geschwisterlich zu teilen beginnt.

Natürlich geht es erst einmal um den einzelnen, aber es geht auch um die Gemeinschaft, es geht auch um die Staaten. Es darf nicht mehr geduldet werden, daß die Länder des Südens in einer so brutalen Abhängigkeit gehalten werden. Das ist untragbar. Wir laufen in eine Katastrophe, wenn das so weitergeht. Die Industrienationen müssen sich ihrer Verantwortung bewußt werden und erkennen, daß die Not und das Elend der anderen die Folge ihres Wohlstandes, ihrer Verschwendungssucht sind. Der Mensch und seine personale Würde muß einen neuen Stellenwert bekommen, muß über rein wirtschaftliche Interessen gestellt werden.

Ich träume von einer Zukunft, die mehr Solidarität zwischen den Völkern ermöglicht, die den Menschen als Teil der Schöpfung in den Mittelpunkt stellt und nicht wirtschaftliche Interessen. Der Mensch als Abbild und Gleichnis Gottes, als Mitgeschöpf – dafür setzen wir uns ein, für diesen Menschen, für sein Leben als Einzelmensch, als Familie, als Gruppe, als Volk. Das ist auch das Zentrum der Botschaft Jesu, wenn er von Liebe spricht. Diese Liebe ist die Solidarität zwischen den Menschen und zwischen Mensch und Natur – das ist auch irgendwie Abglanz der

Dreifaltigkeit, der Urgemeinschaft, des Urmysteriums Gottes, des tiefsten Sinnbildes jeglicher Gemeinschaft.

D.B.: Dazu aber bedarf es eines starken Bekehrungsschubes!

D.E.: Ganz sicher. Nicht nur Bekehrung des einzelnen, sondern Bekehrung von Völkern. Das muß einfach kommen. Ich sehe keine andere Möglichkeit – sonst versinkt alles in einer blutigen Weltrevolution, wenn all diese Milliarden Elendsgestalten sich mit letzter Kraft aufraffen, um sich mit Gewalt zu holen, was ihnen zusteht. Daß wenige alles haben, das darf nicht mehr sein.

D.B.: Es ist doch auch heute noch so, daß Menschen wie Du als blauäugig, naiv und utopisch abqualifiziert werden. Dabei stehen die Irrationalisten längst auf der anderen Seite, und viele wissen das sogar schon.

D.E.: Mir ist das längst völlig egal, ob man mich naiv nennt oder sonst irgendwie. Ich weiß durch meine Arbeit, meinen Umgang mit den Menschen hier, mit den einen wie den anderen, daß wir den Weg des linearen Wachstums, der brutalen Ausbeutung von Natur und Mensch nicht mehr lange werden fortsetzen können. Ich weiß, wie die Wirklichkeit dieser Welt ausschaut, weiß es besser als so manche Herren in ihren klimatisierten Bürohäusern, in ihren Fauteuils und Luxusautos und auch hinter den gepolsterten Türen diverser Bischofspaläste. Wenn man das konkret vor Augen hat, wenn man Menschen am Boden liegen, ganze Völker zum Tode verurteilt sieht, dann kann ich mir das Gequatsche von wirtschaftlichen, politischen und strategischen Sachzwängen nicht mehr anhören. Als Christ kann ich das nicht. Da müssen wir einfach Initiativen ergreifen, um den gordischen Knoten zu durchschlagen. Wenn Deine Kinder, Deine Enkel zum Tode, zu einem langsamen Hungertod verurteilt sind, werde ich Dir auch nicht von Sachzwängen predigen können. Da wirst Du mir sagen, daß Du willst, daß Deine Kinder, Deine Enkel leben, weil sie ein Recht auf Leben haben. Es geht hier um das Leben, um das Überleben. Es geht nicht einmal um den Lebenssinn für diese Leute, es geht darum; wie kann ich mit meiner Familie überleben. Das muß einfach einmal gehört werden auf der ganzen Welt, daß die Mehrheit aller Menschen tagtäglich ums nackte Überleben raufen muß. Das versteht man nur, wenn man das sieht, wenn man das hautnah miterlebt. Du kennst das, Du hast genügend gesehen, genügend Erfahrungen gesammelt, aber die meisten unserer Landsleute haben diesen Zugang nicht, oder nicht den Mut, hinzuschauen und sich betreffen zu lassen. Ich höre es immer wieder: »Das ist 12.000 Kilometer weit weg, das berührt mich nicht«. Wir sitzen alle im selben Boot. Wir werden alle die Folgen zu tragen haben. Gemeinerweise spricht man ja immer noch von den Lebensbedingungen dieser Menschen. Das sind Todes-Bedingungen im wahrsten Sinn des Wortes. Wie können wir uns noch als Christen geben, wenn wir zuschauen, wie diese Menschen eines langsamen, qualvollen Todes sterben?

Wie können wir ruhig zuschauen, wenn wir wissen, daß hier die Auslandsverschuldung so groß ist, daß dieses Land einfach alles exportieren muß, was es selber zum Leben bräuchte; wenn es soweit kommt, daß dieses Land sich auf seinen größten Reichtum, auf sein eigenes Volk nicht mehr besinnt? Können wir da noch mittun, wir, die wir doch irgendwie die Nutznießer von all dem sind?

»Was hat das mit Glauben, mit Christentum zu tun?«, fragt man mich oft, »das sind politische, wirtschaftliche Angelegenheiten.« Wir können das nicht trennen, das sind nicht zwei Paar Schuhe. Unser Glaube muß Einfluß nehmen auf die Politik, auf die Wirtschaft. Wenn ungerechte Strukturen da sind, dann müssen wir sie ändern. Wie, das sollen sich gefälligst die hochgerühmten Experten einfallen lassen, die haben das ja gelernt, sollen ihre Köpfe anstrengen.

D.B.: Dom Erwin, Du hast einmal gesagt: »Bischof sein heißt Bruder sein«. Geht das nicht weiter, ist es nicht so, daß Christ-Sein Schwester-und-Bruder-Sein heißen müßte, und das hieße dann nichts anderes, als dem jeweils Nächsten oder auch Fernsten zuliebe und nicht zuleide zu leben, also zum allumfaßend Liebenden zu werden? Darin sehe ich die Lösung für sehr viele, wenn nicht für alle unsere Probleme. Das wäre an sich auch unser Auftrag, von dem wir heute so weit entfernt sind wie vor 2000 Jahren, mit der Ausnahme des einen, der uns »in einem Augenblick der Geschichte gezeigt hat, was ein Mensch sein kann«.

D.E.: Wenn jeder sich darauf besinnen würde, daß er jedem Menschen Schwester oder Bruder ist, wenn jeder sich darauf besinnen würde, daß er nicht da ist um zu herrschen, sondern um zu dienen, wenn jeder verstünde, daß Autorität bedeutet, dem anderen beim Wachsen zu helfen, ihm Wachstum, ihm Leben zu schenken, dann, ja dann würde vieles anders sein.

Was mich als Bischof angeht, so weiß ich, daß die Menschen meinen Dienst, meinen Einsatz erwarten und zu Recht erwarten. Und da ist wieder die Stelle aus dem ersten Johannesbrief: »Daran haben wir die Liebe erkannt, daß Er sein Leben für uns hingegeben hat. So müssen auch wir für die Brüder das Leben hingeben.« – Das ist für mich in meinem ganzen priesterlichen Leben eine ganz wichtige Stelle der Heiligen Schrift gewesen und ist es heute mehr denn je. Sie gibt mir auch immer wieder die nötige Motivation für meinen Einsatz, meinen Einsatz für die anderen. Das ist nicht immer einfach. Das verlangt einem viel ab. Das kann man auch nicht ein für allemal beschließen, sondern das muß man sich jeden Tag neu abfordern.

Ich spüre oft meine Schwäche, meine Unzulänglichkeit, Grenzsituationen der Mutlosigkeit, oft auch der Hilflosigkeit mit all den Fragen: Kann ich das? Darf ich das? Wie kann ich helfen? Was soll ich tun? – Aber gerade in solchen Augenblicken spüre ich, daß es der Geist Gottes ist, der mich führt und leitet. Oft genug habe ich keinen Ausweg gesehen, habe geglaubt, das halte ich einfach nicht durch. Angst drohte, mich niederzuzwingen, und dann war da plötzlich die Kraft wieder da, ich konnte die Angst überwinden, sah wieder das berühmte Licht am Ende des Tunnels.

Das war und ist nicht mein Verdienst. Alles, was ich vielleicht getan habe oder tun konnte – es ist nicht mein Verdienst. Ich habe immer die Hand Gottes gespürt. Und gerade, wenn ich mich oft am Ende gewähnt habe, habe ich gespürt, daß er es ist, nein, nicht der mich aufrichtet, sondern der durch mich hindurch sein Werk tut. Es ist seine Gnade, wir sind nur Werkzeuge in seiner Hand, seine Arme, seine Hände, seine Füße. Er ist das Licht auf dem Weg. Er ist es, der uns mit seinem Geist erfüllt und führt, manchmal auch dorthin, wohin wir nicht wollen!

Es ist längst dunkel geworden. Der Schein einer schmalen Mondsichel spielt mit den sich sanft kräuselnden Wellen. Die

Straße unter uns ist leer und wirkt im Licht der spärlichen Beleuchtung fast ein wenig gespenstisch. Umso herrlicher funkeln die Sterne dieser warmen Tropennacht.

Ich schalte mein Aufnahmegerät ab und sage DANKE, für viel mehr als für dieses Gespräch, für eine unendlich bereichernde Zeit trotz all – und vielleicht gerade wegen all der seelischen Wechselbäder, für Begegnung, für Miteinander-Sein, für mitmenschliches Verstehen, für Begreifen-Dürfen, vor allem aber dafür, daß dieser Mensch, der mir hier gegenübersitzt und dessen Gesicht – trotz des bubenhaften Lächelns, das um seine Lippen spielt und aus seinen dunklen Augen blitzt – die Strapazen der Reise anzusehen sind, daß dieser Mensch nicht nur seinem Volk, sondern auch mir zum Bruder geworden ist.

Blick auf den Xingu während des letzten Gespräches mit Dom Erwin

Anhang

DIE VERPFLICHTUNG UND VERANTWORTUNG DER KIRCHE MIT DEN INDIANERVÖLKERN NACH DER VERABSCHIEDUNG DER NEUEN VERFASSUNG

Dialog und Solidarität

Bericht des Präsidenten des Indianermissionsrates (CIMI) Dom Erwin Kräutler anläßlich der 27. Vollversammlung der Brasilianischen Bischofskonferenz (CNBB), Itaici-Sao Paulo, 11.4. 1989

Einleitung

In den vergangenen zwei Jahren und Anfang 1989 machten die brasilianischen Indianer in den Medien in Brasilien und auch im Ausland ganz besonders auf sich aufmerksam. Indianerführer kamen nach Brasilia, um die Arbeit der Verfassungsgebenden Versammlung zu verfolgen. Mit Entschiedenheit forderten sie die Aufnahme ihrer Rechte in die neue »Magna Charta«. Wider alle Erwartungen erreichten sie ein akzeptables Ergebnis. Vor wenigen Wochen richtete sich das Interesse der Weltöffentlichkeit wieder auf die Indianervölker. Beim Treffen in Altamira, im Bundesstaat Pará, bewiesen sie erneut ihre Entschlossenheit und ihr Organisationstalent. Sie protestierten gegen den Bau des Wasserkraftwerkes am Xingu und machten auf die dramatischen Folgen dieses gewaltigen Bauvorhabens für die Umwelt, die Indiandergebiete und die dort lebenden Völker aufmerksam.

Die mutige Initiative der Indianer, ihren Lebensraum und die Schöpfung zu verteidigen, brachte weltweiten Beifall. Die Indianer setzen immer wieder entscheidende Schritte und dokumentieren damit, daß sie bereit sind, ihr Schicksal selbst in die Hand zu nehmen.[1] Dieser Befreiungsprozeß der Indianer wird begleitet von den Reaktionen derer, die in ihnen nur ein Hindernis für den Fortschritt sehen und die immer ausgeklügeltere Methoden einsetzen, um den Widerstand der Indianer zu brechen.

Über Morde und andere Gewalttaten an Indianern wurde in

den Medien relativ viel berichtet. In diesen Berichten findet man jedoch nur selten Hinweise auf das äußerst geschickte Vorgehen, mit dem man die Mobilisierung der Indianer verhindern will.

Mit diesem Bericht an die 27. Generalversammlung der Brasilianischen Bischofskonferenz sollen Unterlagen für eine Bewertung der Indianerpolitik der Regierung nach der Verabschiedung der neuen Verfassung zur Verfügung gestellt werden. Ausgehend davon soll die Position und die Bedeutung der Indianerpastoral im Rahmen der missionarischen Kirche und der Verpflichtung, die diese Kirche in ihren verschiedenen Dimensionen mit sich bringt, aufgezeigt werden.

I. Die Indianerfrage nach der Verabschiedung der neuen Verfassung: das Gesetz ist bisher nur toter Buchstabe

1. Die Rechte der Indianer in der neuen Verfassung

Die Analyse der Indianerfrage muß von zwei Ergebnissen der letzten beiden Jahre ausgehen: und zwar der Diskussion um die Verabschiedung der Rechte der Indianer durch die Verfassungsgebende Versammlung und die Promulgation der neuen »Magna Charta« Brasiliens.

Zum ersten Mal in seiner Geschichte hat Brasilien eine Verfassung, die den Indianern ihre Rechte und ihre ethnisch-kulturelle Identität garantiert. Im neuen Verfassungstext ist das Ziel, »die Waldbewohner in die Nationale Gesellschaft zu integrieren«, wie es noch in den beiden vorhergehenden Verfassungen gelautet hatte, nicht mehr enthalten.[2]

Den Indianern wurde erstmals in dieser Form das Bürgerrecht sowie das Recht auf eigene soziale Organisation, eigenständiges Brauchtum und Sprachen, Religion und Tradition zuerkannt. Für die Demarkierung aller Gebiete, die sie seit urvordenklichen Zeiten bewohnen, wurde ein Zeitraum von fünf Jahren festgelegt.[3]

Der verabschiedete Verfassungstext ist das Ergebnis langer Verhandlungen zwischen den Parteien. Durch die Unterstützung des Indianermissionsrates CIMI waren bei allen wesentlichen Entscheidungen Vertreter der Indianer in Brasilia anwesend. Sie trugen persönlich den Senatoren und Abgeordneten der Verfassungsgebenden Versammlung ihre Anliegen und Forderungen vor. Beeindruckend war die Anwesenheit von fast 200 Indianern am 1. Juni 1988 im Plenum des Nationalkongresses, als über das Kapitel, das die Rechte der Indianer regelt, abgestimmt wurde.

Das entschiedene Auftreten der Indianer und der ›Pro-Indio‹-Organisationen brachte in der Verfassungsgebenden Versammlung einen relativ großen Konsens in bezug auf die Rechte der Indianer mit sich. Bei der entscheidenden Abstimmung im Plenum am 30. August 1988 erhielt das Kapitel über die Indianer von 453 Stimmen 437 Ja-Stimmen bei 8 Enthaltungen und 8 Gegenstimmen.[4] Auf Grund dieses Ergebnisses konnte man mit Recht eine sofortige und radikale Änderung der Indianerpolitik der Regierung erwarten.

2. Mit Gewalt gegen die Indianer und ihren Lebensraum

Für die Regierung existieren diese Punkte in der Verfassung allerdings nicht. Obwohl der neue Verfassungstext über die Rechte der Indianer nicht mehr zwischen »akkulturierten« und »nicht akkulturierten« Indianern unterscheidet, bringt die Regierung jedoch weiterhin den Erlaß Nr. 94.946/87 zur Anwendung, der diese künstliche Trennung eingeführt hat, um die Gebiete der sogenannten »akkulturierten« Indianer zu erfassen.

Der bedeutendste Fortschritt der neuen »Magna Carta« ist das Recht auf kulturelle Andersartigkeit und die Garantie dieses Rechtes. Die Indianervölker werden – zumindest nach dem Gesetz – endlich nicht mehr als aussterbende Kulturen betrachtet. Trotzdem läßt die Regierung nicht nach und übt weiterhin Druck auf die Indianergemeinschaften aus. Sie werden gezwungen, sich in die regionale Marktwirtschaft zu integrieren, ihre Arbeitskraft und auch die in ihren Gebieten vorkommenden Bodenschätze zu verkaufen. Dadurch soll die Beziehung zu ihrem Lebensraum und zu Grund und Boden auf den Geldwert reduziert werden. Diese Anklage hören wir von allen Völkern, die vom Projekt »Calha Norte« betroffen sind. Das physische Überleben dieser Völker hängt davon ab, ob sie sich auf diesen Tauschhandel mit den ihnen in der Verfasung garantierten Rechten von vornherein einlassen.

Wie zuständige Regierungsvertreter nachdrücklich bekräftigten, war das Projekt »Calha Norte« nicht so gemeint. So macht uns die Nachricht über das »PROFAFAO-Programm« zur Entwicklung des Grenzstreifens im westlichen Amazonasgebiet berechtigte Sorgen[5] – es könnte für die Indianervölker der Region zu einem möglichen »Programm Calha Sul« werden.

Kurz, die Regierung ordnet ihre Indianerpolitik weiterhin dem ausdrücklichen Willen der Sicherheitsorgane unter. Noch vor der Bekanntmachung der Verfassung, die den Nationalen Sicherheitsrat (CSN) abschaffte, wandelte der Präsident das Generalsekretariat des CSN in das Sekretariat des Verteidigungsministeriums (SADEN) um, das vom Minister und Chef des Militärkabinetts des Präsidenten, Divisionsgeneral Rubens Bayma Denys[6] geleitet wird. Das SADEN ersetzte das Generalsekretariat des CSN in der interministeriellen Arbeitsgruppe, die damit beauftragt ist, die Vorschläge für eine Demarkation der Indianergebiete zu beurteilen.[7]

Die Verfassung wird also ganz offensichtlich hintergangen, und dies mit Unterstützung desselben Präsidenten, der den Eid auf die Verfassung abgelegt hat.

Die Gewalt gegen die Indianer vollzieht sich sowohl auf dieser höheren Ebene als auch im konkreten Einzelfall.

In einem historischen Dokument decken das Präsidium der Brasilianischen Bischofskonferenz und die Bischöfliche Pastoralkommission bis ins Detail die drastische Verkleinerung und Teilung des Gebietes auf, das seit jeher vom Volk der YANOMAMI bewohnt wird. Vor unseren Augen findet ein sichtbarer Genozid statt.[8]

Obwohl wir diese Situation öffentlich angeprangert haben und dies auch in den meisten Zeitungen gebracht wurde, fand unsere Anklage bisher leider noch kein Gehör bei der Regierung. Sie stellt sich gegenüber dem Aufschrei der YANOMAMI und der Kirche taub. Es ist mir zuwider, möglicherweise bei der nächsten Generalversammlung über die genauen Daten dieses Massakers berichten zu müssen. Wie bei den YANOMAMI wurde auch das angestammte Gebiet der GUAJÁ in einem unannehmbaren Ausmaß verkleinert. Nachdem die Regierung die Grenzen des GUAJÁ-Gebietes festgelegt hatte, reduzierte sie – und kam dabei neuerlich der geltenden Verfassung zuvor – die Fläche um mehr als die Hälfte, um den Interressen der Großgrundbesitzer der Region zu entsprechen. Dieses illegale Vorgehen ist so offenkundig, daß das Gericht auf Ersuchen der Oberstaatsanwaltschaft die Aufhebung der Bestimmungen des zweiten Regierungsaktes verfügte.[9] Am 15. September 1988 legte die Regierung durch die Arbeitsgruppe, die die Vorschläge für die Demarkation der Indianergebiete beurteilt, die Grenzen für 19 Gebiete fest, die in den Bereich des Programms zum Schutz der Umwelt und der Indianergemeinschaften (Programa de Porteçã ao Meio Ambiente e Comunidades Indigenas) – PMACI – fallen. Diese Nachricht hätte keine besondere Bedeutung, wenn nicht die Sitzung der Arbeitsgruppe in nur 45 Minuten beendet worden wäre, wobei in vielen der zur Beurteilung vorliegenden Gebiete eine Verkleinerung und die Umwandlung der abgetrennten Gebiete in Wälder und Nationalparks beschlossen wurde, was ganz offensichtlich ein Nachteil für die betroffenen Indianerstämme ist. Außerdem verhinderte man, daß an dieser Sitzung die Indianervertreter aus den betroffenen Gebieten und ihr Anwalt teilnahmen.

Hier ist anzumerken, daß das PMACI, das vorher vom Planungsministerium koordiniert wurde, jetzt dem SADEN[10] untersteht. Die Schaffung von Waldzonen und Nationalparks in Gebieten, die man durch die Verkleinerung der Indianergebiete gewonnen hat – dieselbe Vorgangsweise setzte man auch gegen die Yanomami ein – ist eine Methode, mit deren Hilfe die Regierung jenen Umweltanforderungen zu entsprechen versucht, die von multilateralen Banken wie der Weltbank als Bedingung für die Teilzahlung von Krediten gestellt wurde.

Gegenüber der Öffentlichkeit wird ganz unverschämt behauptet, daß man die Indianergebiete mit »Grüngürteln« schützen will. Unerwähnt bleibt jedoch, daß erstens Waldgebiete, die sich in staatlichem Besitz befinden, für die wirtschaftliche Nutzung der natürlichen Ressourcen vorgesehen sind und nicht für die Erhaltung dieser Ressourcen[11], und daß man, wie die Verfassung ausdrücklich festlegt, den Indianergebieten keinerlei andere Rechtsgebilde überstülpen darf.[12]

Es ist also unerläßlich, sich mit diesen juristischen Einzelheiten, die normalerweise nirgends aufscheinen, zu befassen, um die Raffiniertheit zu verstehen, mit der man die Rechte der Indianer verletzt. Die Nichtbeachtung der Verfassungs- und Gesetzesvorschriften hat noch ein grausameres und offenkundigeres Gegenstück. Allein im Jahr 1988 gab es bestätigte Berichte von 36 Morden an Indianern, von denen 28 direkt in Zusammenhang mit Landkonflikten waren. Die schwersten Fälle waren das Massaker an 14 Tikunas – am 20.3. 1988 ist man hier unter Anführung eines Holzfällers am Oberlauf des Solimões in Indianergebiet eingedrungen – und die ständigen Mordanschläge gegen die Yanomami, wobei es sicher nicht bei den neun Toten blieb, die bestätigt wurden. Bei den Yanomami gab es noch weitere 25 Todesfälle infolge von Masern und Malaria. Ebenfalls im Vorjahr wurden 59 Fälle registriert, in denen Indianer Opfer irgendeines körperlichen Angriffs wurden, von Mordversuchen und Verprügelungen bis hin zu Notzucht. Weiters wurden 12 Kauxi-Indianer illegal von der Polizei festgenommen.

Diese Zahlen klagen an, sprechen für sich und brauchen keine nähere Erklärung. Nur in vier dieser Fälle wurde eine polizeiliche Untersuchung eingeleitet; nur zwei Fälle davon wurden abgeschlossen. Die Versäumnisse der Behörden brauchen leider auch keinen weiteren Kommentar.

Angesichts dieser dramatischen Fakten hat die neue Verfassung scheinbar wenig Bedeutung. Die in ihr verankerten Rechte wurden noch nicht »vom Papier ins Leben umgesetzt«, wie es Dom Helder Camara so gut formuliert. Es liegt noch ein langer Weg vor uns, bis den Indianern jene Rechte, die sie erkämpft haben, auch garantiert werden.

3. Das »Hirngespinst« von der »Internationalisierung des Amazonasgebietes«

Während der Ausarbeitung der neuen Verfassung wurde der Indianermissionsrat (CIMI) wegen seines Engagements Opfer der erbittertsten Zeitungskampagne, die die Organisation je erlebt hat. Damals – Mitte 1987 – wurde behauptet, daß CIMI und die Brasilianische Bischofskonferenz (CNBB) selbst mit internationalen Eisenerz-Kartellen in Verbindung stünden. Unter dem Vorwand, die Rechte der Indianer zu vertreten, hätten wir allerdings darauf hingearbeitet, die Beteiligung von brasilianischen Bergbaufirmen auf dem internationalen Markt einzuschränken, mit dem Ziel, das Amazonasgebiet zu internationalisieren.

Diese Version, der die Medien große Aufmerksamkeit schenkten, war Anlaß für eine Parlamentarische Untersuchungskommission. Die Verantwortlichen der Zeitung, von der die Kampagne ausgegangen war, wurden angehört. Auch wurden jene Dokumente untersucht, mit denen die Anschuldigungen begründet waren.

Das Abschlußgutachten des Berichterstatters der Kommission stellte fest, daß wesentliche Dokumente, die als Anschuldigung vorgebracht wurden, falsch waren. Der Berichterstatter schlug auch die Übergabe des Materials und des Berichtes an die Staatsanwaltschaft vor, da es sich ganz offensichtlich um Urkundenfälschung handelte. Obwohl die Abstimmung über den Bericht verhindert wurde, unterzeichnete ihn die Mehrheit der Kommissionsmitglieder, was so letztendlich die Position der Kommission darstellte.

Zwei Jahre später wird eines der damals als unecht entlarvten Dokumente neuerlich zitiert, dieses Mal vom Heeresministerium.[13]

Es handelt sich dabei um den Versuch, CIMI in Zusammenhang mit der »Internationalisierung des Amazonasgebietes« zu bringen. Diese erneute Verleumdung kam zu jenem Zeitpunkt, als 1988 das steigende Ausmaß der ökologischen Katastrophe im Amazonasgebiet, vor allem durch die Brandrodung, in der Weltöffentlichkeit bekannt wurde und große Besorgnis erweckte.

Auf diese Beunruhigung reagierten auch multilaterale Finanzierungsbanken, die nun dazu übergingen, Umweltschutzmaßnahmen als Bedingung für die Teilzahlung von bereits abgeschlossenen Krediten zu fordern.

Die Regierung begründete ihre Nachlässigkeit gegenüber der Umwelt mit der hohen Auslandsverschuldung: steigende Wirtschaftsaktivitäten bringen genügend Überschüsse, um die Auslandsschulden zu bezahlen. Nachdem die Regierung selbst diesen Vorwand geliefert hatte, wurden Vorschläge laut, einen Teil der brasilianischen Auslandsschulden in Umweltschutzmaßnahmen umzuwandeln, die, eventuell unter Beiziehung von Vertretern der internationalen Gemeinschaften, einer Kontrolle unterliegen sollten.[14]

Auf diese Zeitungsmeldungen reagierte die Regierung mit vehementen Protesten gegen die Versuche, das Amazonasgebiet zu internationalisieren, und sie richtete Angriffe gegen verschiedenste Stellen – unter anderem neuerlich gegen die Kirche.

CIMI nahm in der letzten Ausgabe seiner Zeitung »Porantim« Nr. 116 zu dem Thema Stellung und erinnerte, daß das Amazonasgebiet bereits internationalisiert ist, und daß es deshalb darum gehe, das Amazonasgebiet wieder an Brasilien, vor allem an die Bewohner des Amazonasgebietes selbst, zurückzugeben. Auch die Diskussion um die Umschuldung erweist sich als falsch, da ja die Legitimität dieser Schuld in Frage steht. Deshalb können die neuerlichen Angriffe der »Gelegenheitsnationalisten« nicht akzeptiert werden, da sie ja gerade von denen kommen, die vor nicht allzu langer Zeit politisch dafür verantwortlich waren, daß ausländische Investoren ins Amazonasgebiet kamen.

Man darf also nicht dulden, daß der nationalistische Diskurs weiterhin die Aggression gegen die Umwelt und die Nichterfüllung der Rechte der Indianer verschleiert oder rechtfertigt, als ob es möglich wäre, die Souveränität Brasiliens ausgerechnet mit solchen Aggressionen und Gewalttaten zu behaupten.

4. Die aktuelle Situation der Indiandervölker auf dem amerikanischen Kontinent

Die Gewalt und das Leid, das den Indianern zugefügt wurde, die physische und kulturelle Zerstörung der Stämme hatten zum Ziel, über ihre Gebiete verfügen zu können. Das ist nicht nur eine Besonderheit in Brasilien. Sieht man sich die Situation einiger Völker an, so stellt man fest, das Landraub, politische und wirtschaftliche Beherrschung und kulturelle Unterdrückung auch in den übrigen amerikanischen Ländern auf der Tagesordnung stehen.

In Kanada müssen die vom »Vertrag von James Bay« betroffenen Gemeinschaften große Anstrengungen darauf verwenden, bei der Regierung die Erfüllung des Vertrages durchzusetzen.

In den Vereinigten Staaten sind die Inuit in Alaska durch die Beschneidung ihrer territorialen Rechte bedroht. In den anderen Teilen des Landes müssen die Indianervölker trotz 371 mit der

Regierung geschlossener Abkommen vor Gericht gehen, damit ihre Rechte respektiert werden. Den Indianern werden Beschränkungen bei der Verfügung über die natürlichen Ressourcen auferlegt und man verweigert ihnen das Recht auf ihr Land.

In Mexico gibt es gezielte Mordanschläge auf Indianerführer, die natürlichen Reichtümer der Indianergebiete werden geplündert, man plant und errichtet Staudämme auf indianischem Territorium, was zu einer massiven Migration in die Städte und zu einer Auswanderung in die Vereinigten Staaten führt. Dieses Phänomen erreicht bereits alamierende Ausmaße, sodaß die Gemeinschaften zerfallen und die kulturelle Identität bedroht ist.

In Guatemala leiden die Indianer unter den Auswirkungen des Bürgerkrieges. Es ist traurig, daß Massaker und Zerstörung ganzer Dörfer durch das Heer ganz alltäglich sind. Zwischen 1980 und 1988 wurden 440 Dörfer dem Erdboden gleichgemacht. Obwohl die 23 Indianerstämme Guatemalas, die von den Mayas abstammen, 65 % der Bevölkerung ausmachen, wurden sie bei Sozialprogrammen immer benachteiligt, bei Wahlen manipuliert und nie ihre Meinung zu sie betreffenden Projekten eingeholt.

In Kolumbien leiden die Indianergemeinschaften unter den Auseinandersetzungen zwischen Polizeiorganen, Drogenhändlern und aufständischen Bewegungen. Der Widerstand der Indianer gilt als subversiv und sie werden als Terroristen bezeichnet, damit man die Militäraktionen gegen sie rechtfertigen kann.

In Ecuador hat der Staat keine eindeutige Position in bezug auf die territorialen Rechte der Indianer, unterstützt aber das Vordringen multinationaler Erölgesellschaften und landwirtschaftlicher Großbetriebe.

In Bolivien sind die Indianer, obwohl sie die überwiegende Mehrheit der Bevölkerung ausmachen, von sozialer Besserstellung ausgeschlossen. In den letzten Jahren leiden sie unter einer Welle der Unterdrückung, die unter dem Vorwand der Bekämpfung des Drogenanbaus in Gang gesetzt wurde.

In Paraguay zerstört man die letzten natürlichen Wälder und vertreibt die Indianergemeinschaften, deren Gebiete vom Staat nicht als indianische Territorien anerkannt werden.

Dies sind nur einige Beispiele für die beängstigende Situation, in der sich die Indianer auch in anderen Ländern dieses Kontinents befinden. Sie sollen auch die Notwendigkeit eines immer stärkeren Engagements der Kirche erneut bekräftigen, um die historische Schuld einzulösen, die die Gesellschaft gegenüber den Indianern hat. Besonders jetzt, wo wir uns auf die 500-Jahr-Feier der Evangelisierung vorbereiten, muß sich die Kirche klar werden, daß die Indianerpastoral nicht nur Thema der einen oder anderen Diözese ist, sondern über alle Grenzen hinausgeht. Die Reflexion über die Dimensionen und die Bedeutung dieser Pastoral muß auf kontinentaler Ebene ständig vertieft werden, und die ernsthafte Verpflichtung zum Dialog und zur Solidarität mit den Nachkommen der Ureinwohner des amerikanischen Kontinents ist dringend notwendig.

II. Die Indianerpastoral: eine globale, integrale und spezifische Pastoral

Alle Fragen der nationalen und internationalen Politik spiegeln sich in den Indianerdörfern direkt wider. Die Konzentration von Kapital und Landbesitz, die Energiepolitik und die ökologische Verwüstung, die Integration Brasiliens in den internationalen Markt, die Verschuldung der lateinamerikanischen Länder und die Verarmung der Mehrheit der Bevölkerung dieses Kontinents – all das betrifft in noch viel stärkerem Ausmaß die Indianerdörfer, die, vor allem in den Ländern, in denen die Indianer eine Minderheit sind, kaum Vertreter in der Politik haben.

1. Globale Pastoral

Seit den ersten Kämpfen um Gerechtigkeit für die Indianervölker ist man sich der Indianerfrage auf nationaler, kontinentaler und internationaler Ebene bewußt geworden. Der unermüdliche Eifer eines Bartolomeu de las Casas und das juristische Wirken eines Francisco de Vitoria trugen, ausgehend von der Situation der Indianervölker auf dem amerikanischen Kontinent, »entscheidend zu einer Doktrin der universellen Menschenrechte bei, die, unabhängig von der ethnischen oder Religionszugehörigkeit, in der Würde der Person begründet sind«.[18]

Die Indianerpastoral ist also selbstverständlich eine globale

Patoral, – katholisch im ursprünglichen Sinn des Wortes. Die Indianervölker brauchen für ihr Überleben eine andere Gesellschaft. Der Aufbau dieser neuen Gesellschaft ist weder »von außen« möglich, noch wenn man sich isoliert. Um die neue Gesellschaft aufzubauen, sollen sich die Indianer kritisch mit der sie umgebenden Gesellschaft auseinandersetzen können, sollen fähig sein, Bündnisse zu schließen, und sich mit allen Gruppen, die sich für strukturelle Veränderungen einsetzen, um Raum für ein würdigeres Leben zu schaffen, gemeinsam auf den Weg machen (Synoden). Wir Christen sehen in diesen so ersehnten Veränderungen, in den Kämpfen für Gerechtigkeit und Leben, eine Annäherung an die Vision des Reiches Gottes. Die Kirche ist Werkzeug und Zeichen dieses Gottesreiches, und die Indianerpastoral ist ein spezifischer Weg innerhalb der Kirche.

Als globale Pastoral erfordert die Indianerpastoral eine Arbeit in unserer unmittelbaren Umgebung, insbesondere in unseren Diözesen und Pfarren. Mit der »Woche des Indianers«, die vergangenes Jahr unter dem Motto »Die Rechte der Indianer in die Verfassung!« stand und heuer »Die erkämpften Rechte sichern« als Thema hat, versuchen wir, die Solidarität der Ortskirchen und der Gesellschaft zu mobilisieren, und stellen eine Verbindung zwischen Menschenrechten und Gerechtigkeit, zwischen göttlicher Liebe und Geschwisterlichkeit her. Manchmal sind wir beeindruckt, wie sehr sich gesellschaftliche Gruppen, geleitet von einer humanitären Philosophie und Berufung, – Künstler, Anwälte, Journalisten, Politiker – die weder aus beruflichen, religiösen oder geographischen Gründen den Indianern nahestehen, mit Sympathie und Opferbereitschaft für die Sache der Indianer einsetzen. Um wieviel mehr müssen dann wir uns im Sinne des Evangeliums für die Sache der Indianer engagieren, die uns im Leiden der Indianer und in den kleinen Erfolgen dem gekreuzigten und auferstandenen Christus näherbringt. Noch einmal appeliere ich an Euch alle, auch an die, die keine Indianer in ihren Diözesen haben, uns das Gewicht Eurer Stimme zu leihen, die Hingabe Eurer Gebete, die moralische Kraft Eures Amtes und Euren Mut zum Aufruf, denn dies ist ein Dienst, den wir den Armen und den anderen schuldig sind.

In dem Maß, in dem die Indianervölker in diesem Land wieder eine Perspektive für Überleben, für Würde und Hoffnung, also für das Reich Gottes sehen, werden auch die anderen – die Landlosen, die Bauern, die Arbeiter, die Straßenkinder, unsere Jugend, die durch Migration Entwurzelten – einen Weg der Hoffnung und Lebensperspektiven finden. Alle gehören zum messianischen Volk, das dazu aufgerufen ist, die Welt in Jesus Christus zu gestalten.

Die Indianerpastoral als globale Pastoral verlangt von uns auch eine pädagogische Arbeit mit den Indianervölkern, eine Arbeit, die aufzeigt, welche globalen Mechanismen in der Gesellschaft ablaufen, wie die Wirtschaft, das juristische, politische und religiöse System funktionieren. Jedes dieser 180 Völker, die in Brasilien leben, muß dazu fähig sein, Verbündete über ihren ethnischen Horizont hinaus zu gewinnen. Die Indianervölker müssen heute wissen, daß sich der Kampf nicht gegen »die Weißen« richtet, sondern gegen herrschende und rassistische Gruppen der Gesellschaft, für die die Indianer unnötig und – nach ihrer Beurteilung von Fortschritt und Glück – sogar ein Hindernis sind. Wir machen pastorale Arbeit mit den »Unnötigen«, denn sie sind in unseren Augen fundamentale Bausteine für die Errichtung des Reiches Gottes.

2. Ganzheitliche Pastoral

Die Indianerpastoral muß, neben einer globalen Pastoral, auch eine ganzheitliche Pastoral sein. Dies ergibt sich aus einer ganzheitlichen Befreiung, die den ganzen Menschen und jeden Menschen erreichen will. Die Glaubensentscheidung als Basis unserer Mitarbeiter, vor allem der in unserer Arbeit stark vertretenen Laien, entbindet uns aber nicht davon, je nach den Fähigkeiten des einzelnen und den spezifischen Anforderungen des Evangeliums, eine gewisse Aufgabenteilung vorzunehmen. Nicht alle müssen Krankenpfleger, Landwirte, Lehrer oder Katechisten sein. »Auch bei der Auferbauung des Leibes Christi waltet die Verschiedenheit der Glieder und der Aufgaben. Der eine Geist ist es, der seine vielfältigen Gaben gemäß seinem Reichtum und den Erfordernissen der Dienste zum Nutzen der Kirche austeilt«.[19]

Bei dieser ganzheitlichen Pastoral sind die Tätigkeitsbereiche unserer Arbeit mit den Indianern eng miteinander und mit den entsprechenden Problemen der Indianer verknüpft. Alle stehen sie im Dienst der »Sendung, das Reich Christi und Gottes anzukündigen und in allen Völkern zu begründen ...«;[20] alle haben sie teil an den kleinen Fortschritten und an einem ganzheitlichen Engagement für das Reich Gottes. Unsere Arbeit mit den Indianervölkern umfaßt ein weites Tätigkeitsfeld, das vom Schutz der territorialen Rechte bis zur Vorbereitung der Taufe reicht. Alle diese Tätigkeiten sind auf die eine oder andere Weise Ausdruck unseres Glaubens, Bekenntnisse unserer Hoffnung, Zeichen des Reiches Gottes.

In der pastoralen Arbeit mit den Indianervölkern sind wir auf verschiedenen Ebenen und in verschiedenen Bereichen tätig. Wir treten für den Schutz der territorialen Rechte ein, es gibt Rechtsberatung, medizinische Betreuung, Unterricht, Koordination der Kontakte und Veranstaltungen und die Unterstützung der Indianerorganisationen und -initiativen. In seiner Enzyklika »Sollicitudo Rei Socialis« verbindet Papst Johannes Paul II. diese pastoralen Arbeitsfelder mit dem Sendungsauftrag des Herrn. Der Papst sagt: »Wenn die Kirche sich für die ›Entwicklung der Völker‹ einsetzt, kann ihr nicht vorgeworfen werden, daß sie vom Auftrag, den sie vom Herrn erhalten hat, abweicht«[21]. Die Verkündigung des Evangeliums findet, ausgehend von der Glaubensentscheidung der Mitarbeiter, durch ihr Zeugnis und ihre konkrete Arbeit statt. Die verschiedenen Indianervölker in Brasilien und in anderen Ländern leben heute aufgrund ihrer Geschichte in sehr unterschiedlichen Situationen. Bei den Indianern im Nordosten, die bereits jahrhundertelang in Kontakt mit der umliegenden Bevölkerung und mit dem Christentum waren, gibt es ganz andere Probleme als bei den Yanomami, die in der Bergregion nahe der Grenze zu Venezuela leben. Wir versuchen, auf diese unterschiedlichen historischen Situationen durch eine differenzierte Arbeitsweise einzugehen. Und in dieser Vielfältigkeit der Aufgaben ist »das Apostolat der Laien Teilnahme an der Heilssendung der Kirche selbst.«[22]

Ich will diese Gelegenheit nützen, um unseren Laien zu danken, die seit den Anfängen des CIMI in der Arbeit mit den Indianervölkern einen entscheidenden Beitrag geleistet haben, und die in ihrem spezifischen Kompetenzbereich ihren Sendungsauftrag erfüllen, ihr Leben opfern und am Reich Gottes mitarbeiten.

Neben diesen Arbeitsbreichen gibt es innerhalb von CIMI auch den Sektor »Inkulturationspastoral«, der bei der Verkündigung des Evangeliums, der Sakramentenpastoral und in der Katechese Wege einer immer stärkeren Annäherung an die Kulturen der betreffenden Völker sucht. »Die Verkündigung des Evangeliums würde an Kraft und Wirkung verlieren, wenn sie nicht auch das konkrete Volk, an das sie sich richtet, berücksichtigen würde, wenn sie nicht seine Sprache, seine Zeichen und Symbole verwenden würde«, sagte Papst Paul VI. in seiner unvergeßlichen Enzyklika »Evanglii Nuntiandi«.[23] Viel Einsatz und Kraft ist in diesem Bereich da. Es ist also nicht gerechtfertigt und entspricht auch nicht der Wahrheit, wenn behauptet wird, CIMI sei nur im gesellschaftlichen Bereich tätig. Wenn wir alle zusammenzählen, die im Namen der Kirche mit den Indianervölkern arbeiten und die deshalb Mitglied des CIMI sind, dann besteht ein Gleichgewicht zwischen der Verkündigung und der anderen Arbeit. Es ist auch unmöglich, diese beiden Bereiche vollkommen zu trennen. Das II. Vatikanische Konzil mahnt: »Man darf keinen künstlichen Gegensatz zwischen beruflicher und gesellschaftlicher Tätigkeit auf der einen Seite und dem religiösen Leben auf der anderen Seite konstruieren. Ein Christ, der seine irdischen Pflichten vernachlässigt, versäumt damit seine Pflichten gegenüber dem Nächsten, ja gegen Gott selbst ...«.[24]

An dieser Stelle muß auch darauf hingewiesen werden, daß CIMI kein Orden oder missionarisches Institut ist; CIMI ist die Summe aller Missionarinnen und Missionare – Bischöfe, Priester, Ordensschwestern, Ordensbrüder, Laien –, die mit den Indianern arbeiten. CIMI schlägt Richtlinien für die Arbeit vor, die bei den Sitzungen erarbeitet und diskutiert werden, aber er hat nicht die Kompetenz, in die pastorale Arbeit der einzelnen Diözesen einzugreifen, die ja der Verantwortung des jeweiligen Diözesanbischofs obliegt.

3. Spezifische Pastoral

Die Indianerpastoral – mit einem bestimmten Volk, das eine andere Kultur und Geschichte hat als die Gesellschaft, die sie umgibt – ist auch eine spezifische Pastoral. Nach 500 Jahren missionarischer Arbeit, der es leider nicht gelang, eine Kirche mit

»indianischem Antlitz« aufzubauen, gibt es heute einen Konsens im Hinblick auf die Notwendigkeit einer »neuen Evangelisierung«. »Neu in ihrem Eifer, in ihren Methoden, in ihrem Ausdruck«, sagte Papst Johannes Paull II. bei der 19. Tagung der Lateinamerikanischen Bischofskonferenz (CELAM) in Haiti, am 9. März 1983. Diese Erneuerung hat zwei Pole: unsere neue Einstellung zur Kultur und Religion der anderen Völker. Wir sind heute sensibler geworden, wenn es darum geht, Glaubensgrundsätze von kulturellen Ausdrucksformen und Traditionen zu unterscheiden. Übrigens war es bereits in der Kirche der Antike der kulturelle Bereich, an dem sich die Geister schieden. Neben Justinus († 165), der die Meinung vertrat, daß »Samenkörner des Wortes« in den heidnischen Kulturen als »Vorbereitung auf das Evangelium« vorhanden seien, begegnen wir in Tertulianus († 220), in der Didascalia Apostolorum (3. Jhdt.) und in Hieronymus († 419/420) einer heftigen Verurteilung der heidnischen Religion und Kultur.[25] Trotz aller skeptischen und apologetischen Stimmen in bezug auf die griechisch-römische Kultur hat das Christentum diese Kultur übernommen, in sich aufgenommen; es wurde von der helenistischen und der römischen Kultur geprägt. Der Gedanke der Inkulturation ist also nicht neu. Neu ist das Bewußtsein, daß keine Kultur als Muster für den Ausdruck des Glaubens dienen kann. Keine Kultur kann das Monopol der Inkulturation für sich beanspruchen. In keiner Kultur kann man alle göttlichen Geheimnisse vollkommen ausdrücken. Es bleibt kein anderer Weg, als den Glauben in der Vielfalt der Kulturen auszudrücken. In dieser Vielfalt kommen sie den göttlichen Mysterien näher als jede einzelne Kultur für sich allein.

Die spezifische Pastoral erfordert die Inkulturation des Überbringers der Botschaft (des in der Pastoral tätigen) und der Botschaft. Dies ist die Voraussetzung für das Teilen (der Güter, des Wissens, des Wortes), die Teilnahme, das Verständnis und die Solidarität.

Die Anthropologie und die missionarische Erfahrung haben uns gelehrt anzuerkennen, daß es in allen Kulturen mögliche Wege für eine Evangelisierung gibt. Die Kirche selbst formulierte den Gedanken einer gleichen Distanz zu allen Kulturen.[26] »Da die Kirche weiterhin kraft ihrer Sendung und Natur an keine besondere Form menschlicher Kultur und an kein besonderes politisches, wirtschaftliches oder gesellschaftliches System gebunden ist« sagt uns das II. Vatikanische Konzil.[27] Im konkreten Fall der Indianerdörfer gilt diese gleiche Distanz noch nicht. Unsere Kirche präsentiert sich noch in einem sehr westlichen Gewand, mit einer sehr schwierigen Ausdrucksweise, die von den verschiedenen Indianervölkern nicht voll übernommen werden kann. Der menschgewordene Gottessohn trägt die Kleidung und spricht die Sprache der verschiedenen Völker. Das II. Vatikanum regt ja bereits diese »neue Evangelisierung« an, wenn es erklärt: »Denn Gott hat durch die Offenbarung an sein Volk von Urzeiten an bis zu seiner vollen Selbstkundgabe im fleischgewordenen Sohn entsprechend der den verschiedenen Zeiten eigenen Kultur gesprochen. In gleicher Weise nimmt die Kirche, die im Lauf der Zeit in je verschiedener Umwelt lebt, die Errungenschaften der einzelnen Kulturen in Gebrauch, um die Botschaft Christi in ihrer Verkündigung bei allen Völkern zu verbreiten und zu erklären, um sie zu erforschen und tiefer zu verstehen, um sie in der liturgischen Feier und im Leben der vielgestaltigen Gemeinschaft der Gläubiger besser Gestalt werden zu lassen.«[28]

Was bedeutet es, wenn die Kirche die symbolische Ausdrucksweise der verschiedenen Kulturen beim Spenden der Sakramente und bei der Feier der Eucharistie übernimmt? Was will das II. Vatikanum aussagen, wenn es feststellt: »In den Dingen, die den Glauben oder das Allgemeinwohl nicht betreffen, wünscht die Kirche nicht eine starre Einheitlichkeit der Form zur Pflicht zu machen, nicht einmal in ihrem Gottesdienst; im Gegenteil pflegt und fördert sie das glanzvolle geistige Erbe der verschiedenen Stämme und Völker; (...) Unter Wahrung der Einheit des römischen Ritus im wesentlichen ist berechtigter Vielfalt und Anpassung an die verschiedenen Gemeinschaften, Gegenden und Völker, besonders in den Missionen, Raum zu belassen...«?[29]

Was bedeutet es, die Geschichte eines jeden Volkes innerhalb einer universalen Heilsgeschichte anzunehmen? Die Einheit der Kirche ist nicht durch die Katholizität des Pfingstfestes präjudiziert, die die Verschiedenheit der Kulturen respektiert.

Wir müssen unterscheiden können einerseits zwischen der Verwirrung von Babel, dem Wirrwarr der Sekten, dem ethnozentrischen Narzismus, dem individualistischen Egoismus und der

Uniformität und andererseits zwischen der Vielfalt der Stimmen, aus dem sich die Vielfalt des Weges des »gemeinsamen Unterwegssein« zusammensetzt – die »Synoden« – und das »gemeinsame Singen« in verschiedenen Sprachen und Ausdrücken – die »Symphonie« –.

»ekusen symphonías« – »man hörte Symphonien« heißt es im Evangelium, als der verlorene Sohn zum Haus des Vaters zurückkehrte (LK 15,25).

Gegen die Monotonie und die zerstörerische Konfusion der Sünde werden die Vielfalt der Wege und die Vielfalt der Stimmen im Plan der Schöpfung, angenommen in der Fleischwerdung des Wortes, endgültig im Haus des Vaters besiegelt werden. Ausgehend vom Kampf der Indianervölker für die Selbstbestimmung, ausgehend von seiner ethnisch-religiösen Affirmation und seiner Fragestellung im Bezug zur Vergangenheit, ist es klar, daß sich CIMI über die Dimensionen des »religiösen Dialogs« seiner Arbeit hinterfragt.

Historisch gesehen hat man mit den Indianervölkern nie über die Legitimität ihrer Religion gesprochen oder innerhalb der Kirche nach ihrem Heilswert gefragt. Die Frage der Indianervölker wurde immer von der »Abteilung für Mission« behandelt, es war immer die Frage, ohne Alternative den katholischen Glauben anzunehmen. Nach dem II. Vatikanum und nach dem Dekret über die Ökumene (Unitatis Humanae) und über das Verhältnis der Kirche zu den nichtchristlichen Religionen (Nostra Aetate) beinhaltet der Dialog mit den verschiedenen Kulturen auch den Dialog mit den verschiedenen Glaubensbekenntnissen. Das Sekretariat für die Nicht-Christen weist uns die Richtung für diese Dimension unserer Arbeit: »Der Dialog ist vor allem die Form des Handelns, eine Einstellung und ein Geist, der unser Verhalten bestimmt. Dialog heißt auch, Achtung, Respekt und Gehör für den Anderen, dem man auch Raum für die persönliche Identität zugestehen muß. Diese Art des Dialogs ist die Norm und der notwendige Stil für die ganze christliche Mission und für alle ihre Teile, gleichgültig ob es sich um ein einfaches Mit-Sein oder um Zeugnis-Geben handelt oder um den Dienst oder um die direkte Verkündigung.«[30]

Schlußfolgerung

Die Inkulturation und der religiöse Dialog im globalen politischen Kontext des Landes und des Kontinents zeigt die Verantwortung von CIMI – als kleiner Teil der missionarischen Kirche – und dies mit der Haltung des Hl. Paulus, der meinte, man solle anderen Völkern kein kulturelles Joch auferlegen (siehe Apg 15,28) und man solle in christlicher Freude am Reich Gottes mitwirken (siehe 2 Kor 1,24).

Die Inkulturation ist ein Instrument, um die sozio-kulturelle Nähe zu erleben, in Analogie zur Menschwerdung von Jesus von Nazareth.[31] Inkulturation ist Nachfolge Jesu im konkreten Kontext eines Volkes, ist die Teilnahme an seinem Leiden und an seinen Hoffnungen. Die Indianerpastoral, als globale, ganzheitliche und spezifische Pastoral, ermöglicht eine kritische Haltung gegenüber der Sünde, vor allem der daran beteiligten Gesellschaft, aber auch gegenüber der Sünde in der nächsten Umgebung. Sie fördert die Solidarität im Leiden und in den Kämpfen der indianischen Völker.

Im August des vorigen Jahres trafen sich in Fusagasuga, Kolumbien, Bischöfe und Missionare, die im Amazonasgebiet von Bolivien, Brasilien, Kolumbien, Peru und Venezuela arbeiten, und analysierten die Situation und Anforderungen der Indianervölker im Amazonasgebiet. Eines der wichtigsten Ergebnisse dieses Treffens war die Erstellung eines Grundsatzpapiers an das ganze Volk Gottes, das von den Teilnehmern unterschrieben wurde.

Erlauben Sie mir, am Ende meiner Ausführungen, aus diesem Text, der sich so wunderbar in diese österliche Zeit einfügt, zu zitieren: »Der Gott, den uns Jesus Christus verkündet, ist nicht ein Gott, der sich unseren Leiden und Wünschen verschließt und sich unserer Geschichte fernhält. Er offenbart uns das Gegenteil. Gott, der in Jesus Christus Fleisch geworden ist, identifiziert sich in Christus zur Gänze mit unserem menschlichen Dasein. Er gab sein Leben für uns, besiegte alle Kräfte des Bösen, die verhindern, daß wir unsere Würde als Kinder Gottes, geschaffen nach seinem Ebenbild, erleben. Er kam in die Welt, zu einem ganz bestimmten Augenblick und in einer ganz bestimmten kulturellen Situation, aber durch seine Auferstehung und durch den

Sieg des Lebens über den Tod wirkt er heute, in der Gegenwart und in der Zukunft unserer speziellen und besonderen universalen Geschichte. Und er ist gegenwärtig in jeder Kultur, um deren wirkliche Entfaltung zu ermöglichen. Die Frohe Botschaft ist nicht nur bloß ein Versprechen. Durch die Dynamik ihres Wesens beginnt ihre Wirklichkeit jetzt und heute.

Wir alle, Gruppen oder Einzelpersonen, sind dazu berufen, entsprechend unseren Fähigkeiten und Möglichkeiten am Reich Gottes mitzuwirken. Denn wir wissen, daß in diesem Reich die Letzten dieser Welt die Ersten sein werden.[32]

Altamira, 26. März 1989
Ostern, Fest der Auferstehung

+ Erwin Kräutler
Präsident von CIMI

1 siehe »Linhas de Acão« (Aktionsrichtlinien), die bei der ersten Generalversammlung von CIMI in Goinaia, vom 24.-27. Juni 1975, verabschiedet wurden; Monatliches Informationsblatt der CNBB, Nr. 274 (Juli 1975), S. 682 ff.

2 siehe Art. 22, XIV der Verfassung von 1988, die die Bestimmung von Absatz »o«, Ziffer XVII des Art. 8 der Verfassungsänderung von 1969 ersetzt.

3 siehe Art. 231, »caput«, und Art. 67 des Aktes Übergangsbestimmungen der Verfassung von 1988

4 siehe Diário da Assembléia Nacional Constituinte (Aufzeichnungen der Verfassungsgebenden Versammlung), N. 304, 31/08/88, S. 13852

5 Die Ermächtigung des Präsidenten zur Bildung einer interministeriellen Arbeitsgruppe im Hinblick auf dieses in »Exposicao de Motivos« Nr. 002 vom 12.7.88 vorgeschlagene Programm wurde am 15.07.88 im Diário Oficial da Uniao veröffentlicht. Die Arbeitsgruppe wurde durch das Generalsekretariat des Nationalen Sicherheitsrates koordiniert, der durch die neue Verfassung abgeschafft, jetzt aber durch das SADEN ersetzt wurde.

6 Die Umbildung erfolgte durch die Verordnung Nr. 96.814 vom 28.09.88, die am 3.10.88 im Diario Oficial da Uniao veröffentlicht wurde, also zwei Tage vor der Bekanntmachung der Verfassung.

7 Die Teilnahme eines Vertreters des Generalsekretariates des Nationalen Sicherheitsrates an der interministeriellen Arbeitsgruppe war durch die Verordnung Nr. 94.945/87 ausdrücklich vorgesehen.

8 siehe Dokument »Em Defesa do Povo Yanomami« (Für die Rechte des Volkes der Yanomami) Brasília CNBB/CIMI 1988. Dieser Text wurde vom Präsidium der CNBB und von der Bischöflichen Pastoralkommission CEP am 15.12.88 verabschiedet.

9 Die Grenzen des GUAJA-Territoriums wurden ursprünglich durch den interministeriellen Erlaß Nr. 076 vom 3.5.88 festgelegt. Die Gebietsverkleinerung erfolgte durch den interministeriellen Erlaß Nr. 158 vom 8.9.88, der am darauffolgenden Tag im Diário Oficial da Uniao veröffentlicht wurde. Die Verordnung, die die Bestimmungen dieses Erlasses aufhob und die des ersten Erlasses wieder in Kraft setzte, ist in den ›Autos do Mandado de Seguranca‹ Nr. 150.204-DF erschienen.

10 Die Koordination des PMACI wurde dem Generalsekretariat des Nationalen Sicherheitsrates, das jetzt durch das SADEN ersetzt wurde, im März 1988 übertragen, laut Bescheid Nr. 0153A.SC/042/88 vom 10.3.88 des General Rubens Bayma Denys an den Chef des Sekretariats für Planung und Koordination des Präsidenten.

11 siehe Art. 5 »B« des Gesetzes Nr. 4.7771/65 (Waldgesetz und Erläuterungen von Magalhaes, Juraci Perez – Kommentare zum Waldgesetz, Brasília, Senado Federal, 1980, S. 54

12 siehe früher Paragraph 1 des Art. 198 des Verfassungsantrages Nr. 1 aus dem Jahr 1969; jetzt Paragraph 6 des Art. 231 der Verfassung von 1988

13 siehe »O Globo« vom 1.3.1989. Es handelt sich um das Dokument mit dem Titel »Diretrizes Brasil N. 4 -Ano O«, wichtigste Unterlage für die von »O Estado de Sao Paulo« ab 9.8.87 durchgeführte Kampagne; daß dieses Do-

kument nicht echt war, wurde durch die Untersuchung der parlamentarischen Untersuchungskommission erschöpfend bewiesen.

14 siehe z.B. den Leitartikel der »New York Times« vom 3.2.1989, der von »O Estado de Sao Paulo« vom 4.2.89 abgedruckt wurde. Vor kurzem veröffentlichte die Zeitung »Folha de Sao Paulo« in ihrer Ausgabe vom 23.3.89 ein Sonderheft über das Amazonasgebiet, in dem diese und andere Vorschläge für die Region beschrieben werden.

15 Kolumne »Opiniao« der Zeitung »Porantim« Nr. 116 – März 1989, S. 2, mit dem Titel »Für die Rückgabe des Amazonasgebietes an Brasilien«.

16 Die CNPO registriert 40 % der Bodenschätze des Amazonasgebietes in den Händen von ausländischen Bergbaugesellschaften. Siehe »A Questao Mineral da Amazonia: Seis Ensaios críticos« (Das Problem der Bodenschätze im Amazonasgebiet: Sechs kritische Aufsätze) – Francis Rego Cháves Fernandes und andere, Brasília, CNPQ, Mitherausgeber und wissenschaftliche Veröffentlichung, 1987. Auch das Institutio Nacional de Pesquisas da Amazonia – INPA (Brasilianisches Institut für Forschungsarbeiten im Amazonasgebiet) ist der Meinung, daß die Internationalisierung des Amazonasgebietes bereits im Gange ist. Siehe »Folha de Sao Paulo« vom 23.3.89.

17 siehe »Herausforderung für die Kirchen: die Frage der Auslandsschuld«, Abschlußbotschaft des Seminars ›Kirchen und Auslandsschuld‹, CONIC und CESE, Sao Paulo, 28.-30.3.1988.

18 Päpstliche Kommission »Justitia et Pax«, Die Kirche angesichts des Rassismus, Osservatore Romano XX (8), 4-9, N. 3, 19.2.1989.

19 Lumen Gentium, Abs. 7 (14)

20 Lumen Gentium, Abs. 5 (6)

21 »Sollicitudo Rei Socialis«, Abs. 8

22 Lumen Gentium, Abs. 33

23 »Evangelii Nutiandi« Abs. 63

24 Gaudium et Spes, Abs. 43 (333)

25 siehe CNBB/CIMI, Inkulturation und Befreiung, Paulinas Verlag, São Paulo, 1986, S. 162 ss

26 »Evangelii Nutiandi«, Abs 20

27 Gaudium et Spes, Abs. 42 (331)

28 Gaudium et Spes, Abs. 58 (390)

29 Sacrosanctum Concilium, N. 37, 38 (582/583)

30 Sekretariat für Nicht-Christen: Die Haltung der Kirchen anderen Religionen gegenüber. »L'Osservatore Romano« XV (33): 4-5, hier 4-5 (12.8.84)

31 Lumen Gentium N. 8

32 CELAM, Abteilung für Mission, »Botschaft an das Volk Gottes«, Fusagasugá, 28.8.88, S 12,14.

Fotonachweis

Dolores Bauer	Seite	18, 27, 83, 84, 113, 131, 174, 209, 219, 240
Katholische Nachrichten Agentur Pressebild GmbH, Frankfurt/Main		154, 155
Vorarlberger Kirchenblatt		58, 79
Foto Gächter, Hohenems		55 unten
P. Fritz Tschol, Altamira (feundlicherweise zur Verfügung gestellt von der Dreikönigsaktion der Katholischen Jungschar, Wien)		23
Mag. Gustav Krammer, Wien		Umschlagfoto

KIRCHE IN LATEINAMERIKA

Cristy Orzechowski
Hoffnungstränen

Meditationstexte aus Lateinamerika. Mit einem Vorwort von Kardinal Franz König. 128 S., ca. 20 Abb., brosch.
öS 98,– / DM 14,80

Neuerscheinungen

Das Gebiet der Anden von Peru ist weit weg von uns hier in Westeuropa. Aber die Menschen, die dort in Armut und Hilflosigkeit leben, bedrückt durch schwierige staatliche und gesellschaftliche Verhältnisse, gequält von Terroristen, sie sind uns nahe. Dort versucht die Autorin der vorliegenden Meditation als Mensch und Christ ein Zeichen der Hoffnung aufzurichten... Es ist eine Hoffnung, an der noch die Tränen der Resignation sichtbar sind. In einer überaus sensiblen und zurückhaltenden Sprache versteht es Cristy Orzechowski, uns einen Blick tun zu lassen in das Elend und die Größe solcher Menschen. Es sind Menschen wie du und ich.
Aus dem Vorwort von Kardinal Dr. Fanz König

»Ich zähle die Arbeiten von Victor Codina zu den bedeutendsten Beiträgen für die Entwicklung der Befreiungstheologie Lateinamerikas«.

Gustavo Gutiérrez

AUTOR: Victor Codina, geb. am 5. 11. 1931 in Barcelona, Studium der Theologie und Philosophie in Barcelona, Innsbruck (bei Karl Rahner), Rom und Münster, 1948 Eintritt in den Jesuitenorden; 1965 bis 1984 Lehrstuhl für Dogmatik in Barcelona, seit 1971 regelmäßige Mitarbeit an Instituten für die soziale und religiöse Entwicklung des Volkes in Lateinamerika; 1982 Übersiedlung nach Bolivien, seither Professor am Theologischen Institut der Katholischen Universität in Cochabamba/Bolivien.

Victor Codina
Vorwärts
zu Jesus zurück

Von der modernen Theologie zur solidarischen Nachfolge
brosch., 270 S., öS 268,–/DM 38,–
ISBN 3-7013-0768-7

OTTO MÜLLER VERLAG SALZBURG

Dolores Bauer / Günter Virt (Hrsg.)
Für ein Lebensrecht der Schöpfung

Analysen, Visionen und Strategien zur Bewältigung der Umweltkrise. Hrsg. im Auftrag der Kommission Iustitia et Pax. 200 S., brosch.
öS 138,– / DM 19,80
1988

Es handelt sich hierbei um die derzeit wohl aktuellste kirchliche Publikation zum Thema Umweltschutz.

(»BAKEB-Informationen«)

Als »Handreichung für die Amtsträger der Kirche« konzipiert, ist das Buch indessen von allgemeinem Interesse, weil es eine christlich fundamentierte Analyse der heutigen Umweltprobleme liefert und dazu viele praktische Fragestellungen aufgreift.

(»Flensburger Tagblatt«)

Die österreichische Kommission »Justitia et Pax« hat sich verdienstvollerweise mit Nachdruck des Problems der Ökologie angenommen. Eine Frucht dieser Bemühungen ist das vorliegende Buch. Obwohl Sammelwerke sonst oft wenig beliebt sind, scheint dieses Genus hier besonders am Platz zu sein. Denn die Krise der Umwelt wirkt sich in so verschiedene Lebensbereiche hinein aus und hat so viele Aspekte, daß nur ein Team von Autoren die wünschenswerte Kompetenz für die verschiedenen Themen mitbringen kann.

Hans Rotter in »Zeitschrift für Kath. Theologie«

Schon das Umschlagbild verrät, worum es geht: Ein auseinanderbrechender Stefansdom resümiert das Ergebnis einer »Bestandsaufnahme«, die 39 Autoren unter der Federführung von Dolores Bauer, Franz Horner und Peter Krön in der Katholischen Kirche Österreich unternommen haben.
Dieses Ergebnis deutet auf die Vertiefung der Kluft zwischen einer Amtskirche, die sich über die Wünsche, Meinungen und Anliegen ihrer Gläubigen bedenkenlos hinwegsetzt, und einer ständig zunehmenden Zahl von engagierten Christen, die sich weigern, das Vorgehen Roms blind zu akzeptieren. *(»Salzburger Nachrichten«)*

Die große Mehrheit der Beiträge setzt sich mit Einzelaspekten engagiert, aber sachlich auseinander… Das Problem der Frauen, die nicht länger bereit sind, nur noch schweigende Hilfskräfte zu sein, wird hier genauso aufgegriffen wie das immer noch latente Problem »Kirche und Antisemitismus«. Vereinfacht gesagt, zeigt sich, daß sich die Fragen und Probleme der österreichischen Katholiken von denen ihrer Glaubensgenossen in der Bundesrepublik kaum unterscheiden. Eines macht dieser gewichtige Band unmißverständlich: Das Klischee, Kirche in Österreich sei identisch mit der römischen Amtskirche, trifft nicht mehr zu.

(»Börsenblatt für den Deutschen Buchhandel«)

Dolores Bauer / Franz Horner / Peter Krön (Hrsg.)
Wir sind Kirche – sind wir Kirche?

Eine Bestandsaufnahme aus Österreich. brosch., 368 S.
öS 238,– / DM 34,80
1988, 2. Aufl. 1989

OTTO MÜLLER VERLAG SALZBURG